NÓS SOMOS A TEMPESTADE VOLUME 2

LUIZ MAZETTO

NÓS SOMOS A TEMPESTADE
CONVERSAS SOBRE O METAL ALTERNATIVO PELO MUNDO

VOL. 2

PENTAGRAM | BEDEMON | YOB | KYUSS | AARON TURNER | IGGOR CAVALERA
MARRIAGES | KEN MODE | BAPTISTS | METZ | BURNING LOVE | LABIRINTO | LOS NATAS
AMEBIX | IRON MONKEY | CRIPPLED BLACK PHOENIX | ELECTRIC WIZARD | SINISTRO
AMENRA | RISE AND FALL | THE BLACK HEART REBELLION | UFOMAMMUT | MONO
MARS RED SKY | YEAR OF NO LIGHT | THE OCEAN | OMEGA MASSIF | BORIS | BREACH
CULT OF LUNA | GRAVEYARD | SÔLSTAFIR | STONED JESUS | TERRA TENEBROSA

EDIÇÕES ideal

Copyright © 2016, Luiz Mazetto

Copyright desta edição © 2016, Edições Ideal – Coleção Mondo Massari

Todos os direitos reservados. Nenhuma parte desta publicação pode ser reproduzida, armazenada em sistema de recuperação ou transmitida, em qualquer forma ou por quaisquer meios (eletrônico, mecânico, fotocópia, gravação ou outros), sem a permissão por escrito da editor

Editor: **Marcelo Viegas**

Curadoria da coleção: **Fabio Massari**

Conselho editorial: **Maria Maier e Frederico Indiani**

Capa, Projeto Gráfico e Diagramação: **Guilherme Theodoro**

Revisão: **Mário Gonçalino**

Marketing: **Aline Gïercis**

Supervisão geral: **Felipe Gasnier**

Dados Internacionais de Catalogação na Publicação (CIP)
(eDOC BRASIL, Belo Horizonte/MG)

M477n

Mazetto, Luiz.
Nós somos a tempestade vol.2: conversas sobre o metal alternativo pelo mundo / Luiz Mazetto.
São Bernardo do Campo (SP): Ideal, 2016. - (Mondo Massari) 320 p.: il. : 15,8 x 22,8 cm

ISBN 978-85-62885-64-8

1. Grupos de rock - Bibliografia. I. Título.

CDD: 927.8

19.08.2014

EDIÇÕES IDEAL

Caixa Postal 78237

São Bernardo do Campo/SP

CEP: 09720-970

Tel: 11 2374-0374

Site: www.edicoesideal.com

ID-39

PARA NATÁLIA E MEUS PAIS, ZILDA E CARLOS.

SUMÁRIO

PREFÁCIO, por Colin H Van Eeckhout (Amenra) _PÁGINA 08
INTRODUÇÃO, por Luiz Mazetto _PÁGINA 10

CAP. 1 - AMÉRICA DO NORTE
Old Man Gloom / Sumac: entrevista com Aaron Turner _PÁGINA 14
Kyuss: entrevista com John Garcia _PÁGINA 29
Pentagram / Bedemon: entrevista com Geof O'Keefe _PÁGINA 36
YOB: entrevista com Mike Scheidt _PÁGINA 48
Marriages: entrevista com Emma Ruth Rundle _PÁGINA 59
Burning Love: entrevista com Patrick Marshall _PÁGINA 66
Baptists / Sumac: entrevista com Nick Yacyshyn _PÁGINA 71
Metz: entrevista com Chris Slorach _PÁGINA 76
KEN Mode: entrevista com Jesse Matthewson _PÁGINA 85

CAP. 2 - AMÉRICA DO SUL
Sepultura / Cavalera Conspiracy / Mixhell: entrevista com Iggor Cavalera _PÁGINA 94
Labirinto: entrevista com Erick Cruxen, Muriel Curi e Ricardo Pereira _PÁGINA 107
Los Natas: entrevista com Sergio Chotsourian _PÁGINA 113

CAP. 3 - EUROPA
Amebix: entrevista com Chris "Stig" Miller _PÁGINA 120
Crippled Black Phoenix / Iron Monkey: entrevista com Justin Greaves _PÁGINA 127
Ramesses / Electric Wizard: entrevista com Mark Greening _PÁGINA 135
Amenra: entrevista com Colin H Van Eeckhout _PÁGINA 141
Amenra / Syndrome: entrevista com Mathieu Vandekerckhove _PÁGINA 147
Rise and Fall: entrevista com Bjorn Dossche _PÁGINA 152
The Black Heart Rebellion: entrevista com Tim Bryon _PÁGINA 160
Year Of No Light: entrevista com Johan Sébenne _PÁGINA 167
Mars Red Sky: entrevista com Julien Pras e Mat Gaz _PÁGINA 174
Sinistro: entrevista com Patrícia Andrade, P, F, R e Y _PÁGINA 179
Ufomammut: entrevista com Vita, Urlo e Poia _PÁGINA 184
Stoned Jesus: entrevista com Igor Sidorenko _PÁGINA 191
The Ocean: entrevista com Robin Staps _PÁGINA 198
Omega Massif / Phantom Winter: entrevista com Andreas Schmittfull _PÁGINA 207
Terra Tenebrosa / Breach: entrevista com The Cuckoo e Tomas Hallbom _PÁGINA 213
Cult of Luna: entrevista com Johannes Persson _PÁGINA 220
Graveyard: entrevista com Jonatan Larroca e Truls Mörck _PÁGINA 227
Sólstafir: entrevista com Aðalbjörn "Addi" Tryggvason _PÁGINA 232

CAP. 4 - ÁSIA
Mono: entrevista com Takaakira "Taka" Goto _PÁGINA 242
Boris: entrevista com Takeshi _PÁGINA 248

CAP. 5 - NO CINEMA
Backstage: entrevista com a diretora Mariexxme _PÁGINA 256

CAP. 6 - NO PALCO
Dunk!Festival: entrevista com os organizadores Wout e Luc Lievens _PÁGINA 266
Amplifest: entrevista com o organizador André Mendes _PÁGINA 272

CAP. 7 - NA PAREDE
Münster Studio: entrevista com o artista visual Dani Rabaza _PÁGINA 282

APÊNDICE
20 melhores discos de metal alternativo segundo Fabio Massari _PÁGINA 287
20 melhores discos de metal alternativo segundo J. Bennett _PÁGINA 288
20 melhores discos de metal alternativo segundo Luiz Mazetto _PÁGINA 289

POSFÁCIO, por José Carlos Santos (chefe de redação da LOUD!) _PÁGINA 290

PREFÁCIO

Por Colin H Van Eeckhout*

ORIENTAÇÃO.

A música é a orientação pela qual todos suspiramos quando parecemos estar perdidos no grande vazio da vida. É a nossa amiga antiga e perdida a quem sempre podemos recorrer. Tenho certeza de que todos lembramos daqueles momentos em que sentimos como se pudéssemos desaparecer completamente na música. Fugir da vida cotidiana e nos esconder naquele momento. Naquela música e naquele riff que parecem ter sido escritos especialmente para você, especialmente para aquele momento. Letras escritas por outros, mas que parecem ter saído diretamente do seu diário. Na repetição urgente, permitimos que ela molde os nossos sentimentos continuamente. Deixamos a música drenar toda a dor e nos ressuscitar. Ou nos deixar vazios e prontos para morrer. A música tem o poder de fazer tudo.

Não há uma forma de arte mais completa do que a música. É um conhecimento geral que todos os músicos possuem, que vem do mesmo ar que respiramos. Todos buscamos inspiração a partir do que nos alimenta e nos mata ao mesmo tempo: a vida. É por isso que estamos conectados, não há como negar. O poder que vem da música a partir da vida, do coração e da alma é inigualável. Uma vez traduzido em sons e palavras, torna-se uma ferramenta para a cura, uma arma para a destruição das adversidades. Oferece a possibilidade de escapar dos nossos demônios, fugir dos fantasmas obscuros que nos assombram. Não há uma religião mais poderosa do que a verdade e nada mais sincero do que uma história honesta traduzida em música. É o coração.

Você nunca consegue prever o valor potencial da música de uma determinada banda. E nem pode querer escrever uma música que transcenda. Você apenas faz isso, despeja suas mágoas e dores nesta criação como se fosse a última coisa a fazer no mundo. É o seu legado. Você orienta. É isso que você faz, por meio da sua música.

* **COLIN H VAN EECKHOUT** É O VOCALISTA E UM DOS FUNDADORES DO AMENRA. TAMBÉM MANTÉM UMA CARREIRA SOLO, APRESENTANDO-SE APENAS COMO CHVE, UMA ABREVIAÇÃO DO SEU NOME.

INTRODUÇÃO
Por Luiz Mazetto

NOS MESES derradeiros de 2014, logo após realizar o sonho de lançar o meu primeiro livro (e sobre as bandas que mais gosto), já pensava de maneira inquieta e constante sobre a possibilidade de um novo volume do *Nós somos a tempestade*.

Apesar de as 25 entrevistas do livro anterior fornecerem uma ampla visão sobre o metal alternativo dos EUA, eu sabia que ainda havia uma parte enorme desse universo em outras regiões do mundo que tinham ficado de fora.

Ao passar os olhos pela minha coleção de discos (física e virtual), preparei um verdadeiro roteiro de viagens musicais que me levou para um total de 14 países espalhados por quatro continentes neste novo livro. Estão aqui nomes já consagrados do estilo como Amenra, Cult of Luna, Amebix, Pentagram e Kyuss, juntos a outros mais novos e talvez ainda não tão conhecidos como Stoned Jesus, Marriages e KEN Mode, mas sem deixar de fora artistas talvez subestimados, a exemplo dos essenciais Breach e Iron Monkey.

Mas o que todas essas bandas de lugares tão diferentes como EUA, Brasil, Inglaterra, Islândia, Suécia, Ucrânia e Japão possuem em comum? Apesar de serem de locais e épocas diferentes e tocarem sons variados, penso que todas compartilham de algumas ideias e modos de enxergar a música no geral.

Não por acaso, quando perguntei ao Steve Von Till (Neurosis) se ele acha possível ver conexões entre o próprio Neurosis, o Godflesh, o Amebix e o Converge, mesmo sendo de locais, cenas e época distintas, a resposta seguiu a mesma linha, ainda que de forma menos ampla. "Acho que sim. Quando você citou todas essas bandas, apenas pensei em uma família estendida. Quero dizer, pessoas que são inspiradas umas pelas outras e que se respeitam muito. Porque acho que há uma similaridade aí: as pessoas se esforçando e forçando as barreiras do que elas são capazes de fazer. E saindo com algo que é tão original, emocional e intenso ao ponto de que, mesmo essas bandas não soando umas como as outras, quando você as coloca uma ao lado da outra, isso faz todo sentido para mim", afirmou Steve.

Pois bem, nestas centenas de páginas, iniciadas com um prefácio emocionante do Colin H. Van Eeckhout (Amenra) e fechadas com um posfácio que apenas o amigo e incrível jornalista português José Carlos Santos (*Loud!*, *Rock-a-Rolla*, *Terrorizer*) poderia escrever, espero que todos também compartilhem desse sentimento meio inominável de comunidade e pertencimento que essa música me traz sempre que escuto qualquer uma dessas muitas bandas.

LIFE IS NOISE PRESENTS
YOB

AUSTRALIAN TOUR 2015

- AUG 19 PERTH, ROSEMOUNT
- AUG 20 ADELAIDE ENIGMA BAR
- AUG 21 MELBOURNE, MAX WATT'S
- AUG 22 SYDNEY, MANNING BAR
- AUG 23 BRISBANE, CROWBAR

TICKETS AT LIFEISNOISE.COM

POSTER BY ERROR-DESIGN.COM

CAPÍTULO 1
AMÉRICA DO NORTE

Ponto de criação do chamado metal alternativo nos anos 1980, a América do Norte reúne um sem número de bandas importantes do gênero. Ainda com uma cena extremamente forte e cada vez mais diversa dentro do estilo, a região se destaca no livro com lendas do stoner e sludge/doom, como Pentagram, Kyuss, Old Man Gloom e YOB, todas dos EUA, além de formações barulhentas e cheias de influências do hardcore vindas do Canadá, casos de Burning Love, Baptists, Metz e KEN Mode.

AARON TURNER

Guitarrista e vocalista do Old Man Gloom e do Sumac – Entrevista feita em dezembro de 2015

Quando o Isis anunciou o seu fim, em 2010, a notícia foi obviamente recebida de forma triste pelo público e imprensa já que a banda era uma das principais do chamado "metal alternativo" ou "pós-metal" (ou como você quiser chamar) dos EUA e estava em um ótimo momento da carreira.

No entanto, o guitarrista e vocalista Aaron Turner, um dos fundadores do Isis e criador da lendária e essencial gravadora Hydra Head, mostrou nos últimos anos que o fim da banda pode ter sido, na verdade, uma ótima coisa, mesmo para os seus maiores fãs. Isso porque ele se manteve ocupado como ninguém e voltou a se aventurar nos cantos mais obscuros e experimentais da música.

Além de participar de inúmeros projetos neste período, o cara retomou o trabalho com o cultuado Old Man Gloom, que não lançava nada desde 2004, e aumentou as atividades do Mamiffer, banda que mantém com a sua esposa, Faith Coloccia. Como se tudo isso não fosse o bastante, Aaron também montou uma nova "banda principal", o Sumac, que conta com outros dois nomes de peso em sua formação: Nick Yacyshyn (Baptists, que também aparece como entrevistado neste livro) na bateria e Brian Cook (Botch e Russian Circles, que foi entrevistado no livro anterior) no baixo.

Com um currículo desses, seria impensável não ter Aaron no livro. Na entrevista abaixo, feita em dezembro de 2015 pouco após a gravação do segundo disco do Sumac junto com Kurt Ballou, do Converge, o cara falou sobre todas as principais bandas da sua carreira, incluindo Isis, Old Man Gloom e o já citado Sumac, além de comentar o fim da Hydra Head e destacar como é poder colaborar musicalmente com a sua esposa.

Recentemente vocês publicaram algumas fotos das gravações do novo disco do Sumac. Aliás, vocês apareciam em uma espécie de sala ou teatro gigante com o Kurt Ballou (Converge) e seus instrumentos. Conte-me um pouco sobre isso. O disco já está pronto?
Aaron: Sim, agora estamos trabalhando na masterização do disco. Mas toda a parte de gravação e mixagem já está finalizada. Então estamos quase lá.

E como foi a gravação? Vocês gravaram tudo ao vivo nesta sala gigante das fotos? Como foi o processo?
Sim. Eu, o Brian (Cook, baixista) e o Nick (Yacyshyn, baterista) tocamos todos juntos nessa sala. Nós não mantivemos todas as faixas de baixo e guitarra porque tinham alguns erros, mas seguramos o máximo possível porque queríamos ter esse sentimento, esse feeling dos três tocando juntos no mesmo lugar. O primeiro disco foi feito de um jeito mais "mascado", em pedaços. Por isso, foi legal ter os três envolvidos em todos os segmentos do álbum desta vez. Acho que funcionou melhor desse jeito e penso que isso também se traduz em uma energia diferente na gravação final.

Entendi. Apesar de terem gravado agora no fim de 2015, vocês publicaram algumas imagens em junho (de 2015) dizendo que estavam compondo o álbum. Como foi isso? Também mudou? Ou você continuou responsável pela maior parte das músicas e *riffs*?
Sim, basicamente a mesma coisa do primeiro. Eu escrevi todas as partes básicas e juntei as estruturas. Por isso, tinha uma boa ideia da composição de cada música. Aí enviei demos para o Nick à medida que ia escrevendo. E essas demos eram basicamente guitarras, sem vocal nem nada, mais uma maneira para dar uma ideia sobre onde as partes iriam e tudo mais, já que não podemos nos encontrar com muita frequência por morarmos em lugares diferentes. Depois de trabalhar em todas as demos e ensaiar algumas vezes com o Nick, nós nos juntamos novamente por um tempo maior nesse lugar de ensaio e trabalhamos em tudo. As estruturas finais ficaram bem próximas das demos das guitarras que eu fiz antes, mas é claro que o Brian e o Nick fizeram muitas coisas nas músicas e mudaram seus formatos de diferentes maneiras. No primeiro disco, eu e o Nick gravamos tudo sem baixo, antes mesmo de o Brian ter escutado o material. Desta vez, nós ensaiamos os três juntos antes de entrarmos em estúdio e acho que isso fez com que a banda soasse mais coesa. E desta vez nós sabíamos um pouco mais o que esperar, em vez de apenas ficarmos surpresos em cada passo do processo.

Além desses ensaios antes de entrar em estúdio, o fato de terem feito vários shows em 2015 também fez com que ficassem mais confortáveis uns com os outros como uma banda?
Definitivamente. Apenas passar bastante tempo viajando juntos, tocando ao

vivo... Tudo isso ajuda, acho que temos uma química melhor. Conseguimos nos comunicar melhor em função desse tempo que passamos juntos.

Falando sobre tocar, o Sumac começou a fazer shows há mais ou menos um ano, quando abriram para o Deafheaven, e depois seguiram numa mini-turnê com o Neurosis e alguns shows no Japão com o Mono e o Boris, entre outras coisas. Queria saber se vocês chegaram a ficar nervosos nesses shows iniciais? E se você, como guitarrista, se sentiu mais vulnerável por ficar sozinho nessa parte pela primeira vez? No Isis, sempre foram duas ou até três guitarras, e no Old Man Gloom você tem o Nate (Newton) do outro lado.
Com certeza, para as duas perguntas. Os primeiros shows foram realmente nervosos. Os dois primeiros em especial. O Brian, o Nick e eu nunca tínhamos tocado juntos antes dos ensaios para essas apresentações, que aconteceram alguns dias antes. Mas os shows foram surpreendentemente tranquilos, correram de forma suave. Quero dizer, estávamos nervosos e, talvez por isso, não conseguíamos entrar totalmente nas músicas por pensar tanto nas nossas partes, mas fiquei surpreso com o fato de que esses primeiros shows correram bem. E não demorou muito para que nos sentíssemos mais confortáveis no palco. Acho que fizemos uns cinco shows em março de 2015, alguns sozinhos e outros com o Baptists, a outra banda do Nick, e depois disso senti que tínhamos ficado mais confortáveis como uma banda. No sentido de saber como abordar os nossos papéis individuais na banda.

Para mim, como um guitarrista, ser o único cara tocando o instrumento na banda foi definitivamente uma experiência vulnerável porque eu sempre toquei em bandas com dois guitarristas e estava acostumado à segurança que essa formação fornece. Mas essa preocupação não foi algo que durou por muito tempo. Eu me sinto realmente bem tocando com o Nick e o Brian, eles são ótimos músicos. Ou seja, sei que se fizer alguma merda, eles vão segurar a onda (risos). Acho que essa formação funciona muito bem e fico muito feliz por sermos um trio. Isso certamente facilita bastante a parte de viagens e tudo mais.

Depois do fim do Isis, no começo de 2010, você se focou principalmente em

outros projetos que já existiam. Quando chegou à conclusão de que estava pronto para ter uma nova banda principal como o Sumac?
Eu sabia que definitivamente queria dar um tempo em, digamos, uma banda mais convencional após ficar tanto tempo no Isis, com o mesmo grupo de pessoas, fazendo tudo junto. Tocando muitos e muitos shows e, basicamente, colocando toda a minha energia em uma banda principal. Então eu precisava muito fazer outras coisas, tinha uma vontade forte de poder colaborar com muitas pessoas diferentes. E também de poder fazer mais coisas com o Mammifer, que de certo modo tornou-se uma banda principal para mim, apesar de eu não ser o principal compositor. Mas até essa situação é diferente porque, mesmo com eu e a Faith (Coloccia) tocando juntos em praticamente tudo, nós tínhamos uma lista contínua de diferentes colaboradores, incluindo bateristas, baixistas... Por isso, não foi um projeto musical com um formato mais rígido como era o Isis, sempre com as mesmas pessoas e sempre com os mesmos processos. Após alguns anos fazendo várias colaborações e ocasionalmente fazendo coisas com o Old Man Gloom, comecei a pensar mais em um tipo de composição que eu queria e que não me parecia ser algo que funcionaria em um projeto. Era algo que precisava ser desenvolvido com o tempo, junto com um grupo de pessoas, com tipos específicos de músicos. Antes de mais nada, precisava encontrar um baterista que sentisse ser complementar ao tipo de coisa que eu vinha escrevendo. E esse foi o começo do Sumac, apenas pensar nesse tipo particular de música ou sons que eu estava ouvindo, sabendo que queria montar um formato de banda mais reconhecível e começar o processo de composição por conta própria, enquanto buscava por outras pessoas para tocar.

Apesar de o Sumac ter músicas muito longas e diversas repetições, penso que a banda tem mais liberdade nessa parte musical do que o Isis, por exemplo. Talvez por ter menos gente na banda e por não existir aquele compromisso de ensaios quase diários. Você concorda com isso?
Sim, e isso era parte da razão pela qual a banda precisava ser mais espontânea, no sentido de deixar algumas partes das músicas abertas a constantes reinterpretações, sempre tendo a liberdade de improvisar, ao menos em algumas seções de cada música. E também sentindo que eu queria estar totalmente no comando do processo de composição. Nos últimos seis ou sete anos do Isis, o processo tornou-se bastante democrático com todos contribuindo com ideias.

Penso que isso é bom na maneira como as pessoas se sentem como participantes, mas para mim era mais difícil encontrar o meu papel de uma maneira que fosse realmente satisfatória. Sentia que muitas vezes eu estava comprometendo algo, e tenho certeza que todos estavam fazendo concessões. Apenas não sentia que eu podia escrever do jeito que eu queria ou de uma maneira livre e totalmente desimpedida naquela configuração. Então, ao pensar no que aconteceria com o Sumac, eu queria ser o principal compositor, queria ter um bom nível de controle sobre os formatos básicos das músicas, realmente ocupar a posição de diretor neste sentido.

Após o Isis acabar, você seguiu fazendo uma música agressiva com o Split Cranium, Old Man Gloom e agora também com o Sumac, enquanto que quase todos os outros integrantes (com exceção do Mike Gallagher) se juntaram no Palms, com o Chino Moreno (Deftones), para fazer um som bem mais atmosférico e calmo. Acha que esses caminhos opostos ilustram bem as diferenças de direção de que falou antes?
Sim, penso que fica muito claro olhando assim. Acho que o termo "diferenças criativas" é meio que um clichê, às vezes pode ser usado para falar sobre o fato de as pessoas não se darem mais tão bem. E acho que os conflitos de personalidade no Isis não eram tão ruins, na maior parte do tempo nós nos dávamos muito bem na parte pessoal. Mas acho que, com o tempo, tudo o que nós queríamos com aquela música mudou significativamente. Foi ficando mais e mais difícil encontrar um meio-termo onde todo mundo ficasse animado com o que estávamos fazendo. Pelo menos foi assim comigo, não posso falar por todos. Mas também sinto que nos primeiros anos do Isis, na época dos dois primeiros discos, nós estávamos crescendo e mudando bastante, e, nos últimos álbuns, sinto que nossa habilidade de crescer e mudar estava realmente diminuindo. E talvez ainda mais do que o estilo da música, acho que isso era o mais frustrante, o fato de que o nosso som tornou-se muito definido a ponto de ficar confinado.

Você falou sobre ter mais controle com o Sumac. Está feliz com esses dois primeiros trabalhos da banda? O resultado ficou próximo do que tinha na sua cabeça quando pensou nisso pela primeira vez?
Com certeza. Sinto que eles são os mais próximos possíveis da visão que eu ti-

nha. E também houve algumas surpresas inesperadas. Eu sabia que tocar com eles (Brian e Nick) seria algo recompensador simplesmente porque gosto do que eles fazem, do jeito que tocam, do som que tiram dos seus instrumentos. O que eu não sabia é se nós todos conseguiríamos chegar ao lugar certo juntos e esse é o tipo de coisa que só é possível descobrir tocando junto. E, nesse sentido, o primeiro disco foi basicamente um experimento, apenas juntar um grupo de pessoas e esperar que tudo saísse bem, sem ter nenhuma ideia do que cada pessoa iria levar para a mesa. Para mim, a esperança era que os dois iriam adicionar suas próprias personalidades e ideias às músicas que eu estava escrevendo, enquanto também traduziriam corretamente a visão original. E definitivamente sinto que isso aconteceu.

Recentemente, o Buzz, do Melvins, fez uma lista com bandas que tinham "estragado" as coisas e citou o Isis por ter acabado no que ele considerava um ótimo momento da banda. Como foi para você receber isso? E ele alguma vez te falou algo pessoalmente?
Não, o Buzz nunca me disse isso exatamente. Em uma das últimas turnês do Isis com o Melvins, ele disse que achava uma pena a banda acabar e que ficava triste por isso. Fiquei agradecido por isso, já que o Buzz sempre foi uma pessoa que serviu como inspiração. Escuto Melvins há muitos anos, eles sempre foram uma influência. Sempre foram muito autônomos e autodirigidos, realmente inteligentes sobre como conduzem sua carreira. E tudo isso foi um bom modelo para mim de muitas maneiras. E saber que ele gostava da nossa música, que achava que estávamos em uma boa trajetória, foi um elogio. Mas não me senti insultado ou nada do tipo por ele dizer que nós "estragamos" as coisas (risos). Acho que apenas olhei para isso como um elogio, no sentido de que ele achava que estávamos fazendo nosso melhor no final. Essa foi uma boa perspectiva de fora para mim, já que naquela época eu estava obviamente tendo dificuldades para ver alguma coisa boa no que estava fazendo naquela banda.

E como foram esses primeiros momentos de ajustes longe do Isis após 13 anos juntos?
Ah, teve seus pontos altos e baixos. Por um lado, eu apenas precisava de um tempo. Acho que o processo de escrever, gravar e tocar juntos tinha se tornado

muito estressante. Apesar de, como eu disse antes, nós não termos tido nenhum grande problema de personalidade, estávamos começando a ter dificuldades por ficarmos tanto tempo juntos. E acho que isso poderia ter acontecido com qualquer banda que passasse tanto tempo junto. Ficar tanto tempo assim junto com o mesmo grupo de pessoas pode ser desgastante. Vocês estão morando juntos basicamente, trabalhando juntos, tentando colaborar juntos de forma criativa, e isso tudo pode ser exaustivo. Por isso, dar um tempo disso foi um alívio para mim. Por outro lado, eu tive meio que uma crise de identidade e fiquei meio desestabilizado depois que o Isis acabou. E não foi apenas o fim da banda, muitas coisas aconteceram. Eu saí de uma cidade grande para o meio do mato, a Hydra Head mudou muito drasticamente e começou a desmoronar. E então o meu senso sobre quem eu era começou a desmoronar também. Foi uma época de grandes mudanças na minha vida e o Isis acabar fez parte disso. E teve uma parte do meu ego que também sentiu isso porque eu estava acostumado a receber elogios e atenção por estar no Isis e isso acabou porque eu não estava mais tocando com a banda. Foi uma boa forma de me abrir os olhos, uma lição de humildade. Mesmo tendo sido uma experiência difícil, fico feliz por ter passado por isso e ainda acho que essa foi a decisão correta [acabar com o Isis]. Quando ainda penso sobre isso agora, acho que se tivéssemos tentado fazer outro disco ou continuado fazendo shows seria algo muito prejudicial para a banda e para mim como pessoa.

Além do que, se a banda tivesse continuado vocês provavelmente teriam problemas muito maiores para lidar hoje por conta do grupo terrorista Isis (Estado Islâmico).
Ah, é mesmo. Seria uma bagunça horrível, mas felizmente nós não precisamos passar por isso como uma banda ativa.

Você falou sobre ter passado por uma espécie de crise de identidade e é possível notar claramente a sua mudança visual desde o fim do Isis, quando você tinha um cabelo mais curto, com pouca ou nenhuma barba, para hoje em dia, com o cabelo comprido e uma barba enorme. Isso teve algo a ver com esse processo? Talvez uma maneira de se encontrar novamente?
(Risos) É, acho que sim. Quero dizer, não de nenhuma maneira fundamental.

Mas eu meio que nunca gostei do meu cabelo, achava que ficava estranho. E também fui desencorajado por outras pessoas a deixar meu cabelo crescer. Então, de certo modo, foi meio que uma experiência de apenas abraçar uma parte minha que eu realmente não gostava. E acho que foi algo muito bom de se fazer. Foi parte do processo de me tornar confortável com quem eu realmente sou, em vez de alguém que eu fingia ser ou gostaria de ser.

Esta é a última sobre o Isis. Olhando agora, você se sente aliviado por ter encerrado a banda num momento bom, considerado até o auge por muita gente? E também por ter deixado um legado bonito, apenas com coisas para se orgulhar.
Eu me sinto assim agora. Mas na época parecia que tinha passado da hora de acabar. Então é realmente meio que um lance de perspectiva. Na minha visão, já tinha alcançado seu fim. Eu não ficava mais animado com a banda, não conseguia me inspirar, me animar a devotar muita energia para aquilo, como eu fazia no passado. Por isso, eu sentia de alguma maneira que não havia realmente uma escolha. Se eu continuasse fazendo aquilo, ia ficar mais e mais distante das pessoas com quem eu estava trabalhando e mais e mais longe dos meus objetivos. E, por fim, talvez até acabar com parte da minha felicidade em ser um músico. Ou eu podia acabar com a banda e começar de novo, começar de uma maneira diferente. Então eu não estava pensando tanto na posição da banda. Quero dizer, sempre foi legal ver quantas pessoas iam aos nossos shows, fico feliz que tantas pessoas tenham gostado da banda, como parece ser o caso, mas esse era um fator levado menos em consideração do que a satisfação pessoal.

O Old Man Gloom é uma das bandas mais pesadas que já vi, mas também uma das mais engraçadas. Vocês fazem piadas e pegadinhas o tempo todo, seja com os fãs, com bandas amigas ou até mesmo com a imprensa, como foi no lançamento do *Ape of God* em 2014. De onde vem essa pegada de subverter as coisas e tirar sarro de tudo? Seria uma influência do próprio espírito do punk hardcore?
Tem muito disso, com certeza. Mas também uma raiva adolescente. O Old Man Gloom foi criado quando eu e o Santos tínhamos vinte e poucos anos e grande parte da nossa amizade era baseada em pegadinhas, humor e sarcasmo,

tirar sarro um do outro e de outras pessoas. Então essa era a base criativa da banda: tentar traduzir isso em algum tipo de formato musical. As qualidades subversivas do punk e de outros tipos de música extrema sempre foram muito interessantes para mim e foram uma das coisas que me atraíram a esse mundo, em primeiro lugar. E, de algumas maneiras, o negócio de se estar em uma banda como o Isis, ou mesmo uma das outras bandas dos caras do Old Man Gloom, como o Converge ou o Cave In, a parte do negócio de se estar em uma banda meio que evita que você seja mais subversivo nas suas táticas. As pessoas estão menos dispostas a ferrar com a imprensa ou bagunçar o aspecto comercial das coisas porque estar em uma banda profissional exige uma tática mais voltada para os negócios. E isso nunca foi realmente uma preocupação no Old Man Gloom. Nós sempre pudemos fazer basicamente o que quiséssemos e essa é uma grande parte do que manteve a banda interessante. Poder assumir mais riscos e deixar as pessoas putas da vida ou aliená-las. Ou tentar fazer isso propositalmente de tempos em tempos. E também poder deixar nosso senso de humor funcionar. Temos pessoas na banda que são muito engraçadas, então esse é um bom meio para elas usarem essa habilidade.

O Old Man Gloom ficou em um hiato bem longo até a volta com o No, em 2012, já depois do fim do Isis. Por que ficaram tanto tempo parados? E por que decidiram voltar?
Parte do motivo para esse tempo parado foi que todos da banda mudaram para lugares diferentes, mesmo antes do *Christmas* (2004) ser finalizado. Todo mundo já estava morando em locais diferentes e continuamos nessa direção, com as pessoas indo para mais e mais longe. Antes disso, todos viviam em Boston, muito perto um do outro, então podíamos nos encontrar muito facilmente, sempre que quiséssemos. E certamente tornou-se mais e mais difícil. Além disso, as bandas em que alguns de nós tocávamos continuaram a crescer e precisamos dedicar mais tempo e esforços nessas bandas. Por isso, a possibilidade de nos juntar e conseguir tempo para isso, especialmente quando isso envolvia ter de atravessar o país de avião, não era realmente grande. Quando nós voltamos para fazer o *No* (2012), acho que o meu empurrão foi a grande razão pela qual voltamos. Eu não estava mais com o Isis, queria fazer algo pesado e estava disposto a fazer o esforço de viajar para

onde os outros caras estavam. Então foi mais ou menos assim que a banda voltou. Acho que mesmo durante todos os anos em que não ficamos ativos, as pessoas queriam tocar, falávamos sobre isso de tempos em tempos. Foram marcados alguns shows que acabaram cancelados por diversas razões. Acho que a vontade de fazer sempre esteve lá, era apenas uma questão de uma ou duas pessoas estarem dispostas a tomar a iniciativa.

Você já morou em Boston, Los Angeles, Seattle e agora está "no meio do mato", perto de Seattle, como já disse. Essas cidades tiveram uma influência mais direta na sua música e no seu processo de composição?
Sim, definitivamente. A Hydra Head virou o que virou porque eu morei no nordeste do país (região de Boston). Quase todas as conexões que eu fiz para a gravadora eram pessoas que eu conheci indo a shows, fazendo shows por lá. Apenas por estar geograficamente conectado com aquela rede. Então, Boston foi realmente importante e essencial em termos de como as coisas se formaram e se ajustaram. E isso também com as pessoas com quem eu toquei. O Isis não existiria como existiu se eu não estivesse em Boston. Foi lá que todos nos conhecemos, alguns de nós dividíamos apartamentos durante a existência da banda. A cidade foi muito importante em termos de como as coisas se moldaram. Los Angeles foi menos importante nesse sentido porque tudo já estava estabelecido naquela época. A Hydra Head já existia há alguns anos, assim como o Isis. Então eu diria que LA teve menos impacto sobre mim. A rede da qual fazíamos parte continuou a se expandir e um pouco disso teve a ver com o local. Nós obviamente conhecemos mais pessoas estando do outro lado do país, o que moldou um pouco as nossas perspectivas. Talvez a cidade também tenha mudado um pouco a atitude das pessoas em relação às coisas, para o melhor e para o pior. Los Angeles é uma cidade muito superficial em muitos aspectos e muito direcionada para o sucesso – ou a aparência do sucesso. E isso afeta algumas pessoas. Pelo lado bom, pode dar um impulso. Por outro lado, pode ser um pouco desconcertante e talvez até prejudicial porque você acaba se preocupando com o que as outras pessoas estão fazendo em vez do que você mesmo está fazendo. Após passar por essas cidades (Boston, Los Angeles e Seattle) rapidamente, eu apenas me cansei de estar em cidades de forma geral. Sentia que precisava ir para outro lugar, um local mais calmo e isolado, não tão voltado

para o comércio e atividades sociais e todas essas coisas. Acho que todos esses lugares, de uma maneira ou de outra, definitivamente me afetaram. Eles foram muito importantes em como o meu caminho foi moldado.

Aproveitando que falamos dessa sua ligação especial com Boston, você já trabalhou com muitas bandas diferentes, seja pela Hydra Head, seja como músico ou como artista visual, como Neurosis, Oxbow, Converge, Godflesh, Boris, Mono, entre outros. Por isso, queria saber se você se vê como parte de uma cena específica? Ou se enxerga esse todo como uma espécie de família maior de música underground?

Sim, se parece com uma família de várias maneiras. E o meu interesse por música underground, que inicialmente era mais ligado ao punk e hardcore, era sobre encontrar outro tipo de família, encontrar pessoas que tinham ideais que ressoavam comigo, e, em alguns casos, uma estética com a qual eu também pudesse me relacionar. E esse tem sido o tema recorrente em todas as coisas em que me envolvi com o passar dos anos. Apenas encontrar pessoas com ideias que eu ache interessantes e que reflitam algumas das coisas pelas quais me interesso. E também amizades que são baseadas em atividades criativas. Nunca fui uma pessoal muito social. Grande parte da minha "socialização" aconteceu na estrutura de fazer música ou estar envolvido com música, seja tocando em bandas ou lançando os trabalhos de outras pessoas. Era uma maneira de me relacionar com outras pessoas sem precisar participar das outras coisas sociais com as quais nunca me senti muito confortável, como praticar esportes ou ir em bares, esse tipo de coisa. Sinto que é muito importante estar conectado com outras pessoas, sinto que é algo necessário na minha vida. E essa é a maneira mais satisfatória que encontrei para fazer isso. No momento, não sei se há uma rede ou uma cena com a qual eu consiga me identificar porque há muitas variações e diferentes tipos de coisas que essas pessoas estão fazendo. De alguma maneira, poderia ser vagamente conectado com música pesada. Mas nem isso cobre a totalidade da coisa, já que também foi para várias outras áreas. Então eu diria que é mais uma mistura de pessoas que fizeram as suas vidas em torno das suas atividades criativas e se empenharam para fazer algo realmente diferente e incomum. Algo como um evolucionismo criativo mesmo. E acho que isso é algo global também. Quero dizer, só continua a se expandir. Quanto mais pessoas nós conhecemos, mais conexões fazemos para além das fronteiras geográficas. Por isso, sinto-me muito sortudo nesse sentido.

Você já colaborou com pessoas que eram influências e referências quando você começou, como o Justin Broadrick (Godflesh e Jesu), que você lançou pela Hydra Head e com quem tocou no Greymachine, e o Steve Von Till (Neurosis), cujo último disco, A Life Unto Itself (2015), teve a capa feita por você. Como é trabalhar com essas pessoas, que você admirava no começo e agora são seus amigos e parceiros musicais?
Tem sido uma fonte constante de inspiração e surpresa para mim. E, voltando novamente a quando eu era jovem, parte do que me atraiu ao punk e hardcore é o fato de que você não é apenas um fã ou apoiador, mas um participante. Por isso, parte do meu objetivo sempre foi conhecer pessoas cuja música eu admirava para ter amigos que eu sentisse que entendia e que me entendessem. E também apenas poder compartilhar algumas experiências de vida com outras mentes incomuns. Esse foi certamente um fator consciente quando comecei a ler zines, trocar discos e todas essas coisas quando ainda estava no colegial. Não sabia até onde isso me levaria e certamente fiquei bastante feliz e surpreso. E esse ainda é o caso sempre que conheço alguém cuja música eu admiro e com quem eu tenha feito uma conexão por meio da música. Em alguns casos, é apenas pura coincidência, como acontecer de estar no mesmo lugar no mesmo horário e então conhecer a pessoa. E é sempre interessante ou particularmente animador quando alguém que eu admiro ou que tenha me inspirado acaba gostando do que eu faço. Apesar de eu querer que esse fosse o caso no início, realmente nunca espero por isso. Então é realmente uma surpresa boa.

Como é fazer música com a sua esposa Faith? Muito diferente das outras colaborações que já fez em sua carreira?
Sim, há um nível mais profundo de compreensão e conexão porque nós somos um casal e passamos as nossas vidas juntos. Isso nunca seria possível em nenhum outro tipo de relação criativa. Acho que nos conhecemos de determinadas formas que mais ninguém no mundo conhece. E isso dá uma camada diferente de significado para a música. Também é algo muito animador para mim, porque eu realmente gosto de ficar próximo de pessoas realmente motivadas e inspiradas e que têm ótimas ideias. Sempre quis isso em uma parceria, em uma namorada ou em um casamento. E é algo que busquei por bastante tempo até encontrar. Para a maioria das pessoas que eu conheço, ter algo na sua vida pelo que você é realmente apaixonado também é uma grande parte de ser uma pessoa realmente feliz ou satisfeita. As pessoas que conheci que não possuem realmente algo em suas vidas pelo qual são apaixonadas

costumam parecer um pouco perdidas. Ou realmente fazem suas vidas sobre outras pessoas. Não acho que essa seja uma maneira saudável para viver e acho que pode levar a relacionamentos destrutivos e comportamentos autodestrutivos. E essa é uma outra parte importante do meu relacionamento com a Faith. Nós tocamos juntos, fazemos turnês juntos, o que é ótimo. Mas ela também possui a sua própria vida e os seus próprios desejos e objetivos. E isso é algo de que nós dois gostamos um no outro quando nos conhecemos. Acho que os dois viram coisas um no outro de que gostamos e quisemos saber mais. Mas acho que também vimos que éramos pessoas que se respeitam, se encorajam e querem que o outro tenha suas atividades criativas, em vez de um relacionamento em que uma pessoa tem isso e a outra fica constantemente tentando competir com isso ou a afastar do que está fazendo. Isso foi algo que vivenciei no passado e nunca mais quero repetir.

Você conhece alguma banda ou artista brasileiro?
Tenho certeza que conheço e fico envergonhado em admitir que não consigo lembrar de nenhuma agora.

Mas imagino que você gostava do Sepultura na fase clássica deles, não?
Sim, sim. Eu estava para falar sobre eles, que são a escolha mais óbvia. Mas eu realmente me lembro de estar assistindo ao Headbanger's Ball (um programa de metal da MTV dos EUA) no começo dos anos 1990, quando eles fizeram a estreia de um clipe do Sepultura, acho que era algo do *Arise*. E eles ficaram falando sobre o Sepultura ser uma banda do Brasil e eu ainda não tinha descoberto totalmente o punk naquela época, mas já estava começando a ter uma noção sobre isso e definitivamente queria descobrir músicas de outros lugares e coisas que eram incomuns. Eu me lembro de ter pensado que era muito louco que algo de tão longe me fizesse sentir animado. E também sentir que havia um tipo de conexão direta ali, que era parte do que eu estava buscando: tentar encontrar conexões com outras pessoas em outros lugares. E perceber que havia pessoas no mundo todo se movimentando ao redor da mesma coisa, ou pelo menos do mesmo espírito.

Sempre pergunto isso. Quais são os três discos que mudaram a sua vida e por que eles fizeram isso?
And Justice for All (1988), do Metallica. Esse foi o primeiro disco realmente

pesado que eu escutei. Antes disso, eu estava ouvindo coisas como Beastie Boys e Mötley Crüe. Então eu ouvi o *And Justice for All* e foi algo do tipo: "Puta merda! É isso! É isso que eu estava procurando!". Escutei esse disco muitas e muitas vezes e ele me levou aos outros discos do Metallica. E isso basicamente me motivou a ser um guitarrista. E essas faixas do *And Justice for All* foram as primeiras músicas que eu tentei tocar, o que é engraçado de pensar porque algumas delas continuam sendo incrivelmente difíceis para tocar até hoje. E eu com 12 anos, sem saber tocar guitarra, tentando tocar essas músicas (risos). Então acho que esse foi um bom desafio e uma ótima introdução. Além disso, é um disco que ainda consigo ouvir hoje e gostar, enquanto que muitas outras coisas que eu ouvia naquela época não me seguiram realmente quando fiquei mais velho.

Tem um disco do John Coltrane que eu ganhei do meu pai, que realmente gosta de jazz. E eu não consegui entender jazz por muito tempo, meio que olhava para aquilo como "a música do meu pai". E, por isso, eu ficava evitando ouvir ou sentindo como se não fosse algo para mim, uma espécie de "música para gente velha". Mas algo mudou quando eu tinha uns 14 ou 15 anos, que também foi uma época em que eu estava fumando muita maconha (risos). Então eu ouvi um disco do Coltrane e de repente tudo fez sentido para mim. E há algo nessa forma de abordar a música em que há esses temas estruturados que são a base ou a fundação da música e todo o resto era um afastamento, uma partida desse ponto. Foi a primeira vez em que eu tive realmente consciência de como a improvisação e a estrutura podem ser colocadas juntas de uma forma que uma enriquece a outra. Isso foi algo muito importante para mim.

E um outro disco seria o *Earth 2* (1993), do Earth. A primeira vez que ouvi esse disco... Era algo com base na música pesada, era uma perspectiva do metal. Mas também era uma grande subversão do metal, uma síntese entre uma música baseada em um som bastante experimental e algo com uma natureza mais tradicional do rock. Então esse disco também foi muito revelador para mim. Uma grande forma de reavaliar o que uma guitarra podia ser.

Qual a sua opinião sobre o compartilhamento de arquivos? Acha que foi a principal razão para toda a situação que aconteceu com a Hydra Head?

Não, não acho. Bem, é uma parte do problema, mas não é a única coisa. Neste momento, o compartilhamento de arquivos é inegavelmente uma parte de como a música é – e a música nunca vai voltar a ser o que era antes disso acontecer. Tenho sentimentos conflituosos sobre o assunto. Pelo lado bom da coisa, é legal que a música seja tão facilmente acessível para as pessoas no mundo todo. Há pessoas ouvindo a minha música e isso não seria possível se essa música não estivesse tão facilmente acessível na Internet... e isso é ótimo! Eu mesmo descubro muitas coisas na Internet, apenas ouvindo coisas aleatórias, coisas que não ouviria de outra forma se tivesse que sair e comprar em uma loja. Já pelo lado negativo, é realmente frustrante porque eu consigo ver agora o quão difícil é tentar vender discos por causa do compartilhamento de arquivos. E, como um dono de gravadora independente e um artista independente, isso deixa as coisas muito mais difíceis do que elas eram há 10 ou 15 anos. Mas apesar de a música ter se tornado um negócio para mim, o negócio vem sempre em segundo lugar. O mais importante é levar a música para as pessoas e se conectar com elas por meio dessa música. E acho que, no final das contas, o compartilhamento de arquivos tem sido um fator mais útil e importante nesse sentido do que o contrário.

Esta é a última pergunta. Do que você tem mais orgulho na sua carreira?
De forma geral eu diria que me tornar um músico e conseguir fazer a minha vida em torno disso. Desde muito jovem, eu sabia que queria tocar música. E quando estava tocando, eu sabia que isso me fazia feliz e sentia algum tipo de conexão com um tipo diferente de mundo e um tipo diferente de energia do que eu já tinha sentido em qualquer outra atividade ou outra parte da vida. Acho que foi esse sentimento que me levou a fazer a minha vida em torno da música. Mas eu me sinto muito agradecido e sortudo por isso ter se tornado o que eu faço. Acho que descobrir algo que me faz sentir conectado com outras pessoas e com algum tipo de divindade é realmente um presente incrível e algo que todos estão buscando de uma maneira ou de outra. Mas nem todo mundo consegue encontrar isso. Não é uma coisa fácil de se encontrar. Creio que em geral as pessoas são desencorajadas a seguir os seus sonhos ou a seguir suas buscas criativas ou o que quer que seja pelo que elas são apaixonadas. Então acho que é preciso alguma determinação e força de vontade para trabalhar nessa direção. E sou muito feliz por ter conseguido continuar com essa busca e ter construído a minha vida em torno disso.

KYUSS

John Garcia (vocalista do Kyuss/Vista Chino e Unida) – Entrevista feita em julho de 2014

Uma das vozes mais conhecidas do stoner, o vocalista John Garcia continua fazendo quase tudo igual a quando era apenas um moleque que começou a tocar com o Josh Homme e o Brant Bjork nos anos 1980. Quase mesmo. Apesar de continuar morando no deserto da Califórnia e fazendo música pesada, o cara diz que agora se cuida muito mais e é agradecido por todas as pequenas coisas da sua vida (e carreira).

Com mais de 20 anos na estrada, John tem um currículo de fazer inveja a qualquer um, incluindo turnês e discos com bandas como o seminal Kyuss (que depois virou Kyuss Lives! e Vista Chino mais recentemente), além de outros nomes interessantes como Slo Burn, Unida e Hermano.

Em julho de 2014, às vésperas do lançamento do seu primeiro disco solo, John conversou comigo por telefone, e falou sobre o álbum que leva seu nome, o futuro do Vista Chino, a forte influência de Ian Astbury e Glenn Danzig no seu jeito de cantar e também sobre a sua relação com o ex-companheiro de banda, Josh Homme, que virou seu inimigo na justiça por conta de uma disputa pelo Kyuss.

Você vai lançar seu primeiro disco solo agora em agosto (de 2014). O álbum foi gravado e produzido no estúdio Thunder Underground (Vista Chino, Nick Oliveri, Brant Bjork), em Palm Springs, na Califórnia, sua cidade. Levando tudo isso em consideração, foi como estar "em casa"?
John: Totalmente. Não há nada como poder sair da minha casa às 9h40 da manhã, chegar no estúdio em 20 minutos e voltar para casa às 17h para um churrasco e um mergulho na piscina. Deixe-me dizer, isso foi incrível. Não queria ir gravar em Los Angeles. Não há nada de errado com os estúdios de lá, são fantásticos. Mas poder gravar em Palm Springs em um estúdio profissional... Atualmente as pessoas colocam uma máquina com Pro Tools em casa, um gravador, alguns alto-falantes e dizem que é o seu estúdio. O Thunder Underground não é apenas algumas paredes e uma máquina com Pro Tools, mas um verdadeiro estúdio de gravação. Eu queria fazer um disco e é isso que eles fazem lá. Harper Hug e Trevor Whatever fazem discos e eles são ótimos nisso. Então poder fazer o disco com eles, em Palm Springs, que é a minha cidade natal, foi algo fantástico.

E o que achou do resultado?
Estou muito feliz e satisfeito com o disco. E animado por estar sendo lançado depois de tanto tempo esperando. Queria fazer isso há bastante tempo. Então, ter isso neste momento da minha vida é ótimo, algo muito bom.

E como foi o processo de composição para o álbum? Tinha algumas músicas que estavam lá "pegando pó", esperando para serem gravadas?
É, eu tinha essas músicas já há algum tempo e me cansei de apenas ficar "olhando" para elas. Tenho uma relação pessoal com essas músicas. E eu tinha essa coleção de músicas em fitas e CDs que estavam no meu baú – ou no meu cofre, se preferir. Na verdade, elas estavam mesmo em uma caixa de papelão. Por isso, poder lançá-las depois de todos esses anos foi algo libertador.

Você já está nesse meio há mais de 20 anos. Toma algum cuidado especial com a voz atualmente?
Ah, não realmente. Tento cuidar dela. Por exemplo, existem coisas que você não deve fazer. Você não deve fumar nem beber muito álcool. Então tento limitar isso o máximo possível. E quando sua voz está ruim você tem que dar um tempo e se manter hidratado, além de seguir os clássicos: chá sem cafeína, mel e limão e é isso. Mas sou muito sortudo e agradecido pelo fato de ainda poder cantar... Pelo menos eu acho que ainda posso cantar.

De acordo com as minhas pesquisas, você aprendeu a cantar sozinho. Chegou a fazer aulas depois disso?
Houve uma época em que fiz umas cinco ou seis aulas com um professor. Mas ele tinha um treinamento bem clássico e pedia para eu fazer escalas e tudo mais. E eu não estava com vontade de fazer isso. Só queria cantar forte e impulsionar a minha voz. Com o passar dos anos, minha voz ficou mais forte e melhor. E é necessário praticar, tenho feito isso há 20 anos. Agora mesmo, treinei por dois dias seguidos, algo como quatro horas por noite. Então você precisa manter a voz em forma, continuar usando-a e sempre praticar. Treino, treino, treino, é tudo o que você precisa fazer. Ensaiar e melhorar, ensaiar e melhorar. Sabe, adoro estar no palco, poder fazer shows, cantar. Quando eu vou a um show, gosto de ver os vocalistas atingirem perfeições maiores e menores, e im-

perfeições também. E essa é a beleza de cantar ao vivo. Sempre há espaço para melhorias, você sempre pode melhorar o alcance e tudo mais. Mas você precisa conhecer a sua voz. E, com o tempo, passei a conhecer a minha voz e as minhas limitações. Mais uma vez, sou muito agradecido já que fui muito abençoado pelo grande cara lá em cima por poder continuar fazendo o que faço. Porque ainda sou apaixonado por isso.

Concorda que talvez toda a cena stoner da época do Kyuss, incluindo também Fu Manchu, Unida, Monster Magnet, entre outros, talvez tenha um maior reconhecimento apenas nesses últimos anos? Quero dizer, você agora está com o Vista Chino (ex-Kyuss Lives!), voltou a fazer shows com o Unida. Acha que as pessoas têm prestado mais atenção ultimamente?
Eu não sei, essa é uma boa pergunta. Para ser bem honesto, eu penso que o Kyuss é mais conhecido agora do que quando nós estávamos juntos. Tem algo sobre uma banda quando ela acaba ou quando algo sai de circulação. Isso é valorizado. Nós não estávamos tentando ser estrelas do rock ou nada do tipo, apenas estávamos... estou tentando pensar aqui. Honestamente, eu não penso tanto assim nas coisas, não fico analisando. Não sou um cara analítico. Sou um pai e um marido que tem uma paixão por música. Mas eu não sei (risos). Vou ser honesto com você, não sei a resposta para essa pergunta.

O Mike Dean (Corrosion of Conformity) agora está tocando baixo no Vista Chino. Quem teve a ideia de chamá-lo?
Foi o Brant Bjork que chamou o Mike. Nós tínhamos alguns baixistas em mente, mas o Mike foi a escolha óbvia. A ideia foi do Brant e felizmente o Mike topou. Ele é um cara super talentoso e inteligente, e só posso dizer coisas boas sobre ele.

Entrevistei o Mike recentemente e ele disse que "largaria tudo" se fosse chamado para gravar um disco novo do Vista Chino. Vocês têm planos de fazer isso em algum momento?
Não, não tenho planos de fazer um novo disco do Vista Chino. Estou muito feliz com o lugar em que estou agora. Há uma quantidade incrível de liberdade em se expor como eu fiz agora com o meu disco solo e estou curtindo isso. Quero levar esse carro para uma viagem longa e divertida. E é isso o que eu planejo fa-

zer agora. Nunca diga nunca. E eu amo esses caras, não há nenhum clima ruim ou animosidade entre nós, mas eu estava querendo fazer isso [o disco solo] há muito tempo. Então vou continuar aqui por um bom tempo.

Você tocou no Brasil, mais especificamente em São Paulo, com o Kyuss Lives! em 2011. Quais suas memórias desse show? Chegou a conhecer um pouco da cidade?
É uma pena porque não tive a chance de conhecer a cidade. E eu adoraria poder ter ficado aí por um mês. Mas como costuma acontecer em turnês, você chega e sai. No entanto, adoraria ter ficado aí mais tempo para conhecer a cultura, a comida, as pessoas e o ambiente. A América do Sul é um mistério para mim. Eu queria poder conhecer mais o continente. E é uma pena que eu não consiga ir até aí. É muito difícil para uma banda como a minha poder tocar no Brasil porque não tenho um produtor de shows aí. Mas estou trabalhando nisso. Adoraria ter conhecido mais, mas infelizmente não tive tempo suficiente.

Falando na sua carreira solo, como serão os shows? Vai tocar músicas do Kyuss e das suas principais bandas anteriores também?
Sim! É o passado e o presente. O setlist em que estou trabalhando agora tem músicas do Kyuss, do Slo Burn e do meu disco solo obviamente. É meio que uma turnê com os maiores sucessos.

Sei que o último disco do Kyuss, *And the Circus Leaves Town* (1995), teve uma maior participação sua e do Scott Reeder nas composições. Você tem um álbum favorito que gravou com a banda?
Acho que seria o *And The Circus Leaves Town*. Apenas porque o meu nível de participação aumentou nesse disco. Mas ainda era uma banda. E há um pouco de um sentimento nostálgico quando eu lembro das gravações desse disco. Porque foi o último, meu pé já estava meio fora da banda lá pela metade das gravações. Então é um sentimento doce e amargo ao mesmo tempo.

Você tem feito muitas turnês nos últimos anos. O que é o mais difícil nessa vida na estrada em comparação ao início da sua carreira?
Bem, além da idade... Não sou mais tão novo quanto antes, mas ainda tento me cuidar. Mas a diferença é onde estou na minha vida, agora sou um marido e um

pai. E para a minha família permitir que eu esteja na estrada e em um ambiente diferente, exige uma quantidade incrível de comunicação e confiança. E ser tolerante... Quando você fica fora por três semanas e tem dois filhos, é um trabalho difícil. Então muito do crédito vai para a minha esposa, por permitir que eu faça isso. Mas para responder a sua pergunta, que eu não sei se respondi, te digo que a idade é um negócio importante. Ainda quero fazer isso por muito tempo, por isso você precisa se cuidar. E eu não posso sair e me "estourar" toda noite, isso é impossível. Você precisa ouvir o seu corpo, porque se o seu corpo diz algo como "Ei, vou te derrubar", então ele faz isso, o que já aconteceu comigo antes. Eu conheço as minhas limitações. Você só precisa ficar saudável. Novamente, quero fazer isso por muito tempo ainda. Por isso, é preciso cuidar do quanto você bebe ou fuma, ter moderação com tudo.

Pensa que isso faz com que você enxergue uma turnê como algo mais gratificante, em que aproveite mais as pequenas coisas de cada show e tudo mais?
Acho que você está certo. Penso que não é apenas aproveitar, mas eu sou agradecido por isso. Eu agradeço a oportunidade de dividir o palco com os integrantes da minha banda, todos locais aqui da região. Ou também com o Mike Dean, o Brant Bjork e o Bruno Fevery, por exemplo. Eu aprecio poder estar no palco, dividir o palco com esses caras. Então, sim, é um nível completamente novo de reconhecimento, de valorização. Poder falar com você sobre algo que eu criei há muito tempo ou algo que eu ainda vou lançar, como o meu disco solo, é incrível e eu valorizo isso. É por causa de jornalistas como você e seus leitores que ainda posso fazer essas coisas, criar e sair na estrada. Não é apenas que eu aprecio e gosto disso, mas sou muito agradecido pelo fato de ainda poder fazer isso.

Qual foi o maior desafio que já enfrentou na sua carreira?
Ficar longe da minha família. Esse é o maior desafio. Sou abençoado por poder andar hoje em dia, sou agradecido pelas pequenas coisas. E tento manter os meus olhos na "bola" aqui, que seria a minha família e os meus filhos – e criar bons filhos, poder dar coisas para eles, como a oportunidade de eles irem para a faculdade. Isso é importante para mim. Eu tenho sorte de poder deixar a minha música quando deixar esse planeta. Por isso, sou tão agradecido por isso. Eu

amo a minha família. Não sou um rockstar, não sou esse cara. Eu não fico nos bastidores de um show fingindo ser algo que não sou. Eu não quero ser "legal" ou ter um chapéu legal. Sou um marido, um pai, e é isso. Eu me importo com o que a minha família pensa, minha mulher e meus filhos, isso é importante. Esse é um nível totalmente novo de apreciação das coisas e é aí onde a minha cabeça está – e onde deveria estar.

Já que você falou sobre a sua casa e tudo mais, pensa que as pessoas têm uma visão mais glamorosa do que a realidade sobre o papel do deserto na música que você cria e criou com as suas bandas, como o Kyuss?
Sim, acho que é exagerada (essa visão). As pessoas têm essa visão de que eu, o Brant e o Josh acordávamos de manhã, fumávamos um baseado e então acendíamos uma fogueira e tocávamos violão. Nós não fazíamos isso (risos). E não há nada que poderia estar mais longe da realidade do que isso. Mas ainda moro aqui e amo o meu deserto, até o chamo de "meu deserto". Sou nascido e criado aqui. Não fui transplantado de Nova York ou Nova Orleans. Acho que, como a maioria dos locais, tenho um sentimento meio de "fiquem fora, nos deixem em paz". Tenho uma certa afinidade com o meu deserto. Uma vez tentei sair daqui porque apareceu uma oportunidade em Los Angeles, mas assim que abri a primeira caixa da mudança em LA, eu percebi que tinha cometido um erro enorme e voltei para cá instantaneamente. Tenho muito orgulho de onde eu nasci.

Queria saber quais discos mudaram a sua vida e por que eles fizeram isso.
Um seria o *Love* (1985), do The Cult, um disco enorme, gigante, muito importante na minha vida. Outro seria o *Walk Among Us* (1982), do Misfits, que foi um disco grande. Ah, vamos ver... Qual outro disco mudou a minha vida? Provavelmente o *Soft Parade* (1969), do The Doors. E também poderia listar nomes como Ohio Players, The Temptations, Johnny Taylor, entre outros. Mas acho que o maior, o principal, mais importante e que precisa estar nessa lista é o *Love*, do The Cult.

E quais os seus vocalistas favoritos?
Ian Astbury, Glenn Danzig, Terence Trent D'Arby, Robert Plant, Rufus Wainwright, Bob Marley. Sou fã de cantores. Também gosto muito, muito do Frank

Sinatra, sou um grande fã dele. Mas o topo da lista é ocupado pelo Ian Astbury e o Glenn Danzig.

Aliás, quando vocês estavam começando o Kyuss você cantava uma música do The Cult. É isso mesmo?
É, quando fui para o ensaio depois do treino de futebol eles estavam tocando essa música do The Cult chamada "Wild Flower" e eu tinha um microfone e comecei a cantar. Mas foi horrível, fui muito mal. Só que eu não liguei para isso e apenas continuei treinando.

Do que você mais tem mais orgulho na sua carreira?
Desse momento, do que estou fazendo agora. Esse é um disco muito pessoal para mim, com músicas que são muito próximas do meu coração e com as quais tenho uma relação pessoal. Esse é o maior momento da minha carreira. E não há nenhum nome de banda por trás, estou exposto e esse é um disco que não é para todos, não estou querendo mudar a "cara" do rock. São músicas que venho colecionando com o passar dos anos e é muito bom poder lançá-las. Esse é o maior momento da minha carreira.

Ok, essa é a última. Você acha que um dia ainda vai voltar a ficar "numa boa" com o Josh Homme após tudo que aconteceu com ele processando você e o Brant Bjork por causa do Kyuss?
Eu espero que sim, eu realmente espero que sim. Para começar, eu e o Josh não éramos grandes amigos. Não saíamos juntos, não éramos melhores amigos. Eu era mais próximo do Scott Reeder (que ficou ao lado de Josh Homme no processo), eu e ele éramos muito próximos. Mas eu já perdoei esses caras, já segui em frente. Desejo apenas coisas boas para eles. Não quero falar merda sobre eles, gosto muito deles. Só quero que coisas boas aconteçam para eles, tanto na vida profissional quanto na vida pessoal.

PENTAGRAM / BEDEMON

Geof O'Keefe (ex-baterista do Pentagram e atual guitarrista/baterista do Bedemon) – Entrevista feita em junho de 2015

Apesar de desconhecido do grande público, o baterista e guitarrista Geof O'Keefe é um dos nomes mais importantes da história do metal nos EUA. Cofundador do Pentagram e um dos cabeças do Bedemon, o músico gravou discos obscuros e essenciais nos anos 1970, que só receberam mais atenção e reconhecimento décadas depois.

Um dos principais motivos para essa (re)descoberta das suas bandas foi um documentário sobre o vocalista e líder do Pentagram, Bobby Liebling, um sujeito tão talentoso quanto complexo. Intitulado *Last Days Here*, o filme lançado em 2012 abriu as portas para mais pessoas conhecerem a fase inicial do Pentagram, nos anos 1970, com Geof na bateria e um som mais puxado para o hard rock, bem diferente do doom arrastado e unidimensional que caracteriza o grupo desde os anos 1980.

Na entrevista abaixo, feita pouco após o primeiro show da história do Bedemon, o mais do que simpático e solícito Geof fala obviamente sobre essa estreia da banda nos palcos após cerca de 40 anos, relembra sua época no Pentagram e sua relação com Bobby, conta quais discos mudaram a sua vida e por que prefere ouvir apenas bandas dos anos 1960 e 1970.

No festival Psycho California (realizado em maio de 2015 nos EUA), o show do Bedemon com o Wino (Saint Vitus) nos vocais foi incrível e acho que havia um sentimento muito especial entre o público e a banda naquele dia. Como foi para você finalmente subir ao palco pela primeira vez com a banda após tanto tempo? Ainda mais em uma situação como essa, cerca de 13 anos após a morte de Randy (Palmer, guitarrista original da banda)?
Geof: Foi uma experiência bastante emocional em muitos níveis. O Randy, que começou o Bedemon, morreu em 2002. E eu não fazia um show na frente de qualquer pessoa há 31 anos. A última vez que toquei ao vivo foi em 1984 e eu toquei bateria naquele dia. Eu nunca tinha tocado guitarra na frente de um público antes do show no Psycho California. Foi algo muito emocional e estressante (risos). Mas, no fim das contas, foi muito excitante e animador. Eu não

queria parar, queria tocar por mais tempo. Realmente gostei da experiência, foi uma noite ótima. Mas foi uma mistura de emoções. É triste que o Randy não possa ter visto isso acontecer. Ele nunca acreditaria que o Bedemon finalmente fez um show.

Por que a banda nunca se apresentou ao vivo até esse primeiro show em 2015?
Por que nunca tocamos? Porque o Bedemon nunca foi uma banda de verdade no sentido mais convencional em que pensamos em uma banda. Era mais um projeto para gravar coisas. Basicamente começou nos anos 1970 apenas por diversão. Randy pedia para eu e o Bobby nos encontrarmos no galpão onde o Pentagram ensaiava para gravar algumas músicas novas. E isso aconteceu talvez uma ou duas vezes por ano, em 1973 e 1979. Então nunca foi considerada uma banda, era apenas um lance de gravar músicas com o Randy por diversão. Então nós decidimos gravar um disco de verdade em 2001, mas problema aí é que o Randy morava na costa leste, eu na costa oeste e o Mike (Matthews, baixista da banda) no Arizona. Ou seja, você tinha três pessoas da banda em três partes diferentes do país. Por isso, planejar shows era algo muito difícil. Além disso, nós não tínhamos um vocalista na época porque o Bobby estava ocupado com o Pentagram. E nós finalmente encontramos um vocalista aqui na região, um cara chamado Craig Junghandel, que cantou no disco *Symphony of Shadows* (2012). Mas depois que o Randy morreu, apenas parecia muito difícil sequer pensar em tocar ao vivo, sabe? Eu vou tocar bateria ou guitarra? Se eu tocar bateria, quem vai tocar guitarra? E se eu tocar guitarra, quem vai tocar bateria? E o Mike tinha mudado para Montana nessa época. Parecia apenas muito difícil do ponto de vista logístico montar uma versão ao vivo do Bedemon. Eu queria fazer isso, mas havia tanto obstáculos para superar. Mas, neste caso... você conhece o Sean Pellet (empresário do Pentagram)?

Sim, sim, até encontrei com ele no Psycho California.
Então, o Pellet nos procurou em dezembro de 2014 e disse: "Ei caras, essa é uma boa chance se vocês quiserem tocar, vocês podem não ter muitas chances no futuro. Mas esse é um show que vocês podem tocar. E o Pentagram também vai tocar. Vocês só precisam montar uma formação da banda". E nós finalmente decidimos: "Vamos fazer isso. Vamos focar nossos esforços para fazer esse show

e vamos finalmente tocar com o Bedemon". Essa é uma oportunidade que nos foi dada pelo Pellet e sou muito grato a ele por várias coisas e essa é uma delas. Então foi assim que aconteceu. Mas é difícil montar uma banda regular quando as pessoas estão espalhadas por todo o país. E é obviamente mais difícil quando o líder da banda morreu.

E vocês pensam em fazer mais shows como esse do Psycho California?
Eu realmente quero fazer isso, mas depende basicamente de quem estará na formação da banda. Um dos problemas que nós temos é que o Mike Matthews, que é um membro de longa data do Bedemon, trabalha em um programa de TV. Ele não sabe quando vão estar filmando e esse foi o problema que tivemos no festival. Eles começaram a filmar há cerca de um mês, bem na época do show. Por isso, ele não conseguiu tocar e ficou muito decepcionado e chateado porque queria fazer o show comigo. Mas shows futuros vão depender da disponibilidade dele e eu não sei quem cantaria, se seria o Wino novamente ou se usaríamos o Craig, que cantou no último disco. Há muitos fatores desconhecidos, mas a resposta curta... E, aliás, eu não dou muitas respostas curtas (risos). Eu costumo falar bastante e dar respostas bem longas e com muitos detalhes. Mas a resposta curta é que realmente quero fazer mais shows. Eu gostei muito de tocar e o público foi tão receptivo conosco no festival. Por isso, eu realmente quero tocar mais. Presumo que você tenha visto o show novamente no YouTube depois. Eu assisti ao vídeo e vi as coisas que não gostei e as que gostei. É muito bom poder ver isso porque me ajuda a saber o que gostaria de fazer mais e o que precisa ser melhorado no futuro. Foi muito divertido. Foi ótimo poder encontrar os fãs e poder conhecer pessoas como você, que querem conversar sobre isso. Foi uma ótima experiência, eu fiquei muito feliz.

Quantas vezes vocês conseguiram ensaiar com essa formação antes do show?
Bom, eu e o Frank (baterista) começamos a ensaiar no final de fevereiro, apenas guitarra e bateria. O Wino chegou em 1º de maio, então nós tivemos cerca de 12 ensaios com ele no total, pelas minhas contas. E o Greg, o baixista, chegou no dia 6 de maio, eu acho. Fizemos oito ensaios com ele. Teve um em Los Angeles, na véspera do show. Eles tinham um local para ensaios, em que as bandas podiam ensaiar um dia antes de tocar no festival. Mas tivemos

sete ensaios aqui na cidade onde eu vivo, em San Luis Obispo. Então foram oito ensaios com todo mundo da banda. Por isso, foi bastante difícil conseguir fazer tudo isso em um período tão curto de tempo. Não tínhamos muito tempo com o Wino para trabalhar nos vocais e então o Greg apareceu e tivemos uma semana com ele. E mesmo que todos já tivessem aprendido as músicas à distância, com os discos e tudo mais, tocar ao vivo é uma situação diferente porque haverá partes que não soam igual no disco, por exemplo, e tentamos rearranjá-las para tocá-las ao vivo. Por isso tudo, essa última semana foi bastante estressante (risos). Tentar juntar todo mundo e conseguir soar bem, afiados. Então a resposta para a sua pergunta é que nós tivemos basicamente uma semana com os quatro integrantes.

E como acabaram chamando o Wino para cantar? Você já o conhecia bem?
Isso é o mais estranho. Porque ele é da região de Washington DC (onde o Pentagram foi criado), mas eu nunca tinha falado com ele até cerca de um ano atrás quando o Saint Vitus tocou aqui em San Luis Obispo. Nós nunca tínhamos nos visto, mas quando nos encontramos no show foi como se fôssemos velhos amigos, algo do tipo: "Você conhece essa banda?" e o outro respondia "Ah claro, eu toquei com esse baterista!". Nós meio que conhecíamos as mesmas pessoas, mas ele é cinco anos mais novo do que eu. Por isso, ele não conseguiu ver o Pentagram nos anos 1970 já que era muito novo para entrar nos bares em que rolavam os shows. Ou seja, ele nunca viu o Pentagram quando eu tocava na banda. Então nós nunca realmente nos encontramos, mas tocamos com muitos dos mesmos músicos em épocas diferentes. E conseguimos o Wino para esse show do Bedemon por meio do Pellet. Houve algumas conversas sobre a possibilidade de o Bobby talvez cantar nesse show e então faríamos apenas músicas do disco *Child of Darkness*. Esse era um plano que foi discutido, mas no fim das contas o sentimento geral era que ele precisava se focar no Pentagram. Porque eles iam tocar o *First Daze Here* inteiro no festival e realmente precisavam ensaiar algumas das músicas que nunca tinham tocado ao vivo. Vir para cá ensaiar com o Bedemon talvez fosse demais para ele. Como isso não ia funcionar, então falamos com o nosso vocalista, que gravou o nosso último disco, o Craig. E ele também teve complicações pelo trabalho, já que ele trabalha sozinho com desenvolvimento de sites e possui algo como 80 clientes no momento.

Ele costuma ficar até às duas da manhã trabalhando e estava super ocupado, sem poder dedicar tempo necessário para os ensaios e viajar para LA para fazer o show. Chegamos a pensar que seria melhor cancelar o show. E logo depois o Mike ficou sabendo que não poderia tocar por causa do programa de TV em que trabalha. Ou seja, começou a parecer que não havia como a gente fazer isso funcionar. Mas aí o Pellet chegou e perguntou, "E se eu falasse com o Wino?", e eu disse "Claro" (risos). E o Wino topou e disse: "Com certeza, adoraria fazer isso". Aí chamamos o Greg Mayne, do Pentagram, para tocar baixo no show e conseguimos uma formação da banda.

Você tocou guitarra no show – e muito bem, aliás. E sei que você começou a tocar guitarra antes da bateria. Por isso, queria saber qual dos instrumentos você prefere tocar?
Honestamente prefiro a bateria. Especialmente ao vivo, já que me sinto mais confortável sentado no kit de bateria. Gosto do sentimento de tocar bateria. Tocar guitarra traz uma energia diferente da bateria, obviamente, já que você está tocando melodias e solos, enquanto que na bateria você pode apenas bater bem forte e liberar a sua agressividade. Sempre toquei bateria em shows. Então, se tivesse de escolher entre os dois, ficaria com a bateria. Mas realmente gostei de tocar guitarra naquela noite. Adoraria fazer os dois, mas não posso (risos). Há pessoas como o Dave Grohl que conseguem tocar bateria em algumas bandas e guitarra em outras. Talvez eu pudesse fazer isso, quem sabe ter um outro projeto para tocar bateria e ficar na guitarra com o Bedemon. Mas com a morte do Randy e pelo fato de que eu tinha gravado a maioria dos solos de guitarra no *Symphony of Shadows*, a decisão ficou entre eu tocar bateria e acharmos um guitarrista ou o contrário. O baterista que nós usamos no show, o Frank, na verdade é um amigo meu que mora em San Luis Obispo e trabalha em uma loja de discos. E ele é um grande fã do Pentagram e do Bedemon. Antes mesmo de saber que eu morava aqui, ele já era um grande fã do Pentagram. Ele adora doom metal, heavy metal e é 18 anos mais novo do que eu. E quando descobriu que eu morava aqui, ele ficou: "Você está brincando. O baterista do Pentagram mora aqui?". Então ele definitivamente estava afim de tocar. E foi muita pressão porque ele tinha que tocar as linhas de bateria que eu toquei originalmente e lá estava eu vendo ele tocar (risos). Enquanto eu estava tentando aprender as

partes de guitarra para as músicas em que costumava tocar bateria, ele estava aprendendo a tocar as minhas parte e eu dizendo: "Você está tocando essa parte um pouco errada, precisa fazer isso ou aquilo". Eu estava tentando ser legal, mas sei que ele sentiu uma certa pressão. Mas tentei ser um cara legal (risos).

Você já disse que não considerava o Pentagram uma banda de metal na sua época, mas sim de hard rock. Pensa que o Bedemon é diferente e pode ser considerada mais metal, talvez por ter uma vibe mais obscura e tudo mais?
Sim, com certeza. Se você perguntar para alguém nos dias de hoje, o Pentagram é uma banda doom. Mas quando o Pentagram começou nos anos 1970, éramos uma banda de hard rock. Não havia realmente um estilo de música chamado doom metal em 1971. Quero dizer, o Black Sabbath tinha acabado de aparecer... Mas nós crescemos ouvindo coisas como Thin Lizzy, Wishbone Ash, Blue Cheer, Dust, Cream e Hendrix. As coisas com as quais crescemos eram hard rock, não havia aquele doom metal, bem lento e com afinação baixa que ficou mais forte nos anos 1980 e 1990. E depois veio o Pentagram dos anos 1980. Quando o Bobby entrou para o Death Row e eles se tornaram o Pentagram, com Victor Griffin, Joe Hasselvander e Martin Swaney, eles tinham um som muito mais específico, com bastante influência do Black Sabbath e uma pegada bem pesada e doom. Para mim, esse é um som muito diferente em relação ao Pentagram dos anos 1970. O Pentagram dos anos 1970 tinha mais variedade no som e algumas músicas tinham até uma pegada meio jazz, com partes mais calmas e outras mais rápidas e bem hard rock. Quando as pessoas comparam o Bedemon com o Pentagram... As músicas que o Randy escreveu em 1973, como "Child of Darkness" e "Serpent Venom", tinham uma pegada muito mais dark e doom do que o Pentagram na época. Se você olhar para as duas bandas em 1973, o Bedemon era muito mais pesado e dark com uma pegada doom, enquanto que o Pentagram era muito mais hard rock. Algumas pessoas dizem que o Bedemon foi uma das primeiras bandas americanas de doom metal, talvez a primeira. Esse é um título e tanto para nós. E, novamente, nós nem éramos uma banda de verdade (risos). Penso que o Randy ficaria muito feliz em ouvir algo desse tipo. Mais uma vez, outra resposta longa para a sua pergunta. Mas sim, musicalmente o Bedemon era muito mais obscuro e intenso nesse sentido do que o Pentagram na época.

Como você vê o papel do documentário *Last Days Here* (2012), sobre a vida do Bobby e o início do Pentagram, no sentido de ter ajudado em talvez aumentar o interesse pelas bandas nos últimos anos? Ou pensa que isso teria acontecido de qualquer maneira com os relançamentos do *First Daze Here* e *First Daze Here Too*, além da Internet?

Acho que o filme ajudou muito a promover o Pentagram. Digo isso por experiência própria. Aconteceram casos de eu ir à uma loja na cidade, por exemplo, e alguém dizer: "Ei, acho que eu te vi na TV na semana passada". Algum canal de filmes, como a HBO ou o Showtime, estava exibindo o filme com frequência naquela época. Com isso, pessoas que nem sabiam que eu tocava e me viam no mercado ou algo assim vinham falar que tinham me visto na TV, coisas como: "Ei, eu vi você na TV na semana passada em um documentário sobre um cantor que tem muitos problemas" (risos). E eu apenas respondia: "Ah, você assistiu ao *Last Days Here*, aquele era eu mesmo". Então muitas pessoas que não conheciam o Pentagram e estavam com a TV ligada quando o filme estava passando ou assistiram no Netflix passaram a saber o que a banda fez e tudo mais. Por isso, posso dizer que o filme trouxe muita atenção para o Pentagram, muito mais do que para o Bedemon. Mas é claro que se algo traz atenção ao Pentagram, também faz o mesmo com o Bedemon. E, na verdade, há uma música do Bedemon chamada "Last Call" que está no filme, o que ajudou a promover a banda. Então sim, o filme deu um grande impulso de popularidade para o Pentagram: eles estão fazendo mais shows, acho que as vendas de discos e merchandise também cresceram e também passaram a ser uma banda mais pedida e desejada, com as pessoas querendo que eles toquem em diferentes países. Mas é claro que os discos *First Daze Here* e *First Daze Here Too* também ajudaram muito a promover a banda porque muita gente que só estava familiarizada com a formação dos anos 1980 não sabia da história do grupo nos anos 1970 porque nós não lançamos nenhum disco oficial. Então as pessoas não sabiam que tinha existido essa formação mais antiga do Pentagram cerca de uma década antes da fase que era mais conhecida. Aliás, acho que esses discos serão relançados em breve pela Relapse. Eu reescrevi as notas de encarte para os dois álbuns, sendo que um deles tem uma quantidade considerável de conteúdo novo falando sobre tudo o que aconteceu desde o lançamento desses discos em 2002. E há algumas versões diferentes de músicas no *First Daze Here*; o segundo disco continua igual. Acho que esses discos trouxeram muita atenção ao fato de que o Pentagram existia antes da formação dos anos 1980, mas o filme definitivamente ajudou bastante. E também há um outro documentário, o *Such Hawks Such Hounds*, que também deixou as bandas mais em evidência. Os dois filmes, cada um à sua maneira, ajudaram a promover esse tipo de música e também as bandas de que falam.

Você já pensou em escrever um livro para contar a sua história?
Muitas vezes. E, na verdade, há um livro sendo feito com o fotógrafo Cameron Davidson, que fez todas as fotos oficiais do Pentagram ensaiando no depósito. Conheço ele desde 1968, nós estudamos juntos. E falamos sobre fazer um livro com as fotografias dele e os meus textos contando toda a história da formação original do Pentagram. Então haverá um livro em algum momento. Não sei quando será lançado, porque ele também está trabalhando em outros projetos, mas vai sair.

Você já falou em outras ocasiões sobre como a oportunidade em que o Pentagram quase conseguiu um contrato com a Columbia (problemas entre Bobby e o produtor da gravadora jogaram tudo por água abaixo) meio que arruinou as coisas entre a banda naquela época. Queria saber se isso ainda é algo em que pensa, que te incomoda, no sentido de "as coisas poderiam ter sido diferentes". Ou acha que tudo tinha de acontecer dessa maneira?
É algo que passa pela minha cabeça, especialmente quando assisto ao documentário (*Last Days Here*). E já assisti ao filme umas sete ou oito vezes pelo menos. Mostrando a amigos e coisas do tipo. E preciso admitir: toda vez que assisto, fico bastante emocionado quando o Murray Krugman, da Columbia, fala no filme que se o Bobby não tivesse entrado naquela briga com ele sobre querer refazer uma gravação de vocal, nós teríamos assinado com a Columbia, saído em turnê e isso é algo muito difícil de ouvir. Para mim, para o Greg, para todos nós. Porque aquele momento mudou as nossas vidas, quando o Murray Krugman levantou e saiu do estúdio por causa da briga com o Bobby. Então sim, você pode se perguntar o que teria acontecido se o Bobby tivesse dito "Ok, sem problemas. Vamos continuar trabalhando nisso" e o Murray tivesse ficado no estúdio. As pessoas costumam culpar o Bobby pelo que aconteceu. E eu

também, por ele ter discutido com o produtor. Mas, por outro lado, o Murray também poderia ter tido um pouco mais de calma na situação, entender que estava trabalhando com uma banda jovem que estava muito "verde". Nós não tínhamos experiência em estúdio. Poderia ter mostrado um pouco de paciência conosco e perceber que o Bobby tem um certo ego – afinal, ele escreve as músicas, é dono do nome. O Murray poderia ter respirado fundo e dito "Ok, podemos refazer" ou "Não vamos nos preocupar com isso". Ele não precisava ter saído do estúdio. Então é um pouco culpa de cada um deles isso ter acontecido. Mas obviamente o Murray trabalhava para a Columbia e estava produzindo a sessão e quando ele disse "Não se preocupe com isso", o Bobby deveria ter calado a boca e ido escutar a gravação. Penso sobre o "E se". Nós poderíamos ter assinado com a Columbia, lançado um álbum e talvez saído em turnê, quem sabe abrir para o Aerosmith, Kiss ou alguma banda do tipo, e depois sumido do mapa. Podíamos ter lançado um disco apenas e é isso aí. Também poderíamos ter nos saído muito bem e gravado mais discos, quem sabe até virar um headliner. Você pode realmente enlouquecer pensando nas possibilidades. Quem sabe? Mas o resumo disso é que tudo acontece por uma razão e aqui estou eu em 2015. Acabo de fazer o primeiro show da história do Bedemon e o Pentagram continua na ativa com o Bobby. E estou dando essa entrevista pelo telefone porque você quer me fazer perguntas sobre o Bedemon e o Pentagram (risos). Tudo acontece por uma razão e aqui estamos nós. Então eu aceito a maneira como as coisas aconteceram (risos).

E como é a sua relação com o Bobby atualmente?
Eu não tenho realmente uma relação com o Bobby e isso não é algo bom ou ruim. Apenas não falo com ele. Eu o vejo ocasionalmente quando o Pentagram faz shows na Califórnia, mas não tenho nenhum tipo de comunicação com ele. Ou seja, não nos falamos por telefone, não trocamos e-mails nem nada do tipo. Ele está ocupado com a banda. Existiram muitos sentimentos ruins em um determinado ponto quando Greg, Vincent e eu decidimos sair da banda por causa de todos os problemas que tivemos nos anos 1970. Houve uma época em que eu não queria ficar perto do Bobby, sabe? Quando o Bedemon gravou aquelas três últimas músicas nos anos 1970, "Time Bomb", "Nighttime Killers" e "Axe to Grind" (instrumental), eu nem estava presente quando ele gravou os vocais nas

duas primeiras. A gravação aconteceu na casa do Randy e só estavam os dois lá. Porque eu estava evitando ficar perto do Bobby, ainda havia muitos sentimentos ruins pelo que tinha acontecido. Com os anos, eu percebi que não queria ficar carregando ressentimentos. É melhor ficar numa boa, ser amigável. E eu tenho muito orgulho do Pentagram, de ter sido um dos cofundadores e também pelo fato de ele ter mantido a banda viva por todo esse tempo e de continuar fazendo isso. É inegável que isso ajudou o Bedemon. Então eu prefiro me dar bem com o Bobby do que ficar longe dele. Nós temos uma relação cordial quando eu o vejo. Mas não temos nenhum tipo de relacionamento fora desses encontros ocasionais nos shows do Pentagram.

Você tem alguma música favorita com o Pentagram?
Das gravações originais em estúdio? Acho que "Starlady" pode ser uma das minhas favoritas, é uma música incrível. Também adoro "Hurricane" e, obviamente, "Forever My Queen", que é uma das melhores músicas de abertura em um disco. Aquela batida da bateria, que eu toco, e depois a banda toda entra. É uma música realmente impressionante. Acho que seriam essas três. Mas se você me perguntar isso de novo daqui 20 minutos, pode ser que eu diga outras faixas (risos). Adoro praticamente tudo que nós gravamos na época, mas há algumas músicas que eu gosto mais.

Quais são os três discos que mudaram a sua vida?
Ah, você faz perguntas difíceis. Eu tenho tantos e tantos discos e gosto de vários estilos de música. Gosto de pop, fusion, rock progressivo, heavy metal, entre outros. Mas se precisasse escolher três discos que mudaram a minha vida, eu diria o *Are You Experienced* (1967), do Jimi Hendrix Experience, o primeiro álbum do Blue Cheer, *Vincebus Eruptum* (1968), e o Elvis Presley. Não lembro qual disco, mas descobrir o Elvis foi... e isso foi Elvis dos anos 1960, quando ele ainda era bom (risos). Não o Elvis de Las Vegas. Mas lembro de estar ouvindo o Top 40 ou algo do tipo nos anos 1960 e ouvir alguma coisa do Elvis. Realmente gostei de cara, era um som um pouco mais "afiado". Então acho que comecei com o Elvis. E vou te falar um quarto álbum. Sei que você só pediu três, mas preciso mencionar o *Beatles'65*, dos Beatles. Quando comecei a realmente gostar dos Beatles, não ligava para "I Want to Hold Your Hand" ou "She Loves You", não curtia muito

essas coisas. Mas o *Beatles'65* é quando eles começaram a realmente escrever algumas melodias mais complicadas com progressões de acordes bem interessantes. Comecei a curtir muito os Beatles na metade dos anos 1960. Então seriam os Beatles, Elvis, Hendrix e Blue Cheer, os quatro discos que mudaram a minha vida.

E você ainda ouve muitos discos dos anos 1960 e 1970?
Provavelmente só escuto isso (risos). Não há realmente muita coisa que eu goste e escute que seja nova mesmo. Ocasionalmente há novos discos de artistas que eu gosto e ainda compro... Vou te dizer o que estava ouvindo no carro ainda hoje: Cactus. Quando estou dirigindo, costumo ouvir coisas como Captain Beyond, Three Man Army, Rainbow, UFO, Scorpions, Judas Priest. Quando estou no carro, gosto de ouvir heavy metal e hard rock clássico, música boa para ouvir rodando por aí. Também gosto de muitas bandas dos anos 1960, como The Music Machine, Love, The Doors, Hendrix. Eu escuto mais música dos anos 1960 e 1970 do que dos anos 1980, 1990 e 2000. Porque foi com isso que eu cresci, foi o que me influenciou. Gosto de muitas coisas melódicas, o que pode surpreender algumas pessoas que pensam que eu sou apenas esse cara do doom metal que só ouve Black Sabbath. Mas gosto de coisas dos anos 1960 como The Association, Neil Young, Bufallo Springfield, Crosby, Stills & Nash, The Mamas & the Papas, gosto de muita coisa melódica. Curto músicas que possuem bons ganchos, que sejam bem-escritas, boas músicas pop, posso apreciar isso, coisas como The Beatles, The Zombies, The Hollies. Sempre gostei de melodia e isso meio que se transfere para o meu gosto no heavy metal e hard rock e é a razão pela qual gosto mais de metal antigo do que de metal novo. Gosto de uma melodia forte, de uma música boa. E muitas bandas atuais podem ter o som, mas não possuem as músicas. Ou não têm os vocalistas. Não escuto bandas novas tocando uma música que seja tão boa quanto "Highway Star", do Purple, "Electric Funeral", do Sabbath, ou "Gipsy", do Uriah Heep. Não escuto bandas que estão escrevendo músicas fortes como essas nos anos 2000. Então eu acabo voltando aos anos 1970, quando as músicas e os vocalistas eram muito melhores.

Do que você tem mais orgulho na sua carreira?
As gravações em estúdio do Pentagram. Na verdade, é um empate. Vou pre-

cisar te dar duas respostas. Em geral, as gravações de estúdio do Pentagram. Tenho muito orgulho delas e do fato de terem "aguentado" tão bem. Elas ainda soam muito bem 40 anos depois e "detonam" outras bandas (risos). Músicas como "Forever My Queen", "Review Your Choices" e "20 Buck Spin" soam frescas e novas como nos anos 1970, nem um pouco datadas, lembrando que levou 40 anos para serem descobertas pelas pessoas. Além disso, também tenho muito orgulho do segundo disco do Bedemon, o *Symphony of Shadows*. Havia músicas incríveis que o Randy estava escrevendo, acredito que ele escreveu cinco ou seis das nove músicas do álbum. E, depois que ele morreu, passei grande parte dos dez anos seguintes finalizando o disco, adicionando solos de guitarra em algumas faixas, mixando, produzindo, gravando os vocais com o Craig. E tenho muito orgulho desse trabalho. Ele não recebe tanta atenção quanto o *Child of Darkness*, que tem o Bobby e foi feito nos anos 1970, e entendo por que as pessoas gostam desse álbum, mesmo tendo um som ruim já que não foi gravado em estúdio mesmo. Mas acho que quando as pessoas tiverem a chance de ouvir o *Symphony of Shadows* no futuro, elas vão parar e dizer "Esse é um disco pesado e muito, muito bom. Soa como um álbum dos anos 1970 no estilo do Sabbath". Tenho muito orgulho desse disco, acho que é um ótimo trabalho que está esperando ser ouvido por mais pessoas.

Como você quer ser lembrado?
Espero que por muito tempo enquanto eu estiver aqui (risos). As pessoas podem apenas me escrever ou ligar. Mas depois que eu for embora, quero ser lembrado como... Bem, posso te dar respostas bregas como "um cara muito legal" ou "um cara legal e inteligente". Musicalmente ser lembrado como o cofundador do Pentagram seria legal porque é algo de que tenho muito orgulho. Bobby e eu montamos a banda em 1971 e aqui estamos nós, mais de 40 anos depois, e a banda continua fazendo shows. Por isso, diria que fizemos algo bom, mesmo eu não sendo mais parte do grupo. Mas eles ainda tocam músicas que eu ajudei a escrever e toquei nas gravações originais de estúdio.

YOB

Mike Scheidt (guitarrista e vocalista do YOB) – Entrevista feita em agosto de 2014

Fundado em 1996, o YOB é uma das bandas mais importantes e criativas do metal atual. Ao longo dessas duas décadas, o grupo de doom/sludge com toques psicodélicos liderado pelo vocalista e guitarrista Mike Scheidt acumula um total de sete discos e uma "volta dos mortos" após ter terminado brevemente entre 2006 e 2008 – neste período, Scheidt chegou a formar uma outra banda chamada Middian.

Com uma formação estável desde a volta, o trio do Oregon (EUA) conseguiu muito provavelmente lançar os seus melhores trabalhos nesse período, que culminaram no genial *Clearing the Path to Ascend* (2014), primeiro lançamento da banda pela Neurot Recordings, gravadora do Neurosis.

Feita justamente na época de lançamento desse trabalho, esta entrevista com Mike Scheidt obviamente trata do disco, mas não apenas. Houve tempo ainda para discutir a importância do festival Roadburn na carreira da banda, saber quais os discos que mudaram a vida do Mike e descobrir que o cara manja mais de metal brasileiro do que provavelmente todos os outros entrevistados dos dois volumes de *Nós Somos a Tempestade*.

Tenho ouvido bastante o disco novo de vocês, *Clearing the Path to Ascend*, e é realmente pesado e dark. Como se sente agora que foi lançado? Você disse em uma entrevista recente que esse é o seu disco mais pesado do ponto de vista emocional.
Mike: É, acho que é mesmo. Acho que estamos animados por lançar o álbum. E também um pouco aliviados, já que "estamos sentados nele" desde março deste ano. Por isso, é legal poder ter o disco lançado, finalizar o processo. E agora vai estar aí para o mundo, então estou feliz.

Além do lado emocional, pensa que também é o disco mais pesado da banda em termos sonoros?
Não sei. Nós tivemos alguns momentos muito pesados nos últimos discos. Penso que o sentimento e toda a parte emocional de alguma maneira o tornam mais pesado. Mas não sei. Nós fazemos o nosso melhor em cada disco e sabe-

mos o que estamos sentindo quando fazemos, e isso tem um propósito para nós, pessoalmente, e em nossa evolução como pessoas e também como banda. Quanto ao resto, fica a critério das outras pessoas. Todos podem ter sua própria relação com o disco.

Quando você diz que um disco é emocionalmente pesado, podemos pensar que é algo no sentido de retirar as "coisas ruins" a partir da música?
Definitivamente. Penso que muitos artistas fazem isso. Quando estou escrevendo, seja a parte das letras ou da música, o meu objetivo é cavar essas coisas. Mas isso é parte de um movimento para frente do processo todo, de criar uma relação com isso que acabe sendo positiva e um lugar para crescimento, uma oportunidade para crescer. Então, a música e o caminho da vida são meio que a mesma coisa. Não é apenas mergulhar na escuridão para ver como é, mas sim tentar ficar "amigo" dela.

Vocês costumam ter músicas longas. Por isso, queria saber como é o processo de composição. Você cria a maior parte sozinho, na sua casa, por exemplo? Ou é um processo conjunto?
Na maior parte, eu componho sozinho, quanto à estrutura dos *riffs* e às letras. Eu fecho a porta do meu quarto, ligo meu pequeno amplificador meio porcaria de estudo e escrevo tudo. E quando acho que tenho ideias boas o suficiente para mostrar para os caras da banda, eu faço isso. E, enquanto estamos aprendendo o material, às vezes fazemos algumas jams ou apenas trabalhamos naquele arranjo que eu levei. É nesse momento que decidimos, todos juntos, se estamos gostando daquilo ou não. Se o Travis (Foster, baterista do YOB) e o Aaron (Rieseberg, baixista do YOB) não sentem algo, então não fazemos. Todo mundo tem um voto para vetar algo. Em outras palavras, se o Aaron e eu realmente gostamos de alguma coisa, mas o Travis não, então teremos de trabalhar novamente nisso ou deixar de lado. O lance é que se todos não estiverem confortáveis e gostando do material durante o processo todo, então não pode ser o YOB. Porque não iremos conseguir subir ao palco para tocar e dar tudo o que temos.

Vocês três vivem na mesma cidade?
Não, não moramos. Seria realmente incrível se isso fosse verdade. Mas não... Eu

O GUITARRISTA E VOCALISTA DO YOB, MIKE SCHEIDT, ESTÁ À FRENTE DA BANDA DESDE O SEU INÍCIO EM 1996.

moro em Eugene, Oregon. O Travis vive em Albany, que fica a uma hora da minha casa, mais ou menos. E o Aaron vive em Portland, também no Oregon, que fica a umas duas horas daqui. E nós ensaiamos em Portland.

Recentemente, assisti a um mini-documentário da Vice Noisey sobre o Roadburn Festival, em que você diz que o festival literalmente mudou a sua vida e a carreira da banda. Sei que vocês já tocaram lá várias vezes e até lançaram um disco ao vivo de uma apresentação no evento. Queria saber como exatamente o Roadburn te afetou, no sentido de ser um divisor de águas.
Quando nós tocamos no Roadburn em 2010 foi a nossa primeira vez na Europa. E, até então, nós já tínhamos lançado material em algumas gravadoras relativamente conhecidas, como a Metal Blade e a Candlelight, mas nunca tínhamos conseguido ir para Europa, mesmo com os nossos discos sendo lançados por lá. E nos falaram que nós tínhamos fãs por lá. Essa foi a primeira oportunidade de realmente conhecer algumas dessas pessoas e tocar. E também de chegar até várias pessoas que nunca tinham ouvido falar da banda ou que estavam familiarizadas com o nosso show. Então o Walter e toda a equipe do Roadburn possibilitaram que nós fôssemos para a Europa. E, baseado em como tudo correu bem, nós pudemos marcar turnês por lá, as nossas próprias tours, e ter sucesso

com elas apenas com base nessa primeira experiência no Roadburn. Somos muito agradecidos a eles por isso. E o mais importante foi que conseguimos ter uma conexão de verdade com os fãs, de quem ficamos muitos amigos, assistimos shows que não teríamos visto se não fosse por isso. Então isso realmente tornou-se um ponto de virada para a banda. Por isso, sempre seremos muito agradecidos por essa oportunidade.

Você lançou um disco solo há cerca de dois anos (Stay Awake, de 2012). Algum plano para lançar outro trabalho sozinho?
Tenho sim, mas será diferente. Espero gravar no ano que vem (2015). Também será acústico, mas com mais música elétrica junto. Quero que tenha uma vibe mais de banda. Então quero ter bateria, baixo e teclados, para poder contar com uma instrumentação junto com o violão. Estou trabalhando nisso.

E você sente que é muito diferente, mais desafiador, digamos, tocar sozinho, apenas com seu violão, em vez de usar sua guitarra com afinação baixa, distorção e paredes de amplificadores?
Ah, sim. É assustador. Essa foi a coisa mais difícil que já fiz musicalmente. A ironia é que eu toco música acústica há um bom tempo, provavelmente desde que comecei a tocar guitarra. E venho trabalhando bastante nisso, por conta própria, mas sem considerar tocar isso para outras pessoas. Mas teve um show que o YOB fez com o Sleep, e o Scott Kelly (Neurosis) fez uma apresentação acústica entre as bandas e apenas assisti e fiquei de queixo caído. Impressionado com o quanto ele era poderoso e com como aquilo era aterrorizante... tocar na frente de todas aquelas pessoas entre duas bandas extremamente altas e barulhentas. Parecia que ele tinha uns testículos de titânio, eu não conseguia acreditar. Eu fiquei vendo e pensando: "Cara, acho que eu nunca conseguiria fazer isso". Mas quanto mais eu pensava nisso... eu gravitava ao redor de coisas que me assustavam e meio que queria desafiar aquilo. Pensei que tinha muita música acústica que eu podia tocar por aí, então comecei a pensar mais nisso e decidi tentar. Mas é realmente algo assustador, muito difícil de se fazer se você comparar com ter amplificadores gigantes, um baterista foda, um ótimo baixista. E se você passa um pouco do ponto, não tem muito problema porque tudo é muito alto. Quando você está fazendo um show acústico sozinho, é apenas você

e não tem nada para se esconder atrás. Então você tem que realmente querer e ter um significado com aquilo que está fazendo, senão você vira música de fundo, de segundo plano, em um piscar de olhos. E isso se você tiver sorte de as pessoas não se importarem. O pior que pode acontecer é as pessoas realmente não gostarem. Isso me fez melhorar em tudo mais o que eu faço.

Além do seu disco solo, você também gravou algumas faixas acústicas no segundo volume do tributo ao Townes Van Zandt, dividindo o disco com o Nate Hall (USX) e o John Baizley (Baroness). Como foi isso? Sempre foi fã de música folk e, mais especificamente, do trabalho dele?
Com certeza. O Townes Van Zandt representou grande parte do meu desenvolvimento com o YOB. Por muitos anos, trabalhei em uma loja de guitarras bem legal e duas coisas muito fortuitas aconteceram neste período. A primeira é que um cara chamado Dick Gun, que tornou-se um mentor para mim, me ensinou a tocar violão de verdade. Ele era um músico de country, blues, western, que curtia coisas como Chet Atkins, Doc Watson e Jerry Reed. Ele me ligou em muita música diferente e me ensinou a tocar o violão de uma maneira mais completa, como esses caras faziam, alternando as linhas de baixo e melódicas ao mesmo tempo. E em um Natal ele me deu o meu primeiro disco do Townes Van Zandt, que era um álbum duplo com o *High, Low and In Between* (1971) e o *The Late Great Townes Van Zandt* (1972). E isso foi algo realmente importante e transformador para mim; acho que foi em 1995 ou 1996 quando ouvi o Townes Van Zandt pela primeira vez. E esse fato indiscutivelmente me mudou musicalmente. O fato de poder ouvir esse tipo de poder, intensidade, alma e honestidade. Quase tudo que o Townes fazia era realmente incrível, mas ao mesmo tempo era quase uma coisa meio punk, porque era como se ele não se importasse. Então poder tocar e gravar essas músicas foi meio como voltar à escola.

Quais outros cantores folk você gosta? Pensa em fazer covers de outras pessoas nessa linha?
Na verdade, já fiz outros covers, mas não os lancei. Gravei duas músicas do Neil Young, "Old Man" e "Helpless". Costumo tocar essas ao vivo, mais a "Helpless" do que a "Old Man", na verdade. Adoro Crosby, Stills & Nash, Jim Croce, Jake Holmes, Nick Drake, Joni Mitchell, a lista é enorme.

É importante ter esse espaço para ser mais melódico, ainda que seja algo emocional e forte? Poder mostrar um outro lado musical?
Apenas acho que por serem dois tipos diferentes de música, uma coisa não consegue realmente capturar tudo o que eu quero dizer. E essa é a razão pela qual eu tento ter bastante equilíbrio em cada disco que eu faço com o YOB, por exemplo, como ter estilos vocais variados, músicas que soem de maneiras diferentes também, coisas desse tipo. Porque gosto de ter esse tipo de variedade na minha experiência de ouvinte, como um fã de música. Por isso, também tento colocar isso na minha música, mas de modo a equilibrar isso em todo projeto que faço para que soe de uma forma coesa. É um processo um pouco cansativo, mas é o que eu gosto.

Falando em projetos, você participou como vocalista convidado em uma música do último disco do Red Fang, *Whales and Leeches* (2013). Como aconteceu isso? Imagino que talvez já os conhecia por também serem do Oregon.
Com certeza. Conheço esses caras há muito, muito tempo. O YOB fez um show com uma banda chamada Party Time, que tinha o John Scherman na bateria, o Giles (Bryan) na guitarra e o David (Sullivan) na outra guitarra. Eles estavam tocando com o Aaron (Beam). Acho que isso foi em 2000 ou 2001 provavelmente. Foi a primeira vez que os vi. E quando o YOB se separou em 2006 e o Middian (então banda nova de Scheidt) fez sua primeira turnê pelos EUA, nós encontramos com o Red Fang também em sua primeira tour. Tocamos em uma videolocadora em Memphis, no Tennessee, e não tinha ninguém lá, só a gente. Já éramos amigos naquela época, então basicamente tocamos uns para os outros e bebemos whisky a noite inteira.

Falando ainda sobre parcerias, queria saber como é a sua relação com o Scott Kelly, do Neurosis. A sua banda está na Neurot (gravadora dos caras do Neurosis), ele já cantou em uma música do YOB, vocês vivem no mesmo estado. Vocês são amigos? Se consideram "espíritos irmãos"?
Sim, com certeza nós concordamos que somos da mesma tribo. Ou, como você disse, temos o mesmo espírito. E somos amigos. Acho que a primeira vez que eu falei com ele foi na época do *Catharsis* (2003), por volta de 2004, e somos amigos desde então. Com o passar dos anos, pudemos conhecer todo mundo do Neu-

rosis por meio dele. Ele já fez muito para nos ajudar ao longo do tempo, sempre apoiou muito a banda. Tivemos a chance de fazer vários shows juntos, tanto com o Neurosis e o YOB como fazendo turnês acústicas juntos. É sempre uma honra incrível ter o apoio e o estímulo dele. E sei que vamos tocar mais juntos. Essa é uma história que continua se escrevendo e ele é um cara legal.

Você mencionou as turnês acústicas que fizeram. Pensa que os fãs dessa cena doom/sludge e relacionados são mais abertos musicalmente a isso? Porque temos você, o Scott, o Steve Von Till (Neurosis), o Wino, o Nate Hall, todos com carreiras solo acústicas. Acha que esse público aceita isso melhor do que talvez fãs de outros estilos de metal?
É possível, claro. Se o Chuck Schuldiner (ex-vocalista e guitarrista do Death, morto em 2001) tivesse resolvido lançar um disco solo acústico e sair em turnê, seria interessante ver a reação dos fãs de death metal. E poderia ter sido algo extraordinário porque ele era um artista fenomenal, ótimo compositor e uma alma incrível, e acho que poderia ter algo muito bom nesse estilo. Mas acho que o fato do doom, do stoner e da música pesada terem suas raízes na música dos anos 1960 e 1970 não represente um salto tão grande, especialmente por conta da parte lírica e melódica da música que nós tocamos. Algumas vezes, obviamente, o doom pode ser muito abrasivo e apenas explodir de tão pesado, mas acho que ainda tem as suas raízes no blues, que por sua vez tem raízes no folk. E você não precisa ir muito longe para ver todas conexões que estão acontecendo aí. Então talvez o público de doom seja mais aberto a esse tipo de expressão. Quando você assiste alguém como o Scott, o Steve ou o Wino tocando, você vê os *riffs*, mas o que você realmente está vendo são as almas deles. E se você não tiver a sua alma no doom, então são apenas esses *riffs* longos e vazios. E a alma, o poder da pessoa precisa estar todo lá. Quando o Wino faz um show acústico, você ainda vê isso, tem esse sentimento; o mesmo com o Scott Kelly. Acho que se a pessoa for pesada e estiver conectada com o que está fazendo, então ela poderá fazer isso e haverá alguém que vai entender no meio do público. E o outro lado disso é que se você for em um show do Neurosis, por exemplo, terá 1.500, 2.000, 3.000 pessoas lá. Mas se você for assistir a um show solo desses caras terá 50 ou 100 pessoas. É um tipo diferente de intensidade, uma outra viagem e nem todo mundo consegue gostar também. É algo interessante.

Sempre pergunto isso. Queria que você me dissesse três discos que mudaram a sua vida e por que eles fizeram isso.
Se você me perguntasse isso uma vez por mês, provavelmente te daria uma resposta diferente em cada uma delas. Porque são tantos álbuns que tiveram muita influência na minha vida... Mas digamos que eu fosse aplicar isso ao YOB, acho que o primeiro seria o *Master of Reality* (1971), do Black Sabbath. Inegavelmente um álbum que ficou comigo todos esses anos. E adicionaria também o *Live Evil* (1982). Esse álbum e toda a fase do Sabbath com o Dio também teve uma influência gigante sobre mim.

O próximo da lista seria o *Forest of Equilibrium* (1991), do Cathedral. Quando esse disco foi lançado, eu não estava totalmente preparado. Era um grande fã do Napalm Death e acho que não estava realmente pronto para ver o Lee (Dorrian, ex-vocalista do Napalm Death, que formou o Cathedral depois de sair da banda) indo de blast beats para o *Forest of Equilibrium*. Não entendi de verdade. Mesmo sendo um grande fã de Sabbath, adorava Trouble e Candlemass também. Mas essa era a próxima encarnação do doom metal e eu ainda não tinha ligado os pontos. Até que vi eles tocando ao vivo em uma turnê junto com o Napalm Death, Brutal Truth e Carcass. E ver o Cathedral nessa época, acho que em 1992, foi algo que mexeu completamente com a minha cabeça. Lembro de voltar para casa, ouvir o disco e pensar: "É isso, porra! Eu entendi, eu entendi! Esse é apenas o próximo nível de algo incrível". Na época não tinha ninguém igual. Eles foram meio que uma das primeiras bandas de doom moderno que não faziam apenas essa adoração dos anos 1970, eles traziam outros elementos. E foi algo realmente fantástico, por isso preciso incluir esse disco.

E provavelmente fecharia com o *Sleep's Holy Mountain* (1992). Esse álbum cozinhou completamente a minha cabeça e abriu muitas coisas. Esses dois últimos foram muito influentes para a evolução do YOB, mas são tantos discos, cara. É uma escolha difícil.

Quando você começou a tocar guitarra? Lembra quantos anos tinha, quais eram seus heróis?
Acho que tinha uns 12 anos quando comecei a tocar. Estava ouvindo muito Journey, Quiet Riot, Judas Priest, Black Sabbath e AC/DC. A guitarra era apenas algo fantástico e eu precisava entrar nisso. Eu também estava ouvindo muito Dead Kennedys

nessa época. E um pouco depois comecei a escutar Corrosion of Conformity, DRI, Crumbsucker, Cro-Mags, Motörhead... A guitarra elétrica era o caminho, cara. Era apenas assim que eu via as coisas. Mas também toquei baixo e bateria em bandas nessa mesma época. Na verdade, eu toquei mais como baixista e depois baterista nas minhas bandas. O YOB foi a primeira banda em que eu toquei guitarra.

Conhece alguma banda/artista daqui?
Ah, claro. Conheço as óbvias como Sepultura e Krisiun, mas também outras como Mental Horror. Os discos *Proclaiming Vengeance* (2001) e *Abyss of Hipocrisy* (2004), do Mental Horror, são incríveis. Também conheço Abhorrence, Mystifier, são tantas (risos). O Brasil tem muitas bandas boas. E os primeiros discos do Krisiun: a demo *The Plague* (1992), o *Black Force Domain* (1995) e o *Apocalyptic Revelation* (1998) são álbuns que gosto muito, escuto-os há bastante tempo.

Você mencionou que era muito fã de Napalm Death no começo e conhece várias bandas de metal extremo do Brasil. Você costumava ser um cara mais ligado no death/grindcore antes do doom?
Eu sou velho, cara (risos). Eu ouvia metal antes dessas coisas existirem. Não existia algo como grindcore, doom ou death metal quando eu comecei a ouvir metal. Esses estilos não existiam na época. Quando eu comecei, você tinha as bandas do começo dos anos 1980 e outras do final dos anos 1970. Eu estava lá para a evolução de todos os estilos, incluindo black metal, grindcore, o próprio crossover. Quando comecei a ouvir punk, ainda não existia o crossover. E à medida que um gênero crescia, eu crescia com ele. A fase antiga do Morbid Angel, os primeiros grandes discos de grindcore, o black metal, tudo isso. Eu estava lá enquanto isso acontecia, ano a ano. Mas acho que antes de eu conhecer o Cathedral e descobrir que queria tocar *riffs* doom, eu definitivamente curtia muito black e death metal e hardcore/punk.

Recentemente vi alguns posts seus e de outros músicos no Facebook, como o Kyrk Lloyd, do Buzzov-en, falando sobre as dificuldades de ser um músico independente de metal alternativo, inclusive chegando a vender instrumentos na Internet. Quais os maiores desafios que você enfrenta ao fazer uma escolha como essa?

Bem, é algo complicado. Eu aceito o estado atual da música. Mas a verdade é que é muito mais difícil fazer o que fazemos porque houve um período em que você vendia uma quantidade significativa de discos, isso já aconteceu. Só que no mundo em que vivemos, com o MP3 e o download digital, você acaba não vendendo tanto quanto antes, o que acaba dificultando um artista lançar um novo disco já que não há dinheiro por trás disso. Acho que o mercado de vinil vem ajudando. Eu venho de uma época de troca de fitas K7, em que as pessoas faziam cópias de vinis em fitas ou de fitas em fitas e nós trocávamos esses materiais. E era assim que você aprendia sobre novas bandas e músicas. E, de alguma maneira, a comunidade de MP3 e downloads é apenas uma versão maior disso. A diferença é que, quando eu era jovem e recebia uma fita de alguém, que teria 8, 9 ou 10 bandas, eu tinha de sair e realmente ter tudo aquilo que mexesse com a minha cabeça. Precisava ter o vinil, o CD, a fita, o bottom, o adesivo, o papel higiênico, o que quer que a banda lançasse. E sim, tudo isso para mim e a minha coleção, mas todo o dinheiro ia para essa banda, para apoiá-la. Sabe, eu escuto os argumentos sobre como as gravadoras e como as pessoas foram ferradas por elas e acho que há alguma verdade nisso, mas não acho que acabar com todas as gravadoras seja a resposta. É uma situação complexa e a minha resposta para você é que apenas fazemos o melhor que podemos nesse ambiente e fazemos shows e vendemos merchandise. E nós também vendemos discos e CDs em nosso espaço de merchandise. Mas é muito mais difícil fazer isso e ser uma banda trabalhadora nesse cenário atual do que era há 20 anos. Por outro lado, isso também traz muitos pontos positivos. Não é realmente uma reclamação. Se as pessoas querem ter bandas na estrada, se elas querem que as suas bandas favoritas tenham a oportunidade de poderem sobreviver e serem artistas, então precisamos apoiar esses artistas. E é apenas como as coisas são e sei que há muitas pessoas que fazem isso. Você apenas precisa ser um pouco mais criativo nos tempos atuais para fazer dar certo, mas é algo totalmente possível. Quero dizer, estamos nos preparando para uma turnê de 30 dias pela Europa. Não poderíamos fazer isso se as pessoas não estivessem indo aos shows e comprando nosso material para mostrar apoio. E, em troca disso, nós aparecemos e damos tudo o que tivermos para quem estiver lá vendo nosso show. Essa tour será boa. Não sei se respondi a sua pergunta.

Do que você mais tem orgulho na sua carreira?
Acho que ainda estou impressionado que essas coisas tenham acontecido. Não sei se tenho orgulho, acho que estou mais surpreso, do tipo: "Sério? Eu fiz isso?". Como tocar com o Sleep e depois fazer isso várias vezes. E então ficar amigo deles, realmente conhecer os caras da banda, ter uma relação de respeito mútuo. A mesma coisa com o Neurosis, poder tocar com eles. Nós tocamos com muitos dos nossos heróis. Fizemos turnês em arenas com o Tool, o que foi uma experiência e tanto. Poder ter lançado sete discos. É incrível para mim que a gente ainda esteja fazendo isso. Existem muitas surpresas contínuas porque nunca fomos uma banda tão ambiciosa, apenas fazemos o que está na nossa frente. Tocamos a música que queremos, fazemos o máximo para dar o melhor todas as vezes, seja no palco ou em estúdio. E, com o passar do tempo, muita coisa incrível aconteceu. Quer dizer, eu toquei com o Corrosion of Conformity. O *Animosity* (1984) foi como eu sobrevivi ao colegial, é um disco com uma importância sem igual para mim. E há cerca de dois anos nós fizemos uma turnê com o Corrosion of Conformity quando eles estavam com a formação desse álbum. E poder ficar amigo deles, ver os caras tocando essas músicas, nem sei como colocar isso em palavras, é apenas algo de outro mundo. Com certeza a banda já me deu muito mais do que eu jamais esperei.

MARRIAGES

Emma Ruth Rundle (Marriages, Red Sparowes, carreira solo) – Entrevista feita em março de 2015

Com um talento fora do comum na guitarra e uma voz poderosa, Emma Ruth Rundle chama a atenção de todos que podem ouvir a sua música, principalmente com os lançamentos mais recentes dos dois álbuns do Marriages e do seu disco solo *Some Heavy Ocean* (2014).

Antes disso, a guitarrista e vocalista de Los Angeles (EUA) já era conhecida do público do rock e metal alternativo por ter tocado na banda instrumental Red Sparowes, que teve em sua formação membros e ex-membros do Isis e A Storm of Light e sempre foi notória pelos títulos de músicas gigantescos.

No início de 2015, pouco antes do lançamento do primeiro disco full-length do Marriages, tive a oportunidade de conversar com Emma por e-mail sobre o então novo álbum, intitulado *Salome* (2015), a sua carreira solo, como foi trabalhar em uma loja de música folk na Califórnia e também como as guitarras de um disco do Smashing Pumpkins influenciaram o seu jeito de tocar, entre outros assuntos.

Você lançou o seu primeiro disco solo (*Some Heavy Ocean*) em 2014. O que te fez querer gravar esse álbum? Quero dizer, deixar sua guitarra (e os sons mais pesados) de lado e fazer algo mais acústico?
Emma: Para ser meticulosa, vou apontar que lancei um outro disco solo antes do *Some Heavy Ocean*, chamado *Electric Guitar: One* (2011), que é um álbum mais experimental/ambient que não traz quase nada de vocal. Fazer um disco solo de música mais "tradicional" era algo que queria fazer há algum tempo. Já vinha escrevendo e gravando músicas parecidas sob o nome The Nocturnes, apesar de esse projeto trazer outros músicos e algumas músicas deles. Tendo tido problemas com esse grupo e ainda estando envolvida no Red Sparowes e no Marriages, eu queria fazer algo que fosse mais meu e um local para esse tipo de música que eu escrevo. Se você ouvir o *Some Heavy Ocean*, vai entender que o material simplesmente não é nem um pouco apropriado para uma banda ou mesmo para o Marriages. É uma música extremamente íntima e pessoal.

Falando nessa mudança, você se sentiu mais exposta por tocar sozinha apenas com seu violão, sem uma banda e os amplificadores por trás? Outros artistas que fizeram a mesma transição, como o Mike Scheidt (YOB) e o Wino (Saint Vitus), me disseram que acharam isso um pouco aterrorizante, especialmente nos primeiros shows.
Com certeza me senti exposta. Sempre me sinto nua em qualquer show que faço, seja solo ou com uma banda, mas descobri que fazer isso sozinha é muito diferente. É algo complicado uma vez que estou tornando públicas as coisas que são profundas no meu coração e compartilhando minha vida pessoal e meus segredos com as pessoas de uma maneira que é muito mais óbvia e direta quando estou sozinha do que quando estou com o Marriages, por exemplo. Estar sozinha também é libertador, já que não tenho a limitação de precisar manter as músicas da mesma maneira. A música fica sem amarras e, de um certo modo, sem ensaios. Não tocar com outros músicos (em um show) permite isso e o resultado pode ser muito emocionante.

Como foi o processo de criação do disco? Quanto tempo levou para reunir todas essas músicas?
Escrever para o *Some Heavy Ocean* foi como qualquer outra coisa. Algo que faço ou já fiz. Sempre vou escrever esse tipo de música. O tempo durante o qual essas músicas foram escritas acabou carregado por muitos tipos de lutas e dramas pessoais que se encaixariam em qualquer novela de baixa qualidade. Tudo isso resultou em um disco de músicas com as quais tive experiências ruins – elas estão bem dentro das minhas costelas.

Você fez uma tour recente com o Stephen Brodsky (Cave In e Mutoid Man), que acabou também tocando em um vídeo especial ao vivo da sua música "Living With the Black Dog". Como resolveu chamá-lo para fazer o clipe? Já se conheciam? E há alguma chance de gravarem algo juntos?
Stephen e eu nunca tínhamos nos falado antes dessa turnê – a Sargent House (gravadora de ambos) arranjou isso. Fiquei muito feliz por termos tocado juntos já que sou uma grande fã do trabalho dele. E acabou que ele é um cara incrível em todos os aspectos. Não temos nenhum plano no momento de gravar algo juntos, mas adoraria fazer algo com ele.

O Marriages está prestes a lançar o seu primeiro disco full-length, chamado *Salome* (2015). Pela primeira música que foi divulgada, "Skin", senti que o som está mais "aberto" e cristalino, um pouco mais parecido com o seu disco solo, em comparação com o EP *Kitsune* (2012). Essa foi uma decisão consciente ou apenas um resultado natural do que vocês viveram e ouviram nos últimos anos?
Não acho que a evolução do Marriages tenha muito a ver com o meu disco solo. Foi apenas uma progressão natural da banda e a adição de um baterista permanente, o Andrew Clinco. As músicas do *Salome* são mais estruturadas e focadas nos vocais, por isso entendo a razão para ter perguntado isso.

Ainda sobre a "Skin": é impossível não notar as baterias em praticamente todos os lugares das músicas (da melhor maneira possível). Essa é uma nova direção da banda (e do disco)? Talvez o resultado de fazer turnês com artistas como Russian Circles e King Buzzo (Melvins)?
O novo som de bateria é apenas o resultado do estilo de compor e de tocar do Andrew. Ele é um baterista muito especial. Realmente possui a sua própria presença e lugar no Marriages e tem muito a ver com o som atual da banda.

E como é o processo de composição da banda? Você costuma fazer coisas sozinha e depois leva para eles? Ou preferem trabalhar de forma mais conjunta?
O Marriages é uma banda. Na maior parte do tempo, nós escrevemos juntos e costumo adicionar os vocais e letras depois. Existem apenas duas músicas que não foram escritas dessa maneira. Uma delas foi "Contender", que foi feita pelo Andrew. O Greg adicionou as partes dele e eu apenas contribuí com algumas pequenas linhas de guitarra e as letras. A outra foi "Under Will", que eu tinha escrito há algum tempo para um amigo. Mas o Greg e o Andrew adicionaram os seus próprios toques à música.

Um grande amigo viu vocês tocando em San Francisco com o Boris em 2014 e ficou realmente impressionado com a banda e com você. Qual o seu estado após tocar? E você tem algum ritual antes dos shows?
Essa foi uma tour especial para mim. Realmente senti que a banda inteira estava conectada de uma maneira especial naquela época e que consegui entrar em um espaço diferente enquanto tocávamos. Como uma banda, não temos

nenhum ritual, apesar de já termos discutido ocasionalmente um abraço grupal antes de tocar. Rá! Não posso falar por Greg e Andrew sobre como eles se sentem após um show. Sempre me sinto de forma diferente e isso nunca parece ter muito a ver com nada específico além de eu conseguir ou não me esquecer durante o show. Acho que costumo ser dura comigo mesma, mas estou aprendendo a ser melhor sobre isso.

Você nasceu e foi criada em Los Angeles. Pensa que a cidade te influenciou de uma maneira direta sobre a música que você escreve? E quais bandas e artistas considera como "espíritos irmãos" por aí?
Nasci e fui criada em Los Angeles. Já viajei e vivi em outros lugares. Passei um ano na Nova Zelândia, por exemplo, mas sempre me vi retornando para a cidade onde nasci. Seria quase impossível me remover de uma maneira que me permitiria ver como fui afetada e moldada pelo lugar em que cresci. Se posso falar algo, seria apontar a McCabe's Guitar Shop, em Santa Monica, uma loja de música folk histórica e importante da região que existe há cerca de 55 anos e que comecei a frequentar quando tinha apenas 8 anos. Depois consegui meu primeiro e único emprego trabalhando com instrumentos e vendendo guitarras e banjos para todos os tipos de pessoas. A loja também é uma escola e estava cercada dos melhores músicos. Sem nunca realmente fazer aulas de guitarra, aproveitei o que pude dos melhores ao meu redor e acabei juntando o meu próprio estilo de tocar. A essência da música tradicional vem do meu tempo por lá e sempre será a raiz das coisas. Isso e muito Smashing Pumpkins (risos). Quanto a "espíritos irmãos" em Los Angeles – existem algumas pessoas com as quais cresci e toquei, especialmente Troy Zeigler (Field) e Paris Patt (Woolen, The Nocturnes) e obviamente o Greg Burns, que acabou tocando em duas bandas comigo. Nunca fui uma pessoa extremamente social e conheci todas essas pessoas citadas acima por meio da minha presença na McCabe's.

Apesar de você não ser uma cantora ou guitarrista de metal, as suas bandas possuem uma forte ligação com esse universo, que é considerado machista por muitas pessoas. Como você vê isso? E já teve alguma experiência negativa?
Eu adoro música pesada. As maneiras como as bandas e as cenas se conectam é algo que alguém poderia escrever em um papel ou desenhar uma grande árvore

genealógica para ilustrar as complexidades das ligações entre os músicos. Posso ver como a associação funciona neste caso. Nunca senti machismo presente na cena, nenhuma vez. O mundo da "música pesada" é um dos mais amigáveis e leais que já conheci. Os músicos e o público são (na minha experiência) as melhores pessoas... E costumo me divertir mais do que nunca quando tocamos com uma banda "pesada", como o Russian Circles, por exemplo. O único machismo que costumo vivenciar na minha carreira chega inesperadamente e quase nunca de um fã ou outro músico. Uma época temi a mentalidade "para uma garota" que sei que existe, mas nunca mais pensei sobre isso. Nunca senti isso. Existem muitas mulheres incríveis por aí no mundo da música pesada que conseguem tocar sons técnicos e criativos – o Helms Alee, por exemplo, é uma das bandas mais pesadas e únicas que já ouvi e dois terços do grupo é formado por mulheres. Música boa é boa e ponto. Quem está tocando não parece importar para mim ou para quem estiver assistindo/ouvindo.

Você pode enumerar três discos que mudaram a sua vida e por que eles fizeram isso?
O primeiro seria o *Siamese Dream* (1993), do Smashing Pumpkins. Por quê? Guitarras! Melodias, timbres e puberdade... Influenciou o meu jeito de compor e tocar guitarra mais do que qualquer outra coisa. Com essa banda e esse disco, você entende ou não. Depois disso, fica difícil priorizar qualquer outra coisa – são tantas coisas e isso fica borrado por mudanças hormonais, corações partidos, descoberta de sons – industrial, stoner e folk-noise. Godflesh ou Neil Young, o que é mais importante? Simplesmente não sei. Jeff Buckley ou Sleepytime Gorilla Museum? Radiohead ou John Cage? Não consigo fazer essas escolhas.

E quando você começou a cantar e tocar guitarra? Lembra quais eram suas influências na época? A sua voz já foi comparada com artistas como Alanis Morrisette e sua parceira de gravadora Chelsea Wolfe, entre outras.
Adorava Mazzy Star e Nirvana. A primeira música que aprendi a tocar e cantar na minha vida foi "Ride it On", da Mazzy Star. Aliás, esse é um bom lugar para fazer um comentário sobre machismo: as pessoas parecem conhecer tão poucas cantoras, mas ainda se sentem instigadas a fazer uma comparação com alguém, qualquer pessoa. Já fui comparada com quase qualquer mulher branca

e ativa na cena rock alternativo-shoegaze-goth-folk dos últimos 30 anos. É ridículo. A voz é minha e, se for para me comparar com alguém, eu pareço muito com a minha irmã e o meu pai cantando.

Qual a sua opinião sobre o download ilegal de arquivos na Internet? Pensa que é a razão principal para o fim de algumas gravadoras independentes?
Não tenho muito conhecimento quanto ao compartilhamento de arquivos e downloads. Com o Spotify e o YouTube agora, não sei mais qual o tamanho desse problema de "download ilegal de conteúdo". Quero que a Sargent House (gravadora dos discos dela) se saia bem e ganhe dinheiro o bastante para ficar aberta e continuar cuidando dos seus artistas, mas pessoalmente, se alguém vai copiar meu disco de um amigo ou baixar meu catálogo da Internet, eu realmente não me importo. Se isso espalhar a música e algumas dessas pessoas acabarem no meu show, elas acabarão nos apoiando de alguma forma no futuro.

Como sou do Brasil, quero saber quais artistas daqui você conhece.
Obviamente sou uma fã da grande Astrud Gilberto! Até aprendi alguns trechos de músicas de bossa nova no violão há algum tempo... Mas as toco mal (risos).

Do que você tem mais orgulho na sua carreira?
Não morrer aos 27 anos.

Como você quer ser lembrada depois de morrer?
Ser lembrada de qualquer forma é algo pouco comum para qualquer pessoa. Espero ter uma lápide em algum lugar... talvez em Lone Fir, em Portland.

SARGENT HOUSE PRESENTS

Wovenhand
& Marriages

EUROPEAN TOUR 2015

- APR 09 TILBURG (NL) ROADBURN FEST.
- APR 10 NIJMEGEN (NL) **
- APR 11 GENK (BE) LITTLE WAVES FEST.
- APR 12 PARIS (FR) **
- APR 14 TOURCOING (FR)
- APR 15 VEVEY, VD (CH) **
- APR 16 AARAU (CH) **
- APR 17 SCHNORNDORF (DE) **
- APR 18 LEIPZIG (DE) **
- APR 20 BRNO (CZ) **
- APR 21 LINZ (AT) **
- APR 22 LJUBLJANA (SI) **
- APR 24 RIJEKA (CT) IMPULSE FEST. **
- APR 25 BELGRADE (RS) **
- APR 26 BUCHAREST (RO) **
- APR 27 SOFIA (BG) **
- APR 28 ISTANBUL (TR)
- APR 30 TEL AVIV (IL)
- MAY 01 LESSINES (BE) ROOTS & ROSES FEST.

** WITH SPECIAL GUESTS: MARRIAGES

SARGENTHOUSE.COM

POSTER BY ERROR-DESIGN.COM

BURNING LOVE

Patrick Marshall (guitarrista do Burning Love) – Entrevista feita em fevereiro de 2016

Criado em 2007 como um projeto de membros do Our Father e do Cursed, o Burning Love só virou algo mais "sério" no ano seguinte com o fim do Cursed, uma das muitas bandas incríveis do vocalista Chris Colohan, figura lendária do hardcore canadense e conhecido por seu trabalho com o Left for Dead e The Swarm.

Com uma proposta sonora que pode ser resumida como um hardcore metálico com altas doses de Motörhead aqui e ali, o Burning Love atingiu o seu auge com o sensacional *Rotten Thing to Say* (2012), produzido por Kurt Ballou, guitarrista do Converge e um dos melhores produtores de música pesada da atualidade.

Após alguns anos longe de tudo, o agora quarteto de Toronto voltou a ser notícia em 2015 com o lançamento do EP *Down So Long* (2015), que foi gravado um bom tempo antes, em agosto de 2012.

Para saber mais sobre a razão desse hiato e quais os planos futuros da banda, conversei com o guitarrista Patrick Marshall, que também falou sobre sua relação próxima com os caras do Coliseum e a influência do Hot Snakes no seu som.

Após terem recebido uma ótima resposta com o *Rotten Thing to Say* (2012), vocês meio que desapareceram por uns anos – até mesmo a página da banda no Facebook "sumiu". Isso, claro, até o lançamento do EP *Down So Long* (2015) no começo de 2015. O que aconteceu e por que vocês se afastaram por tanto tempo?
Patrick: Bom, nós perdemos um pouco do gás – pessoalmente e criativamente – no decorrer das últimas turnês e durante a composição e a gravação do EP. Quando começamos, éramos jovens e tínhamos metas bem definidas (por exemplo, gravar alguns discos e fazer o maior número de turnês possível). Isso foi em 2007, mas em 2012 já tínhamos acumulado uma certa tensão que dificultou o processo criativo. Nós decidimos que o melhor a fazer seria nos afastarmos por alguns meses na esperança de que isso revigorasse as coisas. O interessante é que tivemos alguns problemas com a nossa van na mesma época em que decidimos esses planos. Mas é claro que também existiram fatores

positivos para essa pausa já que todos nós tínhamos projetos (escola, negócios, outras bandas) fora do Burning Love que gostaríamos de levar mais a sério do que conseguiríamos fazendo turnês frequentemente.

Apesar de ter sido lançado em março de 2015, o EP foi gravado cerca de dois anos antes, certo? Como foi revisitar essas músicas depois de tanto tempo? Ficaram com vontade de mudar ou refazer algo?
Sim, o EP foi gravado em agosto de 2012 com o Josh Korody no estúdio Candle, em Toronto. Antes disso, nós perdemos um dos nossos guitarristas – que era um importantíssimo parceiro para a criação das músicas. E então o *Down So Long* foi basicamente um experimento, em que o objetivo era ver se o Burning Love ainda seria o Burning Love com apenas uma guitarra. A nossa maneira de escrever músicas antes desse EP sempre foi muito baseada na junção de duas partes de guitarra e dois estilos de tocar diferentes (se isso fica aparente na música, eu não sei). A ideia era basicamente expressar com uma guitarra o que nós tínhamos transmitido com duas. Isso naturalmente nos levou a focar em elementos das nossas músicas aos quais não demos a devida atenção no passado. Considerando que isso foi meio que um renascimento ou reinvenção do nosso som, acho que ficamos bem felizes com o resultado.

Agora que a banda está de volta, vocês têm algum plano para gravar mais músicas e lançar outro álbum?
Bom, estamos de volta mas de certa forma também estamos em um estágio onde temos outros compromissos e prioridades, o que dificulta focar no Burning Love. Dito isso, estamos na fase inicial da criação de um terceiro EP. Se esse EP verá a luz do dia em algum momento próximo, não tenho tanta certeza.

Vocês já trabalharam com diferentes produtores, como o Ian Blurton, o Kurt Ballou e o Josh Korody mais recentemente. Há algum outro nome com quem gostariam de trabalhar? E o que influencia vocês a escolherem essa pessoa hoje em dia: proximidade, disponibilidade, currículo, ou um pouco de tudo isso?
Eu certamente não quero desmerecer o papel do produtor. Ian, Josh e Kurt, todos tiveram uma influência diferente no que nós conseguimos fazer em cada uma dessas gravações. Atualmente, nós somos menos flexíveis e damos

mais importância a ficar em nossa cidade do que antes. Também estamos tão divididos nos nossos gostos que eu não sei se haveria algum produtor que se encaixaria para todos nós. Sendo assim, nós gostaríamos de trabalhar com qualquer um dos produtores com quem trabalhamos no passado ou com alguém novo. Nosso amigo Donny Cooper, que gravou algumas coisas para o Cursed (incluindo o último LP), é provavelmente o primeiro nome da lista.

O Burning Love começou como um projeto paralelo, mas acabou virando a banda principal de vocês após o fim do Cursed. Você pensa que essa mudança um tanto abrupta de abordagem teve algum impacto direto no som e/ou na maneira como vocês escrevem?
Essa é uma pergunta interessante, mas não sei se consigo dar uma boa resposta. O que eu posso dizer, no entanto, é que quando começamos, nós provavelmente éramos individualmente preocupados em desenvolver o nosso próprio estilo como músicos independentes. Então quando o Burning Love começou a se firmar mais com uma pegada stoner, nós todos ficamos um pouco mais confortáveis em trazer mais dos nossos gostos pessoais assim que o projeto se tornou a nossa banda principal. Também posso dizer que nós estávamos tocando músicas que eram certamente mais agressivas antes do Burning Love e que queríamos experimentar com outros estilos (talvez algo "agressivo e feliz?") em vez de continuar com a atitude misantrópica dos nossos projetos passados. Então, de certa forma, o som do Burning Love foi formado como uma reação ao que nós tínhamos feito antes.

O fato de quase a banda toda ter tocado junta antes facilita ou atrapalha na hora de criar/definir um novo som/disco?
Acho que um pouco de cada. O Easton (Lannaman) e o Andrus (Meret, nosso segundo ex-guitarrista) já tocavam juntos há vários anos (desde o colégio) quando começamos o Burning Love. Eles tocaram juntos em uma banda com o Dave (O'Connor, nosso antigo baixista) por quase um ano. Eu fiz parte da banda predecessora do Burning Love (Our Father) ao mesmo tempo em que já tocava no Burning Love e é claro que o Chris nunca tinha tocado com nenhum de nós antes disso. Dessa forma, nós estávamos trabalhando com uma tela em branco e isso definitivamente fez com que demorássemos um tempo para nos acostumar a tocar uns com os outros. Levando em consideração o quanto

éramos novos uns aos outros e novatos tocando em bandas em geral (exceto pelo Chris, nós tinhamos cerca de 20 anos quando a banda começou), eu acho que as coisas se acertaram de uma forma bem suave.

Falando sobre isso, como é o processo de composição da banda? Vocês costumam criar juntos nos ensaios ou cada um já leva ideias prontas?
Como eu falei antes, o processo de criação sempre foi bem colaborativo. Em geral, o que acontece é que um de nós traz um ou dois riffs para ser trabalhado em conjunto. Depois que o riff é aprovado (ou rejeitado!) por todos, nós trabalhamos na criação de outras partes e montamos a música juntos a partir disso. O tempo é essencial nesse processo: se não terminamos alguma coisa rapidamente, arquivamos e essa música provavelmente nunca será terminada. Então gostamos de finalizar a maioria das músicas em uma sessão ou duas, no máximo. Existem exceções, é claro. Acho que só tínhamos 60% das músicas do *Rotten Thing to Say* quando fomos gravá-lo e nós trabalhamos em algumas daquelas ideias no estúdio por alguns dias.

Três discos que mudaram a sua vida.
Essa é uma pergunta difícil de responder porque individualmente os nossos gostos são muito diferentes. Eu diria que foram os três EPs do Hot Snakes porque eles têm sido a nossa principal referência para escrever músicas. Existem dezenas de outros discos para falar, mas outro lance interessante é que "pegamos" muitas coisas das bandas que já tocaram com a gente, como o Coliseum, Doomriders, Converge etc.

Qual a sua opinião sobre o compartilhamento de arquivos pela Internet? Acha que tem contribuído para o fim de gravadoras independentes?
Creio que o compartilhamento de arquivos pela Internet somente ajuda a música a viajar bem mais rápido, o que, para bandas sem dinheiro e que fazem turnês, é uma excelente coisa, pois dá a chance de mais gente ouvir a banda e ir aos shows (que é a única forma de fazermos algum dinheiro). Não posso falar com confiança sobre como isso afetou os selos pois eu não tive nenhum grande envolvimento com eles.

Recentemente tive a chance de conversar com o Chris Slorach, do Metz, e ele me disse que vocês são amigos há bastante tempo. Quais outras bandas considera

"espíritos irmãos"? Acredita que vocês e outras bandas (Metz, Converge, Botch, Trap Them, entre outros) fazem parte da mesma cena/comunidade?
Sim, os caras do Metz são nossos bons amigos desde o começo. Eles também são uma das melhores e mais pesadas bandas que eu conheço. A comunidade musical de Toronto é muito forte e possui um bom número de gente talentosa. Nós já fizemos turnês com o Converge e o Trap Them (simultaneamente, aliás), então eles definitivamente fazem parte da nossa grande família. Para citar nomes, o Coliseum vem à minha cabeça antes de qualquer outro. Eles nos tiraram da nossa zona de conforto, nos forçaram a continuar fazendo o que amamos e têm sido uma grande fonte de inspiração tanto individualmente quanto como uma banda. Os TV Freaks (com o Dave, que tocava com a gente no Burning Love) são excelentes, assim como os nossos amigos do Greys, de Toronto.

Nos anos 1980 (principalmente), muitas bandas boas (e ruins) surgiam e acabavam sem conseguirem gravar nada por falta de dinheiro ou outras razões. Agora vivemos uma época em que temos basicamente o oposto, com todo mundo tendo a chance de gravar e compartilhar qualquer coisa que quiserem. Pensa que as coisas estão melhores por conta disso, por termos essa possibilidade? Ou talvez vivemos em um mundo onde simplesmente temos muita música aí fora?
Como um apaixonado por música, eu não acho que poderia dizer que existe muita música por aí. Até onde eu sei, o aumento na acessibilidade significa que mais pessoas estão tendo mais oportunidade de fazer mais música – e, se isso as torna realizadas e se está trazendo algo de novo para o mundo, então tem uma função muito importante. Com certeza, um resultado disso é que facilita um interesse momentâneo em música. Ou seja, você tem uma série de bandas que não parece levar a sério o que eles fazem tanto quanto você gostaria. Mas, sinceramente, em toda a história da contracultura não foi sempre esse o caso? A cena toda é baseada em esperar por imprevistos felizes! A acessibilidade parece mais ter encorajado a super nostalgia do momento. Mas, assim como tudo, quanto mais perto você fica de uma coisa, mais ela se revela como interessante e nova.

Do que você tem mais orgulho na sua carreira?
Essa é fácil: de ter feito algumas músicas novas, de ter pessoas que escutaram essas músicas, de ter passado por uma série de lugares legais com os meus melhores amigos (e fazendo alguns novos amigos no caminho). É tudo o que nós poderíamos querer.

BAPTISTS / SUMAC

Nick Yacyshyn (baterista do Baptists e Sumac) – Entrevista feita em julho de 2014

Diretamente de Vancouver, no Canadá, mesma cidade do lendário D.O.A., vem um dos melhores nomes do hardcore/crust atual, o Baptists. Com um som feio e torto no melhor sentido possível, o quarteto vem se destacando desde 2013, quando lançou o sensacional *Bushcraft*, gravado com Kurt Ballou, no seu GodCity Studio.

Numa pegada igual à velocidade do seu som, os caras gravaram outro disco logo em seguida, o elogiado *Bloodmines* (2014), que contou mais uma vez com a produção do guitarrista do Converge.

Em julho de 2014, pouco após as gravações, pude falar via e-mail com o baterista da banda, Nick Yacyshyn, que falou sobre o então novo disco do Baptists, como foi ser elogiado publicamente pelo seu ídolo Dave Grohl, seu início na bateria quando ainda tocava em uma caixa de sapato e o Sumac, banda que tinha acabado de iniciar com duas lendas do metal alternativo: Aaron Turner (Isis/Old Man Gloom) e Brian Cook (Botch/Russian Circles).

O Baptists gravou um novo disco neste ano [2014], chamado *Bloodmines*. O que podemos esperar do álbum? Vocês postaram algumas fotos divertidas das gravações...
Nick: Você pode esperar por muita energia em não muitos minutos. Exploramos alguns territórios diferentes nesse disco, mas tentamos manter tudo coeso e divertido.

E como foi trabalhar novamente com o Kurt Ballou (Converge)? A sonoridade do *Bushcraft* é incrível!
Ficamos muito felizes com toda a experiência com o Kurt durante as gravações do *Bushcraft* e dessa vez não foi diferente. Ele tem uma ótima maneira de fazer as coisas por lá e temos sorte de gravar a nossa música com ele.

Aliás, como é o processo de composição da banda? Vocês geralmente levam ideias prontas para os ensaios ou costumam criar algo a partir de uma jam com todo mundo junto?
Nosso processo de composição para esse disco envolveu o Danny (guitarrista) sentar na banheira dele com a guitarra e um mini amplificador da Orange, criando *riffs*

no banheiro. Nós três tocamos os instrumentos na banda, então trabalhamos em tudo que ele traz para os ensaios até que isso vire uma parte de música e então começamos a partir daí. Se um de nós tem uma ideia, então a tendência é que façamos diversos testes com ela e ver como cada opção evolui. Nosso vocalista Andrew não consegue ficar muito tempo parado, então quando ele não está pensando em coisas para gritar, ele está dançando ou colocando fogo nas suas calças.

Como o Kurt Ballou também é músico, há alguma coisa específica que ele traz para o som do Baptists quando vocês estão no estúdio? Pergunto isso porque consigo ouvir elementos do Converge em algumas músicas de vocês. Além do fato de estar em uma das nossas bandas favoritas e ter nos influenciado por anos antes mesmo de pensarmos que poderíamos encontrar o cara ou gravar com ele, não há nada específico que ele faça com o nosso som. Ele apenas sabe como fazer tudo soar bem e conhece todas as entradas e saídas e equipamentos do estúdio dele. No entanto, ele fez um *bend* de guitarra no novo disco, e também fez um *pick slide* [passar a palheta na corda da guitarra]!

Você postou recentemente uma foto no Facebook em que diz que estava trabalhando em um novo projeto com o Aaron Turner (Isis). Pode me dizer algo mais sobre isso? Eu nem sabia que o Aaron Turner tinha uma bateria, em primeiro lugar (risos). Recentemente passei uma semana escrevendo, ensaiando e gravando com o Aaron na região de Seattle para um disco sobre o qual tínhamos falado originalmente no começo de 2014. O Aaron toca guitarra e canta e o Brian Cook (Botch, Russian Circles) toca baixo (e espero que também faça vocais) – ele vai gravar a parte dele em algumas semanas. Toda a natureza do projeto é sem igual para mim e não podia estar mais animado para ver como tudo vai ficar. Quanto ao Aaron tocar bateria, ele queria deixar claro que ele é o melhor baterista do mundo.

Além disso, você agora tem uma nova banda chamada The Blood River Band, com uma pegada mais southern rock. Por isso, queria saber: quantas bandas você tem atualmente? E como encontra tempo para fazer tudo isso?
Em geral mantenho apenas duas, às vezes três bandas ativas ao mesmo tempo. Tento equilibrar a minha música com outras coisas importantes na minha vida e trabalhar em tempo integral o máximo que posso, por isso não gosto de forçar

muito como costumava fazer. Quanto ao Blood River, é algo bem divertido e temos um ótimo grupo de pessoas envolvido, muitas das quais tocam em outras bandas, então isso ajuda a deixar tudo mais leve.

Você conhece alguma banda brasileira? Era fã da fase mais antiga do Sepultura?
Quando estava na oitava série, meu amigo B.J. me deu o *Against* (1998) de aniversário e a partir daí comecei a entrar no material mais antigo deles. O Iggor Cavalera é um dos bateristas mais poderosos que existem! Além das outras bandas dos caras do Sepultura, não consigo pensar em nenhuma outra banda daí!

Vocês vão tocar no Southwest Terror Fest em outubro deste ano [2014] com uma ótima escalação de bandas, incluindo Neurosis, Goatsnake e Pelican. Quais suas expectativas para o festival? Pensa que a diversidade do som do Baptists permite que vocês toquem com todas essas bandas diferentes, já que vocês claramente não são uma banda "típica" de hardcore/crust?
Estou muito animado para isso! Ficamos muito felizes de fazer parte desse festival. Penso que todas essas bandas são diversas, mas é isso o que é preciso para fazer um grande show. É difícil medir como outras pessoas recebem a sua música, ou como ela soa para novos ouvidos, mas ficamos felizes em sermos incluídos em eventos como esse.

Nos últimos tempos, vocês vêm ficando maiores e recebendo mais atenção. Pensa que é certo considerar o *Bushcraft* como um ponto de virada na sua carreira?
Somos muito sortudos por termos pessoas incríveis nos apoiando desde que começamos, e ter um disco lançado e ser recebido de forma tão positiva é ótimo. Penso que o nosso EP 7" foi um bom exemplo do que estávamos fazendo, mas ainda éramos uma banda muito nova naquele momento. O *Bushcraft* foi a culminação de dois anos sendo uma banda desde a gravação do 7" e uma representação melhor da banda no geral. Acho que vejo o *Bushcraft* mais como uma apresentação precisa do que um ponto de virada.

E como é a cena aí em Vancouver? Quais bandas vocês consideram "espíritos irmãos" do Baptists?
A cena é muito ativa por aqui. Existem muitas bandas boas e muitos shows.

Quanto aos nossos "espíritos irmãos", há uma banda chamada Waingro da qual somos muito amigos, e Danny e eu temos uma outra banda chamada Erosion que também tem ótimos caras. E também há uns caras dos EUA de uma banda chamada Griever que gostaria de incluir nessa categoria.

Sempre pergunto isso: quais são os três discos que mudaram a sua vida e por que eles fizeram isso.
Essas perguntas são brutais e minhas respostas vão sempre variar, mas vou tentar aqui. O primeiro seria o *High Voltage* (1975), do AC/DC. Apesar de não ser meu disco favorito deles, sempre considero como aquele que me iniciou na banda. A capa me impressionou e a parte de trás do disco tinha aquelas cartas sobre cada membro da banda. Elas eram de donos de casas de shows, filhas de prefeitos, professores reclamando que os caras da banda eram idiotas. É demais. Lembro que quando ouvi esse disco, sabia que queria tocar bateria ou gaita de fole.

Depois o *Ride The Lightning* (1984), do Metallica. Acho que curti o *Black Album* (1990) primeiro, mas não vamos falar DISSO. Esse disco (*Ride the Lightning*) foi o primeiro disco "antigo" do Metallica que peguei quando tinha 12 anos, após conhecer um pouco mais sobre a banda e os primeiros quatro discos. As guitarras soam tão distorcidas e legais, e tinha pedal duplo! Aquela parada na "Fight Fire With Fire" era demais. Sei que existem muitas pessoas que odeiam o Lars por aí e acho isso totalmente justo, mas o jeito dele tocar foi uma grande inspiração para mim quando estava começando.

E o terceiro seria o *Calculating Infinity* (1999), do Dillinger Escape Plan. Esse disco me apresentou para um monte de coisas ótimas e, junto com bandas como Botch e Converge, criou meu amor e apreciação por forçar os limites na música. Meu amigo Blake me mostrou a música "Destro's Secret" quando eu estava no colegial e ela me assustou muito. Nunca tinha ouvido ninguém tocar bateria daquele jeito e isso abriu minha cabeça para todos os extremos de velocidade e densidade numa bateria. Implacável, brutal e super desafiador.

Quando você começou a tocar? E quais eram as suas influências na época?
Comecei a tocar bateria entre a quarta e a quinta série quando tinha 10 anos. Meu pai me deu um vídeo sobre como tocar uma batida de rock e um par de baquetas e apenas comecei a treinar em uma caixa de sapato e uma lista telefô-

nica e qualquer outra coisa até conseguir fazer aquela batida. Quando consegui uma bateria de verdade, tocava junto com discos clássicos, como Zeppelin, Purple, Nazareth, AC/DC, Sabbath e Guns N'Roses. Essas músicas foram uma ótima maneira de ser apresentado a um instrumento como a bateria já que tinham linhas muito boas e alguns solos!

Há alguns meses, o Dave Grohl disse que você era o novo baterista favorito dele. Você por acaso chegou a falar com ele depois isso? E curte o trampo dele como baterista, seja no Nirvana, Scream, Probot, Killing Joke, QOTSA?
Na verdade, eu mandei um e-mail para ele depois que isso aconteceu apenas para dizer "puta que pariu, obrigado" e ele me escreveu de volta uma mensagem que será para sempre a coisa mais insana que já li. E sim, curto muito o trabalho dele como baterista! Escuto a música dele o tempo todo. Ele é uma grande influência para mim não apenas como baterista, mas como um músico multifacetado. Por isso, ouvir algo assim vindo dele foi surreal.

Qual a sua opinião sobre as pessoas baixarem sua música (e de outras pessoas) de graça?
Definitivamente já baixei música, mas também compro muitos discos. Não me importo de as pessoas pegarem a minha música em blogs ou outros sites se isso significar que elas vão escutá-la. E muitas vezes as pessoas que realmente curtem vão querer comprar uma cópia física do disco. Nunca estive do lado de lançar algo ou de uma gravadora, então o impacto financeiro não veio para o meu lado. No meu caso, se uma gravadora lançou algo para mim, fico praticamente sem riscos porque os custos do disco foram reequilibrados. Mas imagino que a constante evolução das maneiras de consumir mídia representam um grande desafio para qualquer um envolvido em lançar e divulgar material, especialmente para um público bem longe do *mainstream*.

Última pergunta. Do que você tem mais orgulho na sua carreira?
Tenho mais orgulho do fato de poder falar com pessoas como você, de diferentes partes do mundo, apenas com base na música que faço com os meus amigos. Fico bastante animado por me conectar com pessoas que curtem o que eu faço e sinto-me muito sortudo por ter um meio para fazer isso.

METZ

Chris Slorach (baixista do Metz) – Entrevista feita em outubro de 2015

Formado em 2008, o Metz vem colhendo nos últimos anos os frutos de muito trabalho para colocar sua música barulhenta nos ouvidos de gente do mundo todo com os álbuns Metz (2012) e II (2015), ambos lançados pela lendária gravadora Sub Pop, de Seattle, e com uma quantidade absurda de shows – seriam mais de 300 ao longo de três anos.

Para isso, os caras precisaram "aprender" a focar em fazer músicas mais simples e com "ganchos" em vez de tentar criar "obras-primas cheias de partes", como explica o baixista Chris Slorach no papo logo a seguir.

Atualmente baseada em Toronto, maior cidade do Canadá, a banda toca uma mistura cheia de microfonia e riffs altíssimos de noise rock com uma variedade de estilos e até algo de grunge, que vai além da ligação com a Sub Pop e do fato de serem um trio liderado por um vocalista e guitarrista loiro, Alex Edkins.

Nesta entrevista, feita algumas semanas após trocar uma ideia rápida com o Chris no Amplifest 2015, em Portugal, falamos sobre o sentimento de tocar em meio a bandas de metal, sua relação com a cena canadense de rock alternativo e hardcore, a importância da música de John Carpenter na sua vida e muito mais.

Durante o Amplifest 2015, nós falamos sobre como aquele era um festival com muitas bandas de metal, como Converge, Amenra e Full of Hell, entre outras. Essa foi a primeira vez que o Metz tocou em um festival desse tipo, mais voltado para o metal?
Chris: Essa foi provavelmente uma das primeiras vezes. Nós meio que ficamos longe porque não achamos que a banda se encaixe realmente e íamos acabar parecendo uns bunda moles em um festival de metal (risos). Sempre nos desviamos dos festivais de metal, mas neste dia em Portugal tudo foi surpreendentemente muito bem. O show foi ótimo, um dos melhores daquela turnê. Então talvez a gente se dê bem com o público de metal, não sei.

A primeira vez que ouvi o som de vocês, na época do primeiro álbum, me vieram à cabeça muitas referências, desde bandas da própria Sub Pop até bandas

punk/hardcore, passando por coisas como Jesus Lizard e Unsane, entre outras. Isso faz sentido? Vocês tinham um direcionamento específico desde o início?
No começo, a banda soava muito diferente do que somos hoje. Nosso som provavelmente era um pouco mais complexo e complicado. Então quando nós começamos as músicas eram bem mais lentas e acho que um pouco mais descoordenadas. E talvez menos focadas em serem apenas músicas simples com "ganchos". Acho que, à medida que crescemos, nossos gostos mudaram e as influências meio que se alinharam já que começamos a ouvir muitas das mesmas coisas. E acho que a nossa música se tornou mais simples, mas também mais focada em uma forma básica de composição. Acho que antes soávamos mais próximos do Jesus Lizard do que agora, apenas pela falta de uma comparação melhor. Mas acho que, com o passar dos anos, o nosso som evoluiu e mudou, passando de escrever músicas de seis minutos para tentar manter as coisas dentro da casa dos quatro minutos. Deixar as coisas razoavelmente simples, focar em ter uma música boa em vez de querer ter uma obra-prima cheia de partes ou algo assim (risos).

Você comentou sobre as suas influências e dos outros caras se alinharem com o tempo... Os backgrounds musicais são muito diferentes na banda? Esse foi um motivo para essa dificuldade maior nos primeiros anos em conseguir encontrar um caminho mais simples e direto para se expressar?
Acima de tudo, nós todos meio que viemos do punk, crescemos com os discos da Dischord e a cena de hardcore de Washington DC, as coisas da SST Records. E tenho certeza que também tem alguma coisa de rock alternativo com a qual podemos nos ligar. Musicalmente, com certeza há muitas coisas com as quais concordamos completamente. Todos nós concordamos que algumas coisas são realmente incríveis e outras não vemos da mesma maneira. Mas isso é algo ótimo numa colaboração entre três pessoas. Cada um traz algo um pouco diferente para a mesa e você cria uma coisa que – assim esperamos – será única e apenas sua.

Como vocês começaram a tocar juntos?
O Hayden (Menzies, baterista) e eu nos conhecíamos há algum tempo por meio de um amigo em comum e nos demos bem, ouvimos muitas das mesmas coisas e tudo mais. Ele tinha tocado em outras bandas antes e eu também; nossos ca-

minhos já tinham se cruzado com esses grupos, mas não nos conhecíamos tão bem. Mas nós tínhamos um amigo em comum e ele (Hayden) tinha se mudado para Toronto na época e não conhecia muita gente, por isso acabamos saindo. O Hayden e o Alex (Edkins, vocalista e guitarrista) tinham a banda quando moravam em Ottawa, mas quando eles vieram para Toronto nós acabamos em uma sala juntos tocando guitarra e foi mais ou menos assim que o Metz chegou até a sua formação atual.

E você vê o Metz como parte de alguma cena aí no Canadá? Há algum grupo de bandas ou artistas com quem vocês se identifiquem mais?
Acho que em Toronto há várias bandas de rock mais focadas em guitarras que estão no mesmo lugar que a gente, mas nós já estamos longe de Toronto há muito tempo. Fazendo turnês ou não, acho que tocamos uma vez por ano em Toronto, se chegar a tanto. Então tem sido um pouco difícil fazer parte de uma comunidade aqui. Mas, tendo dito isso, hoje à noite eu e o Alex vamos tocar com alguns amigos de uma banda chamada Fresh Snow. Nós montamos esse grupo especial para um show para um outro músico da cidade que sofreu três ataques cardíacos fortes e está muito doente. E o sistema de saúde do Canadá tem um buraco... Sabe, todo mundo fala sobre como o Canadá possui um ótimo serviço de saúde, mas descobrimos que o sistema não cobre infartos se você tem entre 18 anos e 64 anos. E esse músico de quem falei acabou ficando com dívidas médicas na casa dos 200 mil dólares. Então o Alex, eu e alguns amigos e outras pessoas de outras bandas nos juntamos para fazer esse show para arrecadar dinheiro e ajudar esse cara. Então definitivamente existe uma comunidade em Toronto. E também sinto que isso é algo que qualquer pessoa com coração faria por alguém. Mas definitivamente penso que existe uma forte comunidade ligada ao rock em Toronto. E, mesmo não sendo mais uma parte ativa da comunidade já que nunca realmente tocamos aqui, nós somos parte dela por sermos da cidade. Mas há ótimas coisas na cidade e sempre há novas bandas interessantes surgindo. Se você me perguntar quais as minhas bandas favoritas no momento, existem grandes chances de serem pessoas que moram na minha rua ou perto daqui (risos). A maioria dos meus amigos tocam em algumas das minhas bandas favoritas.

E quais seriam essas bandas? Acho que pouca gente aqui do Brasil deve conhecê-las.
Aqui em Toronto seriam coisas como Soupcans, Teenanger, New Fries, Tweens, Odonis Odonis, apenas para citar algumas. O Jonah (Falco), baterista do Fucked Up, toca no Career Suicide, que é uma banda incrível de Toronto. Outra banda boa daqui é o S.H.I.T. Sim, temos muita música boa aqui na cidade.

No Amplifest, você comentou que era amigo do Chris (Colohan) e do Patrick (Marshall), do Burning Love...
Ah é! Eu nem falei deles na última resposta. E o Burning Love também!

Sei que você tocou em muitas bandas diferentes antes do Metz. Por isso, queria saber como você vê essa cena underground alternativa de metal/hardcore no Canadá em comparação com os EUA (a partir de bandas talvez um pouco próximas como Converge, Botch, Dillinger Escape Plan e Cursed). Você chegou a fazer parte dessa cena?
Essas são todas bandas que eu vi há muitos e muitos anos tocando juntas. Então antes do Cursed havia o Swarm. Ou o Countdown to Oblivion, em que o Chris (Colohan) também tocou. Essas bandas tocavam com Converge, Jesuit, Botch ou quem estivesse em Toronto. E eu ia vê-los tocar nessa pequena e ótima loja de discos punk chamada XXADAJDA (JUSEMA 9:50). E tinha um festival anual de hardcore. E o Mike, do Fucked Up, costumava agendar shows nesse lugar. Então diria que conheci muitas das minhas bandas favoritas indo aos shows que o Mike organizava nessa loja. E, a partir disso e de um outro cara de Toronto, eu comecei a organizar shows por conta própria, que foi como eu conheci muitas dessas pessoas. Então nós trazíamos bandas como Daughters, acho que também trouxemos o Mastodon na primeira vez que eles tocaram em Toronto. E, por meio disso, pude conhecer muito bem o Chris Colohan e todos os caras do Cursed e dessa cena hardcore de Toronto. Eu toquei em algumas bandas de metal com muitos desses caras. Então sim, acho que definitivamente existia uma relação... O Chris é como o "embaixador" do hardcore de Toronto. Ele estava por aí tocando todos esses shows e criando uma reputação como o cara que cantava em todas as bandas boas de hardcore da cidade (risos). E provavelmente foi por meio dele que eu realmente escutei bandas como o Converge. Por meio do Chris e dos caras do The Swarm.

Você comentou que já tocou em uma banda de metal. Como foi isso?
(Risos) Isso foi há muito tempo. Foi algo legal, apenas eu e alguns amigos. Era meio que um hardcore bem pesado e rápido com algumas coisas eletrônicas (risos). Foi algo fora da sua época, vamos deixar assim. Não consigo falar muito sobre isso porque eu saí antes... A banda nunca lançou nada realmente, nós chegamos a ter um EP 7" lançado pela Robotic Empire, mas eu saí antes que fizéssemos o full-length, que iria sair pela Century Media. Mas nós terminamos muito antes disso.

Vocês têm tocado muito nos últimos três anos, acho que algo em torno de 300 shows no total ou até mais do que isso. Quais as melhores e as piores coisas sobre essa vida na estrada?
Foi mais do que isso, na verdade. Mas você não pode realmente reclamar quando tocar guitarra é a principal coisa que você faz com o seu tempo. Já é incrível se você puder fazer isso. Todos os dias são muito recompensadores. Você pode ficar com os seus melhores amigos, conhecer gente nova e ver muita coisa do mundo que talvez não tivesse a chance se não fosse por isso. Acho que isso é o mais positivo. Eu não consigo realmente pensar em muitas coisas negativas. Talvez viver um no espaço do outro é algo que pode ser difícil às vezes, mas acho que esse é o único ponto negativo em que consigo pensar. Quero dizer, eu sinto falta da minha esposa quando estou em turnê. Mas as coisas positivas superam de longe qualquer coisa negativa. E eu tenho muita sorte de poder tocar em uma banda com duas pessoas com as quais eu realmente me dou muito bem. Posso imaginar que essa vida pode ser difícil para algumas pessoas que não gostam umas das outras e acabaram em algo que os coloca na estrada por muito tempo. Mas nós fomos sortudos o bastante porque já éramos uma banda cinco anos antes de começarmos a viajar para fazer shows e tudo mais. Então nos conhecemos bem e sabemos quem somos e como lidar uns com os outros. Essa é provavelmente a coisa mais difícil de fazer turnê com uma banda: ficar numa boa com as pessoas com quem você está tocando. Mas isso nunca foi um problema para a gente.

Acha que esses cinco anos que vocês tiveram antes de explodir com o primeiro disco foram importantes para que conseguissem manter os pés no chão e fazer um segundo álbum ainda melhor? Talvez sem sentir uma pressão para fazer isso?
A maior parte da pressão que nós sentimos para fazer o segundo disco foi toda

interna. Se um crítico diz que o seu primeiro disco é bom, muitas vezes isso pode entrar numa espiral em que muitas pessoas vão pegar o que esse cara falou e apenas seguir dizendo algo como "Ah é, esse é um disco muito bom". Se você for seguir os críticos, meio que estará fadado ao fracasso. Mas se você passar mais tempo se preocupando em fazer música boa que te deixe feliz, então você terá mais chances de ficar feliz com o seu produto final. Nós apenas tentamos fazer um disco que fosse melhor que o primeiro *aos nossos olhos*. E acho que, aos nossos olhos, o segundo álbum é melhor do que o primeiro. Não importa o que outras pessoas possam dizer.

Voltando a falar de Toronto. Como é a rotina da banda quando vocês não estão em turnê? Costumam se encontrar para ensaiar sempre? Como funciona sua vida fora da estrada?
Isso depende. Por exemplo, agora estamos em casa por duas semanas, então vamos meio que dar um tempo. Vamos tirar uma semana de folga e voltar para a sala de ensaio na segunda-feira para poder tocar antes de sair em turnê novamente. Mas a maior parte do tempo em que estou em casa e não temos tours pela frente e nem estamos compondo... Eu costumo ficar com a minha esposa e os meus cachorros. Faço coisas normais que qualquer um faria, mas sempre tocando. Não passo um dia sem tocar guitarra ou outro instrumento, sempre trabalhando em música. Mas tento o máximo possível ter uma vida normal e tranquila quando estou em casa. Sair com os cachorros, ir até um café, fazer coisas normais. Para compensar os meses e meses que ficamos na estrada. Comprar cuecas novas, é isso que eu faço quando não estou em turnê (risos). Algo super emocionante. Isso é exatamente o que as pessoas imaginariam que seria um dia fora da estrada, o cara apenas vai comprar cuecas (risos). É isso o que eu faço (risos).

As capas dos seus dois discos trazem pessoas olhando para baixo, com suas cabeças abaixadas. Vocês pretendem seguir com essa ideia e o padrão de nomes, I, II e III, por exemplo?
Nós tínhamos várias ideias diferentes para o nome do segundo disco, mas acho que enxergávamos esse álbum como um avanço em relação ao primeiro e que merecia um título que refletisse isso. Não foi uma afirmação totalmente nova,

mas uma evolução em comparação ao primeiro disco. Já começamos a escrever algumas coisas para o terceiro disco e se encaixar com o título III, então talvez façamos isso. Mas se isso não acontecer, vamos chamá-lo do que quisermos. E a parte visual dos discos costuma ser composta por descobertas na coleção de fotos do pai do Alex. São fotos que o pai do Alex tirou. Gosto da ideia de seguir com isso e continuar com esse estilo, mas também não quero me tornar unidimensional. Por isso, acho que é importante que, caso a gente sinta que seja hora de crescer e abandonar esse visual, então vamos fazer isso. Sou um grande fã de capas baseadas em fotografias, mas acho que a ideia de se comprometer a fazer algo em um futuro distante pode ser limitante. O que posso te dizer agora é que estamos abertos a tudo. E vamos fazer o que acharmos que seja mais adequado e tenha o melhor visual.

Falando em discos, sempre pergunto isso: três álbuns que mudaram a sua vida e por que eles fizeram isso.
Quando era jovem, tinha uma banda do Canadá chamada Eric's Trip. Eu vivia na sombra das minhas irmãs mais velhas. Elas curtiam muito ouvir música, mas gostavam de coisas como Depeche Mode e uma delas entrou muito de cabeça em toda a cena Riot Grrrl, que talvez eu fosse novo demais na época para realmente entender e acompanhar. Mas tinha uma banda canadense chamada Eric's Trip, que tinha uma pegada meio indie rock e foi a primeira banda por quem eu me apaixonei de verdade e que descobri por conta própria. E eles realmente me fizeram pensar em fazer a minha própria música porque… Pode parecer que estou diminuindo o trabalho deles, mas, na verdade, acho que é uma das maiores qualidades da banda. E isso é o fato de que você não precisava ser excepcionalmente bom em algum instrumento ou em termos de gravação. Você só precisava conseguir fazer as coisas acontecerem. E foi isso que esses caras fizeram e achei que isso era algo muito empoderador para mim. A primeira coisa que eu fiz foi pensar: "Essa banda é ótima, eu também posso tocar um pouco de guitarra". Então comprei uma mesa de quatro canais e comecei a gravar as minhas próprias músicas. Eu não precisava aprender as músicas dos outros, eu podia tocar as minhas próprias coisas. Esse foi o meu primeiro mergulho no sentido de estar interessado em uma banda de forma independente, em vez de ouvir o que o meu pai ou as minhas irmãs me passavam.

Em seguida, viria o *My War* (1984), do Black Flag, que foi uma grande transformação para mim porque foi uma das coisas mais pesadas e intensas que já tinha ouvido na época. E as guitarras do Greg Ginn são tão bizarras, completamente fora daquela área.

Mais recentemente, tenho escutado muitas trilhas sonoras de filmes de terror. Isso vai parecer louco, mas tenho ouvido muitas músicas do John Carpenter e o que esse cara fez... É dark e algumas vezes também é meio "brega". E adoro o fato de que ele não apenas fazia filmes que eu amo, mas também toda a trilha e tinha essa visão exata de como queria que tudo ficasse. E ele adicionava isso para lançar uma obra completa; acho que isso é incrível. Então a trilha do John Carpenter para o filme *Halloween* (1978) foi muito importante para mim. Outra incrível é a trilha do *Fuga de Nova York* (1981).

E o que você achou do primeiro disco dele, o *Lost Themes* (2015), que não é ligado a nenhum filme específico?
Ah, achei legal. Não me impactou tanto. Talvez por não ter o elemento visual que as trilhas trazem. Pode ser porque sou um grande fã de filmes de terror, como o *Halloween*, que é um filme sensacional. Então posso ter uma conexão nostálgica com a trilha do *Halloween*. Mas achei o *Lost Themes* um bom disco. Comprei o álbum e ouvi várias vezes. Acho que é muito bom.

Você falou sobre o impacto dos discos do Eric's Trip no sentido de te impulsionar a gravar suas coisas. Mas você se lembra quando você começou a tocar guitarra ou baixo e pensou em ter uma banda e tudo mais?
Eu tinha 14 anos. Porque aos 13 anos eu comprei essa mesa de quatro canais e aprendi a usá-la. E eu tinha todas essas músicas e o meu amigo Matt, que eu conheci no ensino médio... Nós meio que fomos para uma escola um pouco urbana e não havia muito interesse em rock por lá, não havia muitas pessoas interessadas nas mesmas coisas que a gente. Então eu o ensinei a tocar baixo e um pouco de guitarra e começamos uma banda, apenas nós dois. Aos 14 anos, conhecemos um cara na rua em frente à casa dele que tocava bateria. E os três ainda continuam tocando de alguma forma. Nós começamos essa banda quando eu tinha 14 anos e foi aí onde tudo começou. Desde então, eu sempre toquei.

E você conhece alguma banda do Brasil?
Conheço apenas uma banda chamada Boogarins com quem nós tocamos (risos). Mas eles são os únicos do Brasil em que consigo pensar assim de primeira.

E o Sepultura?
Ah, claro! Sepultura! Ouvia muito Sepultura quando era mais novo. O *Arise* (1991) e o *Chaos AD* (1993) eram dois discos muito importantes para mim. Tinha esquecido que eles eram do Brasil.

Do que você tem mais orgulho na sua carreira?
Tenho muito orgulho desses dois discos que fizemos (no Metz). Acho que são ótimos. Tenho muito orgulho que eu e meus amigos conseguimos fazer esses álbuns. Isso é algo muito importante para mim. Penso que é algo ousado tentar estar em uma banda e tentar viajar e viver a sua vida como um músico e fugir do conforto de ficar em casa fazendo um trabalho de merda. Tenho orgulho de conseguirmos fazer música e que essa seja a nossa atividade principal. E apenas tenho orgulho de que ainda fazemos isso.

KEN MODE

Jesse Matthewson (guitarrista e vocalista do KEN Mode) – Entrevista feita em janeiro de 2015

Capitaneado pelos irmãos Jesse (vocalista/guitarrista) e Shane Matthewson (bateria) – alguém aí disse Van Halen e Sepultura? –, o trio canadense KEN Mode faz uma mistura de metal, hardcore e noise extremamente caótica e que parece ficar melhor com o tempo.

Criada em 2003, a banda canadense de Winnipeg só ficou mais conhecida do público do metal alternativo/hardcore nos últimos anos, quando passou a focar seus esforços totalmente em sua mais do que barulhenta música. O "ponto de virada" aconteceu principalmente a partir do disco *Venerable* (2011), produzido por ninguém menos do que Kurt Ballou (Converge). O álbum foi seguido por outros trabalhos elogiados, como *Entrench* (2013), com produção de Matt Bayles (Isis, Mastodon, Botch), e o mais recente *Success* (2015), que traz o lendário Steve Albini como engenheiro de som.

Em janeiro de 2015, pouco antes do lançamento de *Success*, pude ter uma conversa bastante agradável com Jesse Matthewson por telefone, na qual ele falou sobre o sonho realizado de trabalhar com Albini, como é tocar com o seu irmão, a importância do Nirvana na sua vida e sobre as bizarras confusões já feitas com o nome KEN Mode.

Vocês acabaram de gravar um disco novo com o lendário Steve Albini. Como foi essa experiência? Muito diferente do que tinham feito antes com o Matt Bayles (Isis, Mastodon) e o Kurt Ballou (Converge, Burning Love)?
Jesse: Foi um processo bastante diferente em relação aos anteriores porque o Steve só trabalha de forma analógica. E nós nunca tínhamos feito uma sessão analógica completa antes. Além disso, ele também prefere gravar todos os instrumentos completamente ao vivo. Quando gravamos a bateria em outras ocasiões, nós tocávamos juntos, mas essa nunca era a nossa gravação final. E gravamos tudo ao mesmo tempo com o Steve, o que deu uma vibração bem "ao vivo" ao disco. E o álbum definitivamente soa desse jeito.

E essa forma dele trabalhar afetou de alguma forma o som da banda? Ou as músicas continuaram como eram originalmente?

Acho que fizemos um esforço consciente para mudar o nosso som nesse disco, de qualquer maneira. Mesmo antes de decidir gravar com o Steve. Por isso, será interessante ver como as pessoas reagirão a isso tudo, já que é uma vibe totalmente diferente. É um som bem mais voltado para as nossas raízes, para o noise rock. Tem uma pegada "mais suja". Mas acho que tudo funcionou muito bem. Estou mais feliz do que jamais estive com outro disco nosso.

Na hora de escolher um produtor, vocês pensam que ele pode trazer elementos diferentes para a banda ou é mais um lance de ter uma experiência diferente e talvez também algo que já queriam fazer, como trabalhar com um nome lendário como o Steve?
Acho que é basicamente uma experiência diferente. As pessoas com quem trabalhamos foram escolhidas por conta de uma determinada estética que levaram ao projeto. E é legal ouvir a música que você criou passar pelo filtro de uma outra pessoa. Nenhum desses produtores realmente mudou como as nossas músicas soavam. Não era uma situação clássica de um produtor nos dizendo o que mudar e tal. Mas eles obviamente possuem os seus próprios estilos para abordar a gravação de um disco. E quando você escuta esses álbuns, consegue ouvir e entender que esse é um disco em que eles trabalharam. Especialmente um cara como o Steve, que possui um som bem definido.

Quando entrevistei o Neurosis, o Scott Kelly disse que eles gostam de trabalhar sempre com o Steve Albini porque se sentem em casa com ele. Para vocês, por outro lado, parece ser importante sempre trabalhar com pessoas diferentes. É isso mesmo?
Não necessariamente. Mas apenas parece ter acontecido de nós trabalharmos com uma pessoa diferente em cada disco. Existem tantos engenheiros de som de quem somos grandes fãs... É quase como se estivéssemos riscando os nomes em uma lista de desejos com pessoas com quem gostaríamos de trabalhar. Somos sortudos por conseguir fazer isso. Tem sido uma experiência muito legal poder conhecer esses artistas incríveis e trabalhar com eles.

E quem mais está nesta lista?
Eu adoraria trabalhar com o Andrew Schneider (Pigs) em algum momento, realmen-

te gosto da maneira como ele trabalha. Tirando isso, o Steve Albini era o cara com quem eu queria gravar desde os meus 12 anos, antes mesmo de ter uma banda.

Como foi o processo de composição para esse último disco?
De forma geral, as músicas são mais simples e "despidas". Mas em termos de realmente fazer uma preparação para o disco acho que nunca trabalhei tanto para me preparar para um álbum. Eu e o Shane provavelmente passamos por três ou quatro demos diferentes. Muitas músicas receberam várias abordagens vocais diferentes e eu realmente ajustei isso ao máximo. Então sabíamos o que estávamos fazendo quando chegamos ao estúdio para não perdermos tempo com o Steve. Me diverti muito trabalhando no álbum e fico feliz que tivemos esse tempo para fazer tudo. Nos focamos por cerca de cinco ou seis meses apenas em compor as músicas e preparar o disco. E acho que nunca fiz um álbum tão focado antes.

E você mesmo escreveu a maior parte do material?
Diria que escrevi metade (do álbum) sozinho e a outra parte eu e o Skot (Hamlinton, baixista) meio que fizemos umas *jams* com os *riffs* e então chamamos o Shane para fazer as linhas de bateria. O nível de envolvimento dos outros varia de disco para disco. Nós fizemos muitas sessões para compor com o nosso novo baixista, Skot. Mas eu também criei bastante coisa por conta própria, o que foi legal... Poder voltar para aquele lance em que toco o baixo por meio de um pedal de loop e toco a guitarra em cima disso para criar as músicas.

Vocês todos moram na mesma cidade atualmente?
Na verdade, não. Nós não temos um baixista que more na mesma cidade que eu e o Shane há uns quatro anos. O Skot, nosso baixista atual, vive em Saskatoon, que fica a cerca de oito horas de carro de Winnipeg. E o nosso baixista anterior, o Andrew (LaCour), vivia nos Estados Unidos.

Você mencionou o Shane há pouco. Por isso, queria saber: como é ter uma banda com o seu irmão? Vocês sempre tocaram juntos, desde pequenos e tudo mais?
Sim, toco com o Shane desde que começamos a aprender os nossos instrumen-

tos. Eu não poderia fazer isso sem ele. Se um dos dois quiser parar de tocar em algum momento, será o fim da banda. É ótimo ter o seu melhor amigo e alguém em quem você possa confiar absolutamente tudo na sua vida. Não conseguiria fazer isso de outra forma.

Falando em irmãos que tocam juntos, lembrei do Sepultura. Por isso, queria saber quais bandas e artistas brasileiros você conhece.
Acho que não conheço muitas bandas brasileiras. É óbvio que conheço o Sepultura. Até porque quem não conhece o Sepultura provavelmente esteve adormecido. O que mais? Ah, deu um branco sobre o nome daquela banda de black metal.

Sarcófago talvez?
Sim, é isso! Já ouvi o Sarcófago e acho que tenho um disco deles. Mas, além disso, acho que não há muitas bandas brasileiras, pelo menos que eu lembre de nome agora, que chegam até o Canadá. Você tem que me falar algumas depois (risos).

Você revelou numa entrevista que sempre é influenciado pelo que está ouvindo na época em que está compondo um disco. O que você estava escutando antes de gravar esse último álbum?
Antes desse último disco, eu estava ouvindo mais bandas canadenses de noise e punk, coisas como White Lung, Single Mothers, Death from Above, Greys, bem "grudentas" e fáceis de lembrar. E também muitas bandas que foram as minhas raízes na música quando eu ainda era um adolescente, como VSS, Circus Lupus, Nirvana, TAD, entre outras. Foi legal voltar no tempo e revisitar isso ao mesmo tempo em que prestava atenção nas bandas de noise mais interessantes do momento. Por mais que muita gente pare de prestar atenção em música nova quando ficam mais velhas, existem muitas coisas atuais que são muito, muito boas.

Quais bandas você considera como seus "espíritos irmãos", seja no Canadá ou em qualquer outro lugar do mundo?
Essa é difícil. Conheço bandas como Hark, do Reino Unido, eles sempre foram nossos amigos. Nos EUA, bandas como Whores e Fight Amp e até coisas mais metal como Atlas Moth. Vou acabar esquecendo alguém mesmo pensando sobre isso agora. Nós nunca realmente nos encaixamos em nenhum lugar. Porque não so-

mos uma banda de metal de verdade. Nem de noise rock ou hardcore. E acho que na maior parte do tempo isso torna difícil para as pessoas entenderem o que estamos fazendo. Mas definitivamente existem muitas bandas das quais nos tornamos amigos com o passar dos anos, mas ainda não somos a mesma coisa em termos de estilo. Algumas bandas canadenses como The Great Sabatini provavelmente são o mais perto de onde viemos – no passado, pelo menos. Não tenho ideia de como as pessoas vão reagir ao nosso novo disco. Quase sinto que ele se encaixa melhor com bandas como o Metz. Mas essa é apenas a minha opinião. Provavelmente ainda somos apenas pesados demais para todo mundo (risos).

Li uma reportagem na Forbes sobre como vocês lidam com a carreira do KEN Mode. A banda ficou mais conhecida do público nos últimos cinco ou seis anos, vamos dizer. Vocês tinham algum plano de "dominação mundial" ou algo do tipo, no sentido "Ok, agora vamos fazer isso"?
Na verdade, esse foi o plano. Em 2009, eu ia voltar a estudar porque estava cansado de trabalhar com contabilidade; eu odiava a minha mesa de trabalho. Enquanto isso, o meu irmão tinha acabado de ser designado como um contador público autorizado e, naquele momento, ele teria que arranjar um "trabalho de verdade", como um controlador de uma empresa ou algo do tipo. E nenhum dos dois realmente queria dar o próximo passo para aquele tipo de buraco de "pessoas normais". E os dois queriam tentar seguir com a banda para ver até onde podíamos ir. Porque sempre sentimos que éramos uma das melhores bandas fazendo o que fazíamos, mas ninguém nunca nos levou a sério porque éramos do "meio do nada" no Canadá e não fazíamos shows o bastante. Então decidimos dedicar tempo e esforços para divulgar o nosso trabalho e tocar o máximo possível para que as pessoas não tivessem outra escolha a não ser saber que nós pelo menos existíamos.

E quais foram os melhores momentos dessa jornada até agora?
Vencer o prêmio Juno no Canadá, que é basicamente o Grammy daqui, foi um momento bem legal. Tocamos em alguns festivais como o Hellfest, na França, e o Pitchfork, nos EUA. A nossa última tour norte-americana com o Russian Circles foi uma das maiores que já fizemos. Espero que a maior parte das melhores e maiores coisas ainda estejam por vir, mas nunca se sabe. Acho que o

novo disco é o nosso melhor trabalho e espero que as pessoas gostem dele. E estamos preparados para trabalhar o máximo que pudermos. Mas você não pode garantir nada nesta vida.

Você sentiu que as pessoas no Canadá passaram a levar a banda mais a sério após vocês vencerem o Juno?
Sim, acho que tivemos um tipo de "explosão" das pessoas nos reconhecerem simplesmente pelo fato de termos ganhado o Juno. Definitivamente isso nos ajudou no Canadá, mas também teve efeitos residuais. E depois acabou em uns seis meses, as pessoas pararam de se importar. Mas ainda é um bom assunto para conversas, por isso fico feliz que tenha acontecido (risos).

Queria saber três discos que mudaram a sua vida e por que eles fizeram isso.
Sem dúvidas o *In Utero* (1993), do Nirvana, foi o disco que mudou a minha vida. Nunca liguei para música antes. Ainda lembro o momento em que ouvi esse álbum, foi um dia depois do Natal de 1993, se não me engano. Ouvir a "Scentless Apprentice" aos 12 anos enquanto desenhava algo e ter algo na minha cabeça fazendo "clique"... Nada ficou numa boa depois daquilo. E foi tudo culpa do meu pai por ter me dado essa fita porque ele queria ouvir o disco (risos). Não sei realmente quais outros álbuns chegaram perto de serem tão influentes na minha vida. Acho que o *Reign in Blood* (1986), do Slayer, foi a primeira vez em que eu pensei que um disco de metal não era brega. E acho que isso aconteceu quando eu tinha 16 ou 17 anos. Então foi provavelmente um momento importante, apesar de eu ainda achar que o metal é bastante brega (risos). Cara, eu realmente não sei. Talvez o *Rock for Light*, do Bad Brains. Foi o provavelmente primeiro disco de hardcore que realmente causou um impacto e me fez olhar com atenção para as bandas do estilo. Eu já curtia coisas como Black Flag antes disso, mas sempre gostei mais das coisas mais obscuras deles. O *My War* (1984) foi o meu primeiro álbum do Black Flag que eu realmente gostei e não há como ninguém considerar aquilo um disco de hardcore (risos).

Voltando ao Nirvana. Foi depois de ouvir o *In Utero* que decidiu que queria tocar guitarra e ter uma banda?
É, esse foi o disco. Eu sabia que queria tocar música, mas eu ainda nem tinha

realmente aquele desejo forte de estar em uma banda. Mas acho que o Kittens, de Winnipeg, foi o que realmente me fez querer estar em uma banda porque eu queria fazer shows com eles.

Você comentou sobre o *My War*. Sei que o nome da banda (KEN Mode) foi tirado de uma música do Black Flag. É um nome diferente, que chama a atenção. Vocês já tiveram alguma confusão por causa disso?
Muita gente não entende o que o nosso nome significa. Muitos acham que é uma referência ao Ken e à Barbie ou a algum tipo de videogame. Alguns acham que é apenas o nome de um DJ. E é engraçado o fato de as pessoas criticarem o nosso nome até hoje porque elas não entendem o que significa. Não sei, só acho que isso é muito, muito estúpido. Considerando o número de bandas com nomes ridículos, é algo do tipo "Quem se importa com o nome da banda?". Uma das minhas bandas favoritas se chama Kittens.

Do que você mais tem orgulho na sua carreira?
De lançar um disco novo. É disso que mais tenho orgulho na minha carreira.

RESURGENCE BOOKING PRESENTS

LABIRINTO

EUROPEAN TOUR MAY 2015 w/ SPECIAL GUESTS THISQUIETARMY

MAY 07 - DUISBURG, GERMANY @ SECRET GIG	MAY 16 - ZOTTEGEM, BELGIUM @ DUNK! FESTIVAL	MAY 24 - BOLOGNA, ITALY @ FREAKOUT CLUB
MAY 08 - COLOGNE, GERMANY @ SECRET GIG	MAY 17 - GHENT, BELGIUM @ KINKY STAR	MAY 25 - MILAN, ITALY @ ROCK'N ROLL CLUB
MAY 09 - MAINZ, GERMANY @ BARON	MAY 18 - PARIS, FRANCE @ L'ESPACE B	MAY 26 - LJUBLJANA, SLOVENIA @ CHANNEL ZERO
MAY 10 - ROCHEFORT, BELGIUM @ CONGOLAND	MAY 19 - GENEVA, SWITZERLAND @ LA GRAVIÈRE	MAY 27 - MARIBOR, SLOVENIA @ GUSTAF PEKARNA
MAY 11 - AMSTERDAM, NETHERLANDS @ THE CAVE	MAY 20 - CHAMBÉRY, FRANCE @ LE BRIN DE ZINC	MAY 28 - BUDAPEST, HUNGARY @ DÜRER KERT
MAY 12 - HAMBURG, GERMANY @ MS STUBNITZ	MAY 21 - BULLE, SWITZERLAND @ EBULLITION	MAY 29 - BRATISLAVA, SLOVAKIA @ WHONEEDSLYRICS?! FESTIVAL
MAY 13 - OBERHAUSEN, GERMANY @ DRUCKLUFT	MAY 22 - WINTERTHUR, SWITZERLAND @ GASWERK	MAY 30 - PRAGUE, CZECH REPUBLIC @ KLUB 007 STRAHOV
MAY 15 - ZOTTEGEM, BELGIUM @ DUNK! FESTIVAL	MAY 23 - INNSBRUCK, AUSTRIA @ PMK	MAY 31 - BERLIN, GERMANY @ TIEFGRUND (HALLE)

POSTER BY ERROR-DESIGN.COM

CAPÍTULO 2
AMÉRICA DO SUL

Banda mais conhecida do Brasil e da América do Sul, o Sepultura obviamente marca presença no livro. Mas a banda dos Cavalera aparece aqui muito bem acompanhada pelos conterrâneos do Labirinto, com seu pós-rock/pós-metal instrumental diretamente de São Paulo, e pelos hermanos argentinos do Los Natas, provavelmente o nome mais importante do stoner/doom no continente.

IGGOR CAVALERA

Ex-baterista do Sepultura; atual Cavalera Conspiracy e Mixhell – Entrevista feita em dezembro de 2014

Um dos fundadores do Sepultura, maior banda de metal do Brasil e responsável por discos clássicos como Arise (1991), Chaos AD (1993) e Roots (1996), Iggor Cavalera também é um dos bateristas mais importantes e influentes das últimas décadas, com seu estilo próprio e cheio de referências tribais.

Após deixar o Sepultura em 2006, o músico decidiu focar seus esforços em novos projetos como o eletrônico Mixhell, com sua esposa Layma, e o Cavalera Conspiracy, em que ele e o irmão Max tocam músicas novas próprias e sucessos da sua antiga banda.

Em dezembro de 2014, tive a chance de bater um longo e agradável papo com o Iggor, quando relembramos o primeiro show do Sepultura (em 1984), sua relação com a música eletrônica, a influência do Neurosis no seu estilo de tocar e por que ele gostaria de trabalhar com o lendário diretor de cinema (e músico) John Carpenter.

Juro que não planejei isso, mas o dia de hoje marca 30 anos do primeiro show do Sepultura, realizado em 1984 – vi até uma reportagem sobre isso mais cedo. O que você lembra desse show?
Iggor: É, alguém também me mandou isso (uma reportagem sobre o assunto). É muito louco. Foi legal pra caralho, mas ao mesmo tempo ninguém entendeu. Quem tocou nesse show foi eu, meu irmão e o Wagner, do Sarcófago. Então foi louco porque o Paulo estava de férias da escola e ele sumiu, foi viajar. E um outro cara que tocava guitarra com a gente na época, a mãe dele não deixou ele ir no show. Sendo que o cara era bem mais velho que a gente. Era um cara que já tinha mais de 18 anos e a mãe dele não deixava ele sair à noite. E a gente, sei lá, tinha 12, 13 anos, e passava a noite inteira fora, vendo, zoando. Então era bem bizarra a cena. Mas foi legal o show, era um show abrindo para o Overdose. E eu lembro que os caras falaram "Ah, vocês querem tocar junto com a gente?". E naquela época ninguém deixava a gente tocar em lugar nenhum. A gente tocou depois do Overdose e todo mundo foi embora quando a gente começou a tocar. Acho que tinha um punk e um skinhead, que estavam perdidos em BH, que nem eram de lá, e gostaram do show. Até os nossos amigos falaram "Pô, foi

uma merda, foi horrível esse show". E a gente gostou pra caralho. Então foi uma situação bem estranha. Porque todo mundo ficou malhando, metendo a boca, mas a gente achou legal. E tinha uns caras lá que acharam interessante o que a gente estava fazendo. Outra coisa legal desse show é que os donos da Cogumelo, o João e a Pati, também estavam lá. Aí eles falaram, "Pô, que demais. Vamos fazer alguma coisa, vamos ver se a gente faz esse split aí com o Overdose". E isso rolou depois que eles viram o show. Então, querendo ou não, esse show tem um lance histórico legal, já que rendeu toda a história com a gravadora.

Entendi. E, curiosamente, tinha aí o Overdose e o Sarcófago envolvidos, que foram bandas com quem vocês tiveram algumas tretas depois.
A gente era moleque, então tretava com todo mundo. Era meio aquela coisa de um falar mal do outro, coisa de 15 anos de idade, de escola mesmo. Então essas tretas nunca foram assim muito sérias. Outro dia até vi alguma coisa de uns caras lá de Belo Horizonte que achavam que a gente tinha uma conspiração contra as outras bandas. Putz, mano, como assim? Como é que a gente vai parar o que a gente está fazendo para conspirar contra os outros? Nem tem como, tá ligado? Então era até engraçado de ver esse tipo de coisa, porque era coisa de moleque mesmo. Até as brigas que rolaram na época, se não fosse por banda, se a gente não tivesse banda, a gente teria tido essas mesmas tretas por causa de mulher ou futebol, sei lá. Então eu vejo muito mais como uma coisa de adolescente, do que uma treta de verdade, do tipo "os caras se odeiam" ou "aquela banda é isso ou aquilo". Éramos uns moleques falando bosta um do outro, aí uma hora a gente se encontrava e saía umas tretas.

Pois é, algo que faz sentido mesmo.
E era uma época diferente também. Não existia o teclado pra você ficar falando merda, tinha que falar na cara mesmo. Então era engraçado porque tinha muito mais confronto. Até estava pensando nisso outro dia: antigamente os moleques vinham bater boca porque você fez isso ou aquilo ou porque a banda se vendeu e hoje em dia não existe mais isso. Hoje o cara comenta ali no YouTube e descarrega tudo que tinha que descarregar. E é isso, o cara te vê depois e até te cumprimenta. Acho que acabou um pouco esse lance do confronto, até mesmo do confronto verbal. Por conta da pessoa meio que sentir algo do tipo "Ah, já

falei ali. Todo mundo vai ver ali na seção de comentários, melhor ainda.". É uma realidade meio triste (risos).

Você está em Londres há cerca de um ano, certo? Como rolou de ir morar aí?
Em setembro do ano passado (2013), a gente veio tocar no Glastonbury (festival) com o Mixhell e aí a gente fez um outro festival chamado Bestival. E na sequência disso a gente já mudou, ficou por aqui. E agora estamos começando a trazer os filhos pra cá e tal. Nós tivemos um período para se adaptar um pouco e agora estamos focados em ficar aqui.

E por que a escolha por Londres? Você já tinha uma história com a cidade? Ou é mais pelo fato de aí rolar uma cena eletrônica forte?
Tem a ver com o lance da cena eletrônica, com certeza. Mas também tem a ver com a língua. Principalmente a gente que tem filho e tal, para eles virem pra cá pra estudar. Lógico que a gente também acha a cena de Berlim legal pra caramba, mas seria muita loucura levar os filhos para estudar alemão. Ou até mesmo uma escola bilíngue, que fosse alemão e inglês, por exemplo. Com os filhos vindo do Brasil, acho que seria muito nó na cabeça deles. Então acabou sendo Londres mais por conta disso também. Mas é lógico que a cena eletrônica aqui de Londres dita a regra para o mundo inteiro. Então o que acontece em Londres acaba sendo seguido até pelo pessoal de Berlim, que é o pessoal mais "cabeçudo". Mas, se fosse só eu e a Layma, não sei se a gente estaria só em Londres ou se a gente teria pesquisado mais cidades.

Você acha que hoje em dia os fãs de metal, que te acompanhavam no Sepultura, entendem melhor o que você faz atualmente? Acho que até pouco tempo atrás muita gente nem sabia que você tocava bateria com o Mixhell, o que parece estar mudando.
Acho que sim. Acho que ficou um pouco mais claro o que eu faço. No início era muito difícil, até para o pessoal entender, muito por conta do Mixhell não ser um projeto muito definido. Tem a história que a gente faz os shows com batera e sintetizador, mas às vezes a gente acaba tocando como DJ set mesmo e muita gente acha que é só aquilo ou é só o outro, que a gente só vai tocar de DJ. Então é um pouco confuso. Mas acho isso legal também, pois vai mudando conforme

a situação. Creio que hoje em dia a galera está entendendo um pouco mais. E também não é uma coisa que eu quis forçar. Principalmente para o fã que me acompanhava da época do Sepultura; nunca quis forçar uma situação de colocar esse cara para ouvir o Mixhell. Ou até mesmo aquela coisa meio Suicidal Tendencies/Infectious Grooves, de tocar no mesmo lugar e o fã vê o cara com uma banda e depois com a outra. Sempre tive um pouquinho de pé atrás com isso. Acho que eles (os projetos) ainda são bem diferentes. Penso que não é interessante o Mixhell abrir ou fechar um show do Cavalera Conspiracy. Acho que não tem muito a ver, tem que ser uma coisa mais natural. Se o cara gosta, ele vai ver o que faço do lado mais experimental. E se ele não gosta, também tá tudo certo. Não quero forçar.

Como você teve a ideia de levar a bateria para os shows/live sets do Mixhell? Não sou um grande conhecedor de música eletrônica, mas confesso que nunca tinha visto algo nessa pegada, um artista eletrônico com uma batera da maneira como você toca.
Eu também tinha um puta pé atrás com o lance da bateria porque no fim dos anos 1980 tinha umas coisas meio trance que os caras convidavam uns percussionistas para fazer uns lances em cima de música eletrônica. E eu achava isso muito ruim. Porque o cara ficava fazendo, sei lá, umas brincadeirinhas em cima da base. E eu falava, "Puta, não é isso, cara". Pra mim, isso não tem a ver com o que eu faço. Então demorou um tempo pra gente achar como fazer isso de uma forma que ficasse legal para mim e também para o projeto. A gente foi limpando, trabalhando bastante em estúdio, limpando as bases, para a bateria ter realmente um sentido e para que eu não ficasse ali tipo um "macaco no espelho" tocando a bateria sem ninguém ouvir nada. Por isso, demorou um pouco mais para chegar nesse ponto. E acho que, como a música eletrônica é muito feita em cima do bit, que já é uma coisa muito processada, com compressão e um monte de coisa para jogar no PA... acho que as pessoas ficam também com um pouco de medo de tocar bateria em cima disso. Então já vem com a parte da bateria mais ou menos mixada quando vai tocar ao vivo. Na maioria dos lives que eu vejo, a bateria é mais programada e o cara faz uns synth em cima, ou até mesmo pode jogar uns lances de voz ou guitarra. Mas a bateria já é meio preparada para o lance, não fica tão solta quanto é no Mixhell.

E como rolou de você começar nesse lance de DJ, você teve que voltar a "estudar"? Pelo que eu li, tem até uma história curiosa sobre a primeira vez em que você foi convidado para tocar em uma festa em SP, levou uns discos de hip hop mexicano e ninguém curtiu.
Tem fundamento essa história. Era um lance que rolava em SP que chamavam o pessoal de banda para tocar nos lugares. Então o Gordo (Ratos de Porão) tinha uma noite na D-Edge, que era a On The Rocks, de segunda-feira. E a mina que fazia essa noite do Gordo me chamou um dia. Ela falou, "Pô, não quer fazer uma noite lá?", e eu concordei na hora. Mas ela não especificou nada, só falou "Ah, você vai tocar um som que você curte". E aí eu fui tocar na D-Edge e pensei em mandar uns sons que acho legais. E levei uma caralhada de disco só de hip-hop mexicano. E, como era noite de rock, o pessoal odiou, todo mundo achou uma merda o que eu estava fazendo. Porque era uma noite que o cara saía só pra ouvir rock e não queria ouvir hip-hop. Mas, por outro lado, isso me atraiu muito, porque senti que tinha uma coisa muito de improviso no lance de discotecar. E logicamente que você fica um pouco mais preso com banda, um lance mais previsível até certo ponto. Foi esse lado do improviso que me atraiu. O lance de você poder fazer um lance legal ou fazer um monte de inimigo numa noite. E eu estava meio que nessa vibe do outro lado, de fazer uns inimigos. Até pensei: "Isso aqui é legal pra caralho, ninguém tá esperando o que você vai tocar". E aí, com o tempo, acabou virando o projeto Mixhell, depois que eu e a Layma fomos trocando ideias até "virar" mesmo. Mas inicialmente era uma coisa bem tosca.

Como você entrou nesse lance de música eletrônica? Foi pelas bandas de industrial que você ouvia na época do Sepultura, como Godflesh e Ministry, ou foi mais direto pelo "eletrônico puro"?
Então, eu já gostava bastante. A gente fez uma tour com o Ministry, e eu achava do caralho o lance dos caras terem duas baterias, uma programada com uns sons eletrônicos e a outra acústica. Lógico que ali por 1989/1990 a gente também viu o Godflesh, que tocava sem bateria (acústica) ao vivo, só com as baterias programadas. Isso tudo eu sempre achei muito legal e tentava trazer um pouco para o Sepultura, principalmente a partir do *Chaos AD*. Sempre tentava mudar um pouco da parte da bateria, tendo umas programações e adicionando umas coisas de sample com o lado acústico. No Nailbomb a gente também fez um pouco disso,

então já tinha essa ligação de alguma forma com a música eletrônica. Não necessariamente dance music, mas do que estava rolando de som eletrônico, desde o hip-hop até o industrial, passando por várias coisas mais experimentais.

Há alguns anos você falou que o Justice, aquele duo francês eletrônico, representava meio que um renascimento do Sabbath, algo como o novo metal. Você ainda pensa assim?
Então, eu fui em um show do Justice que pra mim foi como se eu estivesse em um show de metal. Os moleques batendo cabeça com o som dos caras. O lance do Sabbath era mais pela parte visual, pelo fato dos caras usarem aquela cruz e todo mundo meio que ficar "pirando" no lance. Então isso teve a ver pra caralho. Eu não diria que é um renascimento, mas sim o lance de você ver um público novo agitando como se fosse um show do Slayer. Eu até vi o Slayer um tempo depois, no Via Funchal, e o público estava mais devagar do que no Justice, os moleques estavam só vendo o Slayer. Foi muito estranha essa época porque parece que deu uma acalmada de certa forma. O público metal estava mais na boa. Acho que hoje em dia não, já está voltando toda essa história do revival de thrash, essa coisa meio oitentista, o público voltando a fazer o lance de mosh pit e tal. Mas, durante uma época, ficou um pouco devagar.

Naquela época você parecia estar um pouco cansado do metal. Mas agora você e seu irmão são mais próximos de bandas como Mastodon, Converge e Dillinger Escape Plan. É possível ver essas bandas como o futuro do metal, apesar de eles já terem um bom tempo de estrada?
Eu acho que sim, cara. Acho que pelo fato de eles terem a cabeça um pouco mais aberta, tem mais a ver com o que a gente buscava até com o Sepultura ou com o Cavalera Conspiracy. Essas bandas que você citou, e mais algumas outras, têm um pouco mais esse lance de ter a cabeça aberta, principalmente o Dillinger que tem essa coisa que às vezes é até meio difícil de colocar um rótulo no que eles estão fazendo. E eu acho que isso é bem legal.

No meu primeiro livro (*Nós Somos a Tempestade*), muitas das bandas entrevistadas falam do Sepultura, seja da turnê com o Ministry que você falou antes, ou o Cave In lembrando de ouvir o *Roots* na estrada. Ou até mesmo o Wino

dizendo que viu vocês "destruírem" o Pantera na tour do *Chaos AD*. O Sepultura sempre transitou muito bem tanto pelo lado mais alternativo do metal quanto pelo lance mais tradicional. Como você vê isso, essa importância da banda, principalmente quando você e seu irmão estavam juntos?
Eu acho que é meio isso que eu estava falando. Essas bandas que você citou já conseguiam ver o que a gente estava buscando. No *Chaos AD*, no auge do que a gente estava fazendo em termos de metal, a gente chamava uma banda como o Fudgne Tunnel pra abrir os shows, que era praticamente um pré-grunge com uma pegada mais pesada. Então eu acho que isso é legal pra caralho, de ver que os caras – no começo dessas bandas – estavam sentindo que tinha essa vertente querendo fazer uma coisa que não era totalmente tradicional. E é bem legal ver isso. Hoje eu consigo ver um pouquinho disso nessas bandas... Falando mais na atitude do que no som – porque não sei exatamente se eles beberam ali na fonte do Sepultura. Mas na parte de buscar coisas diferentes acho que tem a ver sim.

As pessoas sempre falam: "O Sepultura influenciou o new metal e não sei o quê". Mas, na verdade, vocês influenciaram praticamente todo o metal americano dos anos 1990 pra frente.
Sim, mas é porque o new metal ficou mais em evidência, eu acho. Agora tem muita gente descobrindo [o metal alternativo] porque essas bandas [DEP, Converge e Mastodon] estão ficando com um nome mais forte. Por muito tempo, elas foram bem underground, vamos dizer. E o new metal apareceu com aquela coisa horrível, tipo o Limp Bizkit, mas que ficou gigante nos EUA. E aí todo mundo falava: "Não, os caras do Sepultura meio que começaram essa história com o *Roots*". E aí os caras levaram para essa coisa mais pop.

E tinha alguma banda dessa "cena" que você curtia, tipo o Deftones que sempre foi mais diferente?
O Deftones eu acho legal pra caralho e eu nem consigo vê-los nesse lance new metal. Acho que eles caíram de paraquedas no meio da cena pelo fato de eles serem amigos dos caras do Korn e terem feito turnê junto e tal, mas o som deles não tem tanto a ver com o lance do new metal. Acredito até que o Slipknot é mais new metal, porque eles têm todo esse lance de ter uma imagem meio satânica, mas tem uma musiquinha que toca no rádio.

O Max falou em uma entrevista recente que aquela pegada mais tribal, que surgiu a partir do *Chaos AD*, veio pelo Neurosis, que você conheceu primeiro e levou para o Max e para o som da banda. Foi isso mesmo?
Foi sim, principalmente no lance de tocar ao vivo. Eu lembro que vi o Neurosis há muito tempo. Foi um show em San Francisco que eu fui com o Mike Patton. E vi o lance dos caras usarem uns tambores, uns tons e eu pensei: "Mano, isso aqui é muito foda". A gente nem pensava em fazer isso, então foi total influenciado pelos caras. E aí teve até uma história interessante quando a gente estava na turnê do *Chaos AD* com o Clutch. O Clutch abria pra gente e o Neurosis tocou no mesmo lugar, mas em uma outra sala. Então a gente estava na sala principal e o Neurosis como se fosse no "lado B" do lugar. E aí os caras do Neurosis falaram: "O nosso show vai até mais tarde. Então, quando acabar o show de vocês, vamos lá no palco, vamos fazer alguma coisa". E aí eu chamei o batera do Clutch, o Jean-Paul (Gaster), e falei: "Cara, vamos fazer uma jam com o Neurosis porque eles têm uns tons no palco e tudo mais". Aí eu levei o Jean-Paul e falei com o Scott Kelly, do Neurosis, pra gente fazer um lance no fim [do show]. E ele falou: "Ó, o fim do show vai ser só batera. Só batera e barulho. Então fica pronto aí". Quando chegou no fim do show do Neurosis, a gente começou a tocar os tons, eu e o Jean-Paul. E, na boa, acho que a gente ficou umas duas horas tocando. O lugar acendeu a luz, queriam mandar todo mundo embora. Aí devia ter umas 10 pessoas, até uns caras e umas minas tiraram a roupa, ficaram pelados; era um loop de um lance eletrônico deles, só com a batera em cima e não parava o negócio. No outro dia, eu lembro que cruzei o Jean-Paul e ele estava com a mão cheia de bolhas. Ele falou: "Cara, nunca toquei bateria tanto tempo" (risos). Porque a gente ficou duas horas fazendo a jam com os caras do Neurosis.

Vocês acabaram de lançar o disco novo do Cavalera Conspiracy, o *Pandemonium*. Mas eu lembro de uma entrevista sua para o Lúcio Ribeiro, em que você falava que o James Murphy (LCD Soundsystem) tinha te procurado para produzir um disco da banda, o que acabou não rolando até agora. Isso ainda pode acontecer?
A ideia é um pouco louca e até ficou difícil do pessoal entender. Porque o James queria fazer um lance que fosse só eu e meu irmão, apenas batera, guitarra e voz. E eu falei: "Do caralho. Mas eu acho que isso tem que ser um outro projeto porque

o Cavalera já tem uma história". Conversei com o Max e a gente tem um plano de fazer isso no futuro, mas com um outro nome. Então é uma coisa que pode acontecer, não tem nada marcado de estúdio nem nada. Mas a gente quer fazer virar alguma hora. E seria talvez o lance de fazer apenas um EP com algumas músicas e fazer só esse lado mais cru mesmo, mas sem ser o Cavalera Conspiracy.

E você acha que o *Pandemonium* é o melhor disco do CC?
Putz, não sei. Ele saiu meio sem querer. Não teve um plano meu e do Max de fazer um disco mais rápido ou mais agressivo do que os outros. Fomos para o estúdio com a mesma cabeça que fomos nos dois primeiros discos... E aí a diferença foi que eu peguei as demos que tinham uns *riffs* do meu irmão e falamos: "Vamos matar umas três, quatro músicas rápidas primeiro?". E aí quando terminamos essas músicas, o meu irmão falou "Vamos fazer só rápido. Vamos até o fim do disco só fazendo som rápido". E isso mudou um pouco a história, mas eu não sei se é o mais legal ou não. Gosto pra caralho dele. Mas acho que o teste de fogo do disco é quando a gente toca ao vivo. E a gente não fez isso ainda, então é difícil pra mim falar se é o mais legal que a gente fez. Acho que só vamos saber depois de uma tour.

O Max disse recentemente que vocês estavam pensando em gravar o próximo disco do CC com o Kurt Ballou, do Converge. Procede essa informação?
Sim, a gente pensou em talvez fazer um EP, meio na pegada do *Haunting the Chapel* (1984), do Slayer, algo como umas três músicas. E eu mostrei para o meu irmão algumas coisas que o Kurt produziu e ele pirou, falou algo como "Nossa, eu não sabia que esse cara era tão foda". Então a gente realmente tem um interesse em fazer alguma coisa com ele.

Ainda falando de produtores. Você já trabalhou com vários caras famosos e até lendários, como o Scott Burns e o Andy Wallace. Tem algum que você acha que ainda falta na sua lista?
Putz, eu queria fazer algumas coisas, mas de repente mais experimentais. Produtor de rock/metal eu não sei se tem ninguém na minha cabeça que eu acharia legal fazer. Mas do lado mais experimental acho que o John Carpenter. Eu peguei uns sons desse disco novo dele, que tem umas paradas mais de trilha sonora,

e acho que seria do caralho ele produzindo uma banda. Eu não sei se ele já fez isso antes, mas é um cara que tem uma pegada muito foda. E o último som que ele soltou tem até muito a ver com o que a gente tá fazendo hoje com o Mixhell.

O Max lançou uma biografia (*My Bloody Roots*) e o Sepultura está para lançar uma biografia oficial da banda. Você chegou a se envolver com esses projetos de alguma forma?
Não. Na verdade, nem com a biografia do meu irmão. Eu fiz apenas uma entrevista pequena para o livro do meu irmão. O cara que estava escrevendo me ligou e a gente se falou uma vez só pelo telefone. Mas sei lá, acho que vão ser várias histórias. E eu até falei isso com algumas pessoas que ficaram meio putas com o meu irmão, que ele escreveu isso ou aquilo. Eu falei: "Cara, você podia estar no mesmo lugar que o meu irmão e ver uma outra coisa. É a visão dele, não é a minha, nem a sua e nem de outra pessoa". Então acho que não dá pra ficar julgando muito porque é um outro entendimento do que estava acontecendo.

E você pensa em fazer uma biografia sua?
Hoje em dia não. Não acho tão legal. Eu pensei outro dia que seria legal talvez pegar um diretor muito louco e tentar fazer um filme mesmo. Pegar uns moleques pra meio que retratar o que a gente passou, mas em forma de filme, meio Jodorowsky, uma coisa bem bizarra. Mas não uma coisa bonitinha de Hollywood, mas pegar uns moleques pra fazer o papel da banda. Eu acho muito chata a maioria dos documentários que eu vejo. É tudo muito certinho, muito bonitinho. E as pessoas tentam ser o mais politicamente corretas possível nos documentários, então é muito chato.

Queria saber três discos que mudaram a sua vida e por que eles fizeram isso.
É lógico que vou falar aqui e depois vou lembrar de mais três quando desligar e vou ficar lembrando um monte depois. Mas vamos lá. O primeiro do Black Sabbath (auto-intitulado, lançado em 1970) logicamente, até hoje. Eu não sei o que os caras fizeram naquele disco, mas tem uma sonoridade que mexe pra caralho comigo.

Como citei antes na entrevista, o *Haunting the Chapel* (1984), do Slayer. Mais até do que o *Reign in Blood* (1986). Todo mundo fala do *Reign in Blood*, mas pra mim o *Haunting the Chapel* é o disco que mostrou ali um outro lado do Slayer, sabe? O *Show no Mercy* (1983) ainda era meio bonzinho.

E outro disco que mudou [a minha vida] seria o primeiro do Dead Kennedys (*Fresh Fruit for Rotten Vegetables,* 1980), que é um dos poucos que eu ouvi na época e falei "Não sei o que esses caras estão fazendo". E aí demorou umas três vezes... e quanto mais eu ouvia, mais eu achava louco. E via também que a vibe dos caras era muito diferente de tudo, principalmente do que a cena punk estava fazendo, que era praticamente uma trilha-sonora para as letras do Jello. Lógico que tem bem mais discos, mas esses são os três que dá pra citar assim "de prima".

Falando nisso, quais eram suas influências quando você começou a tocar bateria? Moleque tem muito disso: "Ah, quero ser esse cara X".
Eu gostava pra caralho do Bill Ward, do Sabbath. Também pelo fato de todo mundo só focar no John Bonham, que é lógico que é um cara muito foda e ninguém pode tirar isso, mas eu acho que o Bill Ward tinha uma pegada um pouco mais... não sei, um pouco mais punk. O John Bonham tinha muito mais suingue, com aquela coisa do rock, e o Bill Ward era muito tosqueira. Acho que foi o primeiro batera que eu vi e falei "Mano, eu quero fazer isso. Quero tocar igual esse cara". E tem até uma história bem louca com o Bill Ward. O meu irmão foi fazer um Ozzfest com o Black Sabbath e o Bill Ward estava tocando na época. E aí o Zyon, que é o filho do Max que tá tocando no Soulfly, pediu para o Bill Ward para ficar vendo ele tocar toda noite. E aí colocava uma cadeirinha do lado do roadie e falava pro Zyon sentar lá e ficar vendo porque a melhor escola é ficar vendo o que os caras fazem ao vivo. E o Zyon ficou praticamente a turnê inteira nessa, ia e sentava e ficava vendo o cara tocar. Aí meu irmão falou que em um dos últimos shows não tinha mais a cadeira pro Zyon sentar. E depois desse show o Bill Ward veio falar com o Zyon e falou "Ó, você já me viu bastante. Agora você tem que pegar essa cadeira e ir ver o seu tio tocar". Aí o Zyon ficou meio assim e meu irmão falou "Caralho, velho". E quando o Max me contou, eu falei "Não, você tá me tirando" (risos).

Como foi quando vocês conheceram os caras do Black Sabbath pela primeira vez? Foi naquele show da Califórnia que vocês abriram e rolou a treta do Dio sair de última hora e eles chamarem o Halford?
Putz, acho que a gente tinha conhecido os caras antes. Mas teve mesmo esse

festival aí que teve umas tretas e o Halford cantou. E depois a gente conseguiu fazer uns outros shows com eles, de coincidir em festivais e tudo mais. Mas acho que se bobear foi nesse aí do Halford mesmo que a gente cruzou com os caras pela primeira vez.

E desses caras de bandas que vocês conheceram, rolou alguma surpresa com um ídolo ou algo assim? Qual foi o mais doido/bizarro?
Ah, não sei de ser ídolo assim, mas um dos caras mais loucos acho que foi o Al (Jourgensen), do Ministry. O cara é muito maluco, velho. Não dá pra entender como é que o cara tá vivo. Não sei como ele chega nos lugares. É um dos caras mais loucos que a gente já conheceu em tour.

Recentemente você fez uma playlist para o Metal Sucks e eu reparei que tinha algumas bandas novas, como o Full of Hell e o Code Orange Kids. O que você tem ouvido ultimamente? Tem ouvido bastante coisa nova?
Não bastante, mas quando eu fiz aquela playlist acho que eu estava pegando algumas coisas assim. Esse novo do Full of Hell com o Merzbow é muito foda, achei do caralho o que eles fizeram, é muito, muito animal. Essa é uma das bandas novas mais legais. Do Code Orange Kids acho que eu gostei mais da produção do que do som em si. Eu fiquei muito impressionado com a parte da produção. Fiquei muito impressionado com o som que o Kurt Ballou tirou dos caras, achei muito foda. Tanto que eu não sei como seria um show deles, nunca vi ao vivo. Mas os vídeos que eu vi do Full of Hell no YouTube... é destruidor o que os moleques fazem. Acho muito foda.

Aliás, o Max tirou uma foto com eles recentemente. Acho que eles foram em um show do Soulfly ou algo assim.
(Risos) É, meu irmão já tinha me falado, mas ainda não tinha escutado. E o pessoal da gravadora me mandou um pacotão cheio de coisas e aí tinha o disco deles, dei uma ouvida e falei "Caralho, isso aqui é muito foda". E alguém me mandou um link deles ao vivo e eu achei mais foda ainda.

Falando em coisas atuais, queria saber sua opinião sobre compartilhamento de arquivos na Internet. Porque o Sepultura ainda pegou aquela fase de ouro

das gravadoras, quando todo mundo comprava disco e tudo mais.
Eu acho normal a molecada baixar os discos. Eu baixo coisa pra caralho, sabe? Tem coisa que eu não consigo achar pra comprar do jeito que eu quero. Lógico que ainda compro muito disco de vinil, mas baixo música sim. O que eu não acho legal é um cara que, sei lá, gasta 5 dólares num aplicativo de peido ou de piano com peido no smartphone, mas não tem a manha de gastar a mesma grana num disco que pode mudar a vida dele. Como foi esse primeiro do Black Sabbath comigo. Ou o Slayer mesmo. Então é isso que me incomoda mais do que o cara baixar a música. É esse lance dos valores ficarem um pouquinho distorcidos. O cara acha legal gastar 10 dólares num café hipster, mas não gasta em um disco. Essas coisas me deixam mais incomodado do que a pessoa ir lá baixar o disco e foda-se.

Queria saber do que você tem mais orgulho nesses seus 30 anos de carreira?
A única coisa que dá pra me orgulhar de verdade é o fato de a gente conseguir sustentar a nossa família com o que a gente faz. Pra mim, isso é o mais importante e a coisa mais foda que você pode fazer é conseguir fazer o que você gosta de verdade e manter isso de uma forma que você coloca comida na mesa dos seus filhos. Ou ajuda seus pais, ou algo assim. O resto é tudo fase. Tem fase que é alta, tem fase baixa. O show é legal. Mas às vezes o show é legal pra caralho, mas você fica viajando e sem dormir, o que é uma merda. Mas é um monte de coisa. Não tem tudo legal ou tudo ruim. Acho que é tudo meio que balanceado. Mas orgulho de verdade é isso: poder mostrar para os meus filhos que se você fizer o que você curte... E também trabalhar pra caralho, é lógico, porque não existe ficar achando que as coisas vão cair do céu. Enfim, mostrar que dá pra fazer isso de verdade.

LABIRINTO

Erick Cruxen (guitarrista do Labirinto), Muriel Curi (baterista do Labirinto) e Ricardo Pereira (baixista do Labirinto) - Entrevista feita em fevereiro de 2016

Na ativa desde 2004, o Labirinto passou por fases e formações diferentes, incluindo diversos EPs e splits, até lançar o seu primeiro disco full-length *Anatema* (2010), quando parece ter encontrado o seu som. De lá pra cá, o quinteto de São Paulo estabilizou sua formação e conseguiu um currículo de respeito, incluindo um split com o canadense thisquietarmy (em 2013) e inúmeras turnês nos EUA e na Europa, com duas participações no icônico Dunk!Festival, na Bélgica, maior festival de pós-rock/pós-metal do mundo.

Nos últimos dois anos, o Labirinto focou seus esforços em compor e gravar o seu segundo full, *Gehenna* (com lançamento previsto até o fim de 2016), que deve levar a banda um degrau acima. Com um som ainda mais denso e pesado, o disco conta com produção do lendário Billy Anderson (Neurosis, Eyehategod, Amenra).

Na entrevista a seguir, Erick (guitarra) e Muriel (bateria), que estão na banda desde o início, e Ricardo (baixo), falam como foi trabalhar com Billy no disco, relembram como era a cena alternativa de SP, explicam por que nunca quiseram ter um vocalista e contam como foram recebidos nas turnês fora do Brasil.

O Labirinto já passou por diferentes fases desde que começou em 2004. Qual você acha que foi o ponto de virada para a banda?
Erick: É até engraçado pensar que a banda já tem uns 11, 12 anos. Mas para mim a banda só virou o que é o Labirinto mesmo por volta de 2008, 2009. Porque antes eu não tocava guitarra na banda, tocava baixo. Tinham outros guitarristas. Com o tempo, passei a tocar baixo em algumas músicas e guitarra barítono em outras. O lance é que os outros guitarristas não conseguiam fazer as coisas que eu pensava. Nessa época já ouvia muito Godspeed You! Black Emperor, Neurosis, Isis, coisas da Hydra Head e da Relapse e falava "Vamos tentar fazer uma guitarra nesse estilo". Mas como eu tocava baixo, ficava muito limitado nesse sentido, parecia que ficava querendo me meter. Aí decidi que era hora de tocar guitarra (risos). Disso surgiu o *Anatema* (2010). Na verdade, eu conto o *Anatema* como a primeira gravação de verdade do Labirinto. A gente nem tem os outros discos.

Mas vocês não têm nenhuma cópia mesmo?
Muriel: Não (risos). A gente tem em algum HD, mas nem sei se é a versão final que foi para o CD ou alguma anterior.

E essa formação atual está junta desde quando?
Muriel: Tirando eu e o Erick, o Ricardo e o Luis entraram entre 2011 e 2012. Tem também o nosso amigo e que foi o primeiro guitarrista da banda, lá atrás, em 2005, que é o Richard. No split com o thisquietarmy (2013) ele já contribuiu com algumas ideias de percussão, e agora no *Gehenna* novamente gravou várias ideias conosco.

Vocês já estão na ativa há mais de 10 anos. Como foi o início da banda? Como era a cena alternativa local na época?
Erick: Acho que eu e a Muriel principalmente vivemos em uma época muito legal que foi a metade, final dos anos 1990. E São Paulo tinha várias coisas acontecendo no underground: tinha o movimento straight edge muito forte, com as Verduradas e bandas de hardcore, muitas com influências de metal. E também tinha um pessoal que queria fazer um lance que vinha de Washington, mas de outra época. Umas coisas mais quebradas, que a gente chamava de "cabeçudo", bandas como Hurtmold, Diagonal, Echoplex. E lembro até que foi um negócio meio histórico uma edição da Verdurada, que normalmente só tinha as bandas mais ligadas ao evento. E acho que o Diagonal tocou nesse dia, e todo mundo parou pra ver. Lembro do pessoal comentando: "O som tem influência disso, daquela banda gringa que também gosto". Foi um acontecimento. Eu tocava em uma banda de hardcore/metal, o Dissentiment, que também tocava nesses eventos. A Muriel, o Ricardo e o Luis também tocavam com outras bandas. A gente viveu essa época que foi muito bacana e produtiva. E várias bandas que apareceram um pouco depois, no começo dos anos 2000, como o próprio Labirinto, surgiram desse meio. Quando a gente começou, era bem diferente para uma banda instrumental. Porque o pessoal ainda estranhava muito, muita gente dizia "Mas como assim não tem vocal?".

E vocês nunca pensaram em ter vocal na banda?
Erick: Como a gente não sabia cantar, ninguém cantava, nem fazia letra, criamos o Labirinto sem contar com o vocal. Mudamos o enfoque em relação às

nossas antigas bandas e gostamos. A gente viu que a voz limitava muito o som, pelo menos para o que fazíamos.

O Pelican lançou um EP com vocais em 2015. Vocês já pensaram em fazer isso? Talvez algo especial, sem necessariamente ter um vocalista fixo na banda...
Erick: Até pensamos em fazer isso, ter uma música com vocal no disco novo. Não apenas por ter, mas porque a gente ouviu e pensou que realmente cabe um vocal. Talvez as composições novas funcionem mais nesse sentido. Até algumas pessoas que já ouviram essas músicas falaram isso, algo como "Ah, imagino um vocal aqui ou ali". O próprio Billy (Anderson, que gravou o disco) falou "Eu podia gravar um vocal aqui" (risos). E aí pensamos de talvez testar isso. Porque a gente usa voz, mas mais como um instrumento, com vocoder, muita coisa que a Muriel grava e processamos com efeitos.

Muriel: Mas nunca aquela coisa mais na cara, com letra e tudo mais.

Vocês foram uma das primeiras bandas do Brasil que eu vi usando projeção de vídeos nos shows. De onde veio a influência para fazer isso? Talvez do Neurosis?
Muriel: Não, não. Assim, eu venho das artes plásticas e desde o começo isso sempre foi um desejo muito grande, algo como "A gente tem que ter projeção no show". Porque eu tinha na cabeça que o show não é só a música, é toda a experiência. Começamos a fazer quando teve condições de ter projetor no show. Nos shows menores, por exemplo, não rolava. Não lembro exatamente a primeira apresentação em que usamos projeção, mas foi por volta de 2008, 2009, perto do *Anatema*. Foi quando eu comecei a fazer, mas nem me baseio muito em outras bandas.

Erick: E tinha um lance também que o pessoal relacionava muito o Labirinto a trilhas de filmes. Inclusive usaram muitas músicas da banda em curtas, trabalhos experimentais, trabalhos de conclusão de curso. Então acho que relacionam muito a nossa música com cinema. E a gente sempre gostou disso, é uma paixão de todo mundo na banda. Isso depois até acabou virando meio que um clichê do pós-rock, mas quando a gente começou a fazer, existiam algumas dessas bandas, principalmente o Godspeed You! Black Emperor, que ligavam o trabalho deles com outras formas de arte que não fosse apenas a música.

Vamos falar agora um pouco do disco novo, o *Gehenna* (2016). Como rolou de chamarem o Billy Anderson para produzir?
Ricardo: Na verdade, a gente já estava em um processo de ensaiar as músicas do disco e lembro do Erick e da Muri falarem: "Vamos procurar alguém para gravar que tenha a ver com as músicas novas". Pensamos no Billy, que tinha feito discos do Neurosis e Amenra e já tinha vindo para o Brasil. Ele também trabalhou em alguns dos nossos discos preferidos.

Erick: As músicas novas acabaram saindo naturalmente mais pesadas. E a gente precisava de uma outra referência para ajudar na gravação, na mixagem e tudo mais. Como a gente trabalha com isso, às vezes é ruim ficar só o nosso ouvido, é bom ter alguém de fora. E especialmente alguém com as referências que a gente gosta. Foi aí que pensamos no Billy. E foi um aprendizado. No sentido de "pegar" várias ideias e macetes técnicos de gravação e também como chegar ao som que desejávamos para o disco.

E como foi gravar com o Billy? Vocês tinham tipo uma lista de coisas que queriam muito fazer, como gravar com ele, tocar no Dunk, uns lances desse tipo?
Muriel: Acho que não é por objetivo, a coisa vai fluindo. De repente aparece uma pessoa que indica, recomenda. O Dunk!, por exemplo, nunca foi um sonho absoluto. Lógico, tínhamos muita vontade de tocar fora, em um festival dessa magnitude. Aconteceu de alguém indicar, mandamos material e a organização do festival gostou bastante.

O fato de estarem com essa formação já há algum tempo ajudou a terem mais claro o que queriam com o disco novo?
Erick: No *Anatema*, acho que a gente talvez ainda estivesse pesquisando, experimentando muito. Hoje em dia é um pouco mais fácil para nós nesse sentido. E o lance da formação já estar junta há alguns anos ajuda muito. Hoje é completamente diferente, tanto a forma de ouvir as coisas quanto como nós tocamos juntos. Flui muito melhor, é outra coisa. Isso é até meio estranho. Acho que antigamente as coisas passavam pela minha cabeça, eu criava e mostrava uma ideia. Hoje é muito mais fácil. Criamos muitas coisas juntos, nos ensaios, o que não era muito comum antes. Mas tudo dentro da essência do que é a banda. Muitos

falam que nosso som mudou, e tudo mais, mas foi uma mudança natural, não foi nada forçado. Pra gente, não é mudança, é vivência. São as nossas referências do cotidiano em que estamos imersos. A gente nunca pensou "Ah, vamos mudar porque o pós-rock tá chato, tá enchendo saco" (risos). E isso também é outra coisa. A gente fala pós-rock/metal e tudo, mas temos influência de muitas coisas. Usamos o termo apenas para as pessoas entenderem de forma mais fácil.

Vocês já fizeram turnês na Europa e na América do Norte. Como foi essa experiência? E como eram vistos sendo uma banda do Brasil e tudo mais?
Erick: Em 2011 e 2012, nas duas primeiras turnês fora, nos EUA e Canadá, nós tocamos com bandas mais diversificadas, que não eram necessariamente de pós-rock/pós-metal. Acho que por isso mesmo nosso som despertou uma curiosidade, e um certo estranhamento, no bom sentido. Talvez era visto como um lance mais exótico, chegaram até a chamar de "pós-rock xamânico" (risos). Nessas *tours* pelos EUA e Canadá fizemos muitos amigos, pessoas e bandas com quem falamos até hoje. Mas na Europa foi muito mais intenso. Logo na primeira turnê, em 2013, quando tocamos no Dunk!Festival, já éramos mais conhecidos. E na última tour, em 2015, foi incrível. Tocamos com bandas maiores e que sempre admiramos, tivemos públicos muito bons em alguns shows, com um pessoal que foi especificamente pra ver a gente em alguns casos. Dessa vez encontramos muita gente que foi em vários shows do Labirinto durante a *tour*, principalmente no Dunk, e que já nos acompanhavam e interagiam de alguma forma pelas redes sociais. Teve uma vez, por exemplo, quando a gente foi em um show do Russian Circles na Alemanha e tinha um pessoal que conhecia o Labirinto. Um dos meninos conhecia todos os discos, as músicas e foi ver o nosso show no Dunk. Isso é muito bacana.

Três discos que mudaram as suas vidas e por que eles fizeram isso.
Erick e Muriel: O primeiro seria o *Through Silver in Blood* (1996), do Neurosis, que certamente mudou nossa forma de pensar e criar música. É um disco essencialmente pesado, melancólico e intenso e que transborda sofrimento e raiva, de uma forma que nunca havia percebido. Me lembro da primeira vez que escutei "Locust Star" no disco, e depois ao vivo; foi um baque muito forte.

Outro álbum importante é o F# A# ∞ (1997), do Godspeed You! Black Emperor. Esse disco nos mostrou como uma banda poderia criar músicas lindas e densas; ricas em informações (harmonias, dinâmicas, ritmos) e, ao mesmo tempo, contestadoras e políticas. É um disco essencial para a nossa formação musical e pessoal. "The Dead Flag Blues" e "East Hastings" são obras-primas.

Por último, acho que *In On the Kill Taker* (1993), do Fugazi. Escolhemos esse álbum, mas poderíamos citar a discografia inteira deles. Foi um marco para o nosso entendimento de como se relacionar com a música, através do "faça você mesmo", que sempre nos guiou.

Ricardo: Acho que o primeiro é o *Houdini* (1993), do Melvins. Um disco que me fez entender que eu poderia fazer um som pesado, do meu jeito, algo diferente. Me levou a prestar atenção no underground, em busca de conhecer muito mais, e fazer música verdadeira, sempre. O segundo é o *Vol. 4* (1972), do Black Sabbath. Foi importante porque me impressionou muito quando eu o escutei pela primeira vez. Acho que talvez até me influenciou no jeito de tocar, de tanto que ouvi. E o terceiro é o *Utopia Banished* (1992), do Napalm Death. Além de apresentar toda a força do som extremo, esse disco me mostrou como eles são uma banda de atitude. O que me estimulou a conhecer selos independentes e a buscar música que não estava no *mainstream*.

Esta é a última pergunta. Do que vocês têm mais orgulho?
Muriel: Eu acho que tudo. Tudo é uma conquista. Desde a primeira vez que a gente gravou, que conseguimos criar uma sonoridade que buscávamos, isso já é uma conquista. Acho que a gente se sente orgulhoso de cada passo, um lance do tipo "Ah, o filho tá crescendo" (risos).

Erick: Acho que pelo fato de conseguirmos tocar até hoje, de fazer o que gostamos. E realizar as turnês, que é uma consequência. Por ter conhecido muita gente legal ao longo desses anos, que viraram nossos amigos de verdade. Isso não tem preço. Ainda mais em um país como o Brasil, em que não temos muito incentivo para fazer isso. Temos muita admiração pelas bandas do hardcore, do metal, do grind, que vão, metem as caras e fazem turnê direto. Eles se mobilizam. Isso também nos inspira.

Ricardo: Acho que o pessoal do underground daqui também está tão acostumado a ser malhado que quando tem um retorno, como receber uma palavra legal, de apoio, é algo sensacional.

LOS NATAS

Sergio Chotsourian (baixista e vocalista do Ararat e ex-guitarrista do Los Natas) – Entrevista feita em dezembro de 2015

Durante quase 20 anos de uma carreira irretocável, os argentinos do Los Natas lançaram discos marcantes e percorreram o mundo com o seu pesado e característico stoner/doom cantado em espanhol.

Com um currículo que inclui álbuns produzidos por nomes como Billy Anderson (Neurosis, Eyehategod, Sleep) e Dale Crover (baterista do Melvins), o trio liderado pelo guitarrista e vocalista Sergio Chotsourian tocou no Brasil, nos EUA e na Europa, onde inclusive participou do lendário Roadburn Festival.

Na entrevista abaixo, Sergio fala sobre a vida após o fim do Los Natas, incluindo o seu disco solo 1974 (2015), o projeto Ararat, onde troca a guitarra pelo baixo, e a sua gravadora South America Sludge, além de lembrar a parceria com o produtor Billy Anderson, que chegou a morar em Buenos Aires, e os discos que mudaram a sua vida.

Você lançou recentemente o seu primeiro disco solo, chamado 1974. Quais foram as suas influências para esse trabalho? É um som bem diferente do que estávamos acostumados a ouvir com o Los Natas, trazendo uma pegada mais clássica/acústica.
Sergio: É basicamente guitarra clássica, piano e palavras muito fortes. Minha principal influência foi um momento da minha vida em que me encontrei em mudanças muito conectadas. Abandonei drogas, lugares e pessoas que traziam um sentimento ruim para mim. O som do disco é bem *low fi*. Eu o gravei de diferentes formas vintage e antigas para conseguir as cores e texturas a partir dos instrumentos.

O disco é chamado 1974 em referência ao ano em que você nasceu, certo? Fazer esse álbum foi uma viagem pela sua vida de alguma maneira?
Sim. Foi mais como um renascimento para mim. O disco é sobre mudanças, esperança e fé nas escolhas que você toma e que eu tomei durante a minha vida. Após o fim do Los Natas [em 2012] eu precisava de uma virada de 180 graus. Sair da escuridão e encontrar a luz. [Precisava] me tornar um pai me-

lhor para os meus filhos e cuidar da minha mente em direção a um lugar mais saudável.

E você se sentiu mais exposto ou vulnerável ao tocar um violão (na maioria das músicas) no disco em vez de usar a sua Gibson SG com amplificadores gigantes e muita distorção como estava acostumado a fazer com o Los Natas?
Sou basicamente um cara da guitarra clássica. Sempre usei meus violões com cordas de nylon para fazer demos e escrever as músicas do Los Natas e do Ararat. Esse é o meu ponto de partida juntamente com uma caneta e um pedaço de papel. Por isso, realmente me senti confortável nessa busca musical. E o disco foi gravado no estúdio que tenho em casa. Passei muito tempo na composição, mas a maior parte do álbum foi gravada nos primeiros *takes*. Então o disco soa muito pesado para mim.

Vamos falar um pouco sobre o Ararat agora, onde você continua com a distorção e os riffs, mas tocando baixo em vez de guitarra. Por que resolveu trocar de instrumento após tanto tempo como guitarrista?
Quando fiz o primeiro disco do Ararat, chamado *Musica de La Resistencia* (2009), usei vários instrumentos diferentes, como piano, violão, teclado e baixo. Era como um disco conceitual sem guitarras elétricas. Então quando chegou a hora de montar uma versão ao vivo do projeto, minha única opção era o baixo (risos). Começamos como uma banda de duas pessoas, apenas baixo e bateria nos primeiros anos e gravamos o disco *Ararat II* (2012) da mesma maneira. Além disso, foi bom para mim não me repetir fazendo a mesma coisa que fazia com o Los Natas. Então transformei o baixo em um grande "monstro" de *riffs*, usando um Squier japonês antigo e barato que tinha junto com os meus pedais e amplificadores de guitarras. É bom sair daquela figura do *guitar hero* às vezes e apenas se divertir.

O Ararat possui um som mais experimental e psicodélico, com determinados momentos que me trazem à cabeça tanto o seu trabalho com o Los Natas quanto o seu disco solo. Por isso, queria saber quais as suas principais influências e como é o processo de composição na banda.
O processo de composição é todo relacionado ao que acontece na minha vida,

as coisas verdadeiras e as experiências. Já passei por muitas mudanças e tudo vai diretamente para a música. Quanto ao som e ao conceito, não escolho uma linha ou um estilo, apenas faço o que me faz sentir bem. Tento encontrar o lugar que me faça sentir bem comigo mesmo e me dê paz. Então tudo isso vira um processo com os outros músicos e os seus próprios sons. Não buscamos por um determinado estilo, tudo sai de forma muito natural.

Você já trabalhou duas vezes com o Billy Anderson no Los Natas, nos discos *Corsario Negro* (2002) e *El Hombre Montana* (2006). Como foram essas experiências? Vocês acabaram ficando próximos?
O Billy é um grande amigo e um profissional incrível. Cara, aprendi muito sobre som, produzir discos e sobre a vida apenas trabalhando com ele. Ele consegue entender o lance todo e não apenas gravar os instrumentos, vai pelo conceito em si. É sempre divertido e assustador (risos). Nos tornamos bons amigos e tivemos uma banda juntos chamada Solodolor durante o período em que o Billy morou em Buenos Aires.

Além disso, ouvi dizer que o Dale Crover (Melvins) tocou no segundo disco do Los Natas, *Ciudad de Brahman* (1999). É isso mesmo? Como aconteceu? E como foi ter um dos caras do Melvins no estúdio com vocês?
Sim, nós gravamos o segundo disco do Los Natas pela Man's Ruin Records nos EUA. E acabou que o Dale era o produtor do disco. Incrível! Viajamos para San Francisco, entramos no espaço de ensaio do Melvins e escolhemos entre todos os equipamentos deles aqueles que queríamos levar para o estúdio. Um sonho! Gravamos e mixamos tudo em quatro dias! E então aconteceu de o Dale gravar piano e guitarras slide em algumas músicas, foram ideias dele para preencher alguns espaços nas músicas (risos). Ele acendeu um cigarro, se sentou ao piano e apenas tocou, cara. Foi um momento e tanto.

Ainda sobre experiências marcantes. Vocês fizeram diversas turnês com o Los Natas nos EUA e na Europa, tocando inclusive no lendário festival Roadburn. Quais são suas lembranças disso tudo?
Acho que fizemos algo como nove turnês europeias com o Los Natas, quase sempre em torno de 28 shows em 30 dias. Uma van cheia de equipamentos,

sacos de dormir e muito trabalho. Fizemos muitos shows com artistas como Colour Haze, Brant Bjork, Hermano, Fatso Jetson, Kyuss Lives! (que depois virou Vista Chino) e Eyehategod, entre outros. Além de tocar no Roadburn Festival, também fizemos shows em diversos clubes pequenos em diferentes partes da Europa. Tocamos na Grécia, Finlândia, Inglaterra, Eslovênia, Suécia, Espanha, Luxemburgo, Bélgica e Alemanha.

Existia um sentimento especial por alcançar todas essas coisas sendo uma banda da América do Sul? Quero dizer, vindo de fora dos dois grandes centros para esse tipo de música, América do Norte e Europa, basicamente.
Acho que foi uma coisa boa para nós. Nos anos 1990, nós éramos a única banda da América do Sul na cena stoner e uma das únicas a cantar em espanhol. O que era demais porque ninguém mais estava fazendo isso. Talvez na Argentina fosse um pouco difícil porque não havia uma cena local na época e tínhamos que fazer tudo sozinhos. Agora as coisas mudaram e você tem muitas bandas boas tocando esse tipo de som, casas de show e festivais.

E a Argentina ocupa um papel importante na sua música?
Claro, nunca tentei soar como uma banda norte-americana. Sempre tive esse sentimento e orgulho de ter nascido aqui na Argentina. Talvez as bandas da Europa tentem soar como o Kyuss ou o Fu Manchu, mas esse nunca foi o meu lance. Tenho orgulho de ser um músico sul-americano e essa é a minha bandeira não importa para onde eu vou.

Você sempre teve uma relação próxima com as bandas locais como o Dragonauta e mais recentemente iniciou a sua gravadora, chamada South American Sludge. Quais outras bandas da Argentina você destacaria?
Lanço bandas locais que gravo e produzo no estúdio e também bandas que eu gosto. Existem muitas bandas por aqui atualmente como Los Antiguos, Humo del Cairo, Viaje a Ixtlan, The Rayos, Los Deva, Las Diferencias, entre outras.

E como vê a cena atual de stoner e sludge da América do Sul? Pensa que poderia ser mais conectada ou unida talvez?
Vejo uma cena crescendo muito fortemente com bandas que eu realmente gos-

to do Chile, Brasil, Uruguai e Peru. Todos cantamos no nosso idioma e isso é algo incrível. Ser verdadeiro ao seu sangue e a sua terra, não tentar parecer com as bandas dos EUA. A minha gravadora é totalmente sobre isso. Agora estamos lançando uma banda do Chile chamada Bagual. E também existem outras bandas chilenas que vêm fazendo as suas próprias coisas há muitos anos, como o Yajaira e o Hielo Negro. Espero que tudo isso fique maior.

Três discos que mudaram a sua vida.
O primeiro é o *Synchronicity* (1983), do The Police. Outro seria o *Blues for the Red Sun* (1992), do Kyuss. E, por fim, o *Houdini* (1993), do Melvins.

Quando você começou a tocar guitarra e quem eram seus heróis na época?
Comecei a tocar em 1990. Acho que meus heróis na época eram Suicidal Tendencies, Faith No More, Danzig e Pantera.

Você tocou no Brasil em 2010 com o Los Natas. Quais as suas lembranças da viagem e do show?
Sim, nós tocamos no Porão do Rock e alguns shows separados. Foi uma experiência incrível. O calor das pessoas daí foi algo sensacional. E também foi ótimo ter o Max Cavalera de DJ enquanto estávamos aí (risos). Bons amigos, comida ótima, bandas locais incríveis, amplificadores Meteoro. Tudo que você pode esperar de uma grande turnê.

E você conhece alguma banda brasileira?
Sim, o Fuzzly é uma ótima banda, não sei se ainda está na ativa. E também gravei algumas sessões de blues pesado com o incrível baterista Rolando Castello Junior, do Patrulha do Espaço. Um grande cara e um músico excepcional.

Do que você tem mais orgulho na sua carreira?
Poder continuar fazendo isso após 20 anos já é uma realização por si só. Gravar e tocar a música que eu amo. Não posso esperar por mais nada para agradecer. Saudações e obrigado a todos!

UFOMAMMUT

October 21, 2015 Blitz Oslo, Norway

POSTER BY ERROR-DESIGN.COM

CAPÍTULO 3
EUROPA

Com uma cena provavelmente tão forte quanto a dos EUA nos dias atuais, a Europa não por acaso lidera o número de entrevistados no livro com 18 bandas de nove países, desde Portugal até a Islândia, passando por Inglaterra, Alemanha, Itália e Ucrânia, entre outros. A extensa lista abre espaço para os precursores do Amebix, Iron Monkey e Breach até nomes mais recentes como Stoned Jesus e The Black Heart Rebellion, sem deixar de lado artistas já estabelecidos, a exemplo do Amenra, Cult of Luna, The Ocean e Sólstafir.

AMEBIX

Chris "Stig" Miller (guitarrista do Amebix) – Entrevista feita em abril de 2015

Criado no final dos anos 1970, o Amebix é daquelas bandas essenciais na vida de qualquer um que goste de sons pesados e obscuros. Prova disso é que já foi citado como influência por nomes como Neurosis, Sepultura e Eyehategod, apenas para listar alguns.

Apesar de ser basicamente uma banda punk associada diretamente ao crust, os ingleses sempre fizeram um som com influências das mais diversas, indo dos amigos do Crass até o Killing Joke, passando ainda por Black Sabbath e Motörhead. Com o clássico *Arise!* (1985), lançado pela Alternative Tentacles, conseguiram fazer um disco muito à frente de seu tempo, seguido pelo também sensacional, mas talvez subestimado *Monolith* (1987), que saiu pouco antes do fim da banda.

Após uma surpreendente e rápida volta no final dos anos 2000 com os seus fundadores, os irmãos Rob "The Baron" Miller (baixo/voz) e Chris "Stig" Miller (guitarra), junto com o baterista Roy Mayorga (Soulfly, Nausea), que rendeu o ótimo álbum *Sonic Mass* (2011), o Amebix voltou a hibernar mais recentemente.

Nesta entrevista, Chris, também conhecido como Stig da Pig, fala obviamente sobre a trajetória e seu sentimento sobre a banda que fundou com o irmão, a diferença entre fazer música sozinho e com uma banda, por que acha que empresários e assessores arruínam tudo e da importância da Internet para que o Amebix ficasse mais conhecido nos últimos anos.

Antes da entrevista, você comentou que tem tocado mais violão recentemente. Na última década, muitos vocalistas de bandas como Neurosis, Saint Vitus, YOB e US Christmas vêm gravando discos folk e/ou acústicos. O que pensa sobre isso? Acha que há uma conexão entre esses mundos, do punk/metal e a música folk?
Stig: Acho que se você toca música pesada, como metal ou punk, você tem que começar com algo que te toca de verdade, sabe? Gosto de muitas coisas acústicas. Para ser honesto, eu não sento e escuto o que as pessoas chamam de crust, o que quer que isso seja hoje em dia. Passo mais tempo ouvindo trilhas sonoras de filmes e músicas em que as pessoas estejam fazendo algo diferente, em que

você possa ouvir tipos diferentes de coisas. Porque o metal, em especial, tornou-se bastante sem graça e até previsível. Ainda há muitas bandas boas por aí, mas uma música não precisa ser barulhenta para ser emocionante e poderosa. Você pode fazer algo que tenha um sentimento verdadeiro. Não sei por que muitas pessoas estão fazendo isso (de fazer mais coisas acústicas), mas para mim foi realmente para provar que eu podia escrever uma música por conta própria. Provar algo para mim mesmo, que eu posso sentar e escrever uma música simples e tentar crescer a partir daí. Eu sempre gostei dessas coisas. Também gosto do Neil Young, mas algumas coisas que ele fez são horríveis e outras muito boas. Se você pensar sobre isso, o punk é um tipo de música folk, uma música do povo. Feita por pessoas que não são realmente músicos que estudaram da forma mais clássica ou que cursaram uma escola de música, mas que aprenderam com a tradição de tocar. Na Inglaterra, a música folk é algo meio enraizado que sempre esteve lá. E acho que nos EUA também com o country e talvez voltando ainda mais com o bluegrass e a música de raiz desse tipo. Acho que as pessoas querem algo mais conectado com a terra neste sentido. E é bom fazer as duas coisas. Algumas coisas que você tocar de forma acústica vão funcionar no lado elétrico e outras simplesmente não vão funcionar. Mas às vezes você também pode fazer isso funcionar no elétrico, como as coisas que eu costumava fazer no Amebix, as partes centrais e as intros de algumas músicas. Geralmente elas eram criadas de forma acústica ou apenas sentava com uma guitarra sem ligá-la ao amplificador e então trabalhava os detalhes e ia encaixando nas músicas.

Pensa que é mais difícil criar uma música sozinho?
Sim, mas é um desafio. Porque se você faz algo por conta própria, só tem a si mesmo para "trocar ideias". Mas se você tem outra pessoa, ela pode falar algo como "Vamos fazer isso aqui e mudar aquilo". Fazer uma música com outra pessoa é muito mais fácil. Mas é um bom desafio fazer algo sozinho, apenas para ver se você consegue manter sozinho aquela atmosfera que cria com outras pessoas. Porque uma banda é um agrupamento único de indivíduos. E o que você obtém a partir disso é uma marca única de energia dessas pessoas diferentes trabalhando em conjunto. Mas no fim do dia você precisa sentar e pensar: "Qual o tamanho da minha contribuição para isso?". Tem sido algo divertido e interessante de aprender, mas não sei se vou conseguir tocar essas

músicas ao vivo. Porque algumas delas têm duas ou três guitarras e eu só tenho duas mãos (risos).

Já vi muitos comentários sobre o Venom ter sido uma influência para o Amebix, já que as bandas surgiram na mesma época na Inglaterra. Eles foram mesmo uma influência para vocês?
Na verdade, o Venom apareceu um pouco depois da gente, nós já estávamos fazendo o nosso lance. Meu irmão (Baron) costumava escrever para o Venom porque nós achávamos que eles eram meio engraçados. Eu achava que eles estavam sendo meio irônicos, como em "In League With Satan". Quer dizer, acho que é um pouco engraçado, mas nós queríamos dizer algo um pouco mais sério do que aquilo. Creio que tem algumas partes do nosso som que podem ser comparadas com o Venom, mas já estávamos fazendo aquilo de qualquer maneira. Eles surgiram na mesma época, lembro de ter ido assistir a um show do Venom no Hammersmith em 1983 ou 1984. E eu gostava do Venom, mas tive que sair no meio do show porque o som estava péssimo. Quero dizer, era bem tocado e tudo mais, mas o som dos PAs estava horrível. Nunca fui um grande fã, mas era uma banda legal.

Ainda sobre influências. O Amebix já foi citado como inspiração por bandas como Neurosis, Sepultura e Eyehategod. O que acha disso? E já se encontrou com os caras dessas bandas?
Tenho algum relacionamento com essas bandas sim. Sou amigo do Mike (IX Williams), do Eyehategod, e conheço o Scott (Kelly), do Neurosis. É legal conhecer esses caras agora. Não sei como eles foram influenciados pelo Amebix, mas acho que foram de alguma forma. Talvez a abordagem para o que nós fizemos. Fico feliz que eles tenham tirado algo. É uma coisa legal se você influenciou ou inspirou alguém.

E já se encontrou com alguém do Sepultura?
Conheci o Max (Cavalera) durante o Hellfest de 2009. Ele pareceu um cara legal. O Roy (Mayorga) já tinha tocado bateria no Soulfly e estava tocando com a gente na época, então nos encontramos e nos cumprimentamos. Não falamos sobre semântica ou o significado do universo, foi algo rápido, mais um "Oi, prazer te conhecer".

Aliás, como vocês acabaram chamando o Roy Mayorga para tocar bateria quando a banda voltou no final dos anos 2000?
Bom, um cara chamado Roy Wallace fez um filme recente sobre a banda chamado *Risen – A History of Amebix*, um tipo de documentário que saiu por volta de 2008. Ele era mais amigo do meu irmão, eu não o conhecia realmente. Mas eu já tinha ouvido falar que o Roy (Mayorga) era um ótimo baterista. Então o meu irmão ligou para o Roy e perguntou o que ele achava da ideia de gravar três músicas com a gente, que seriam novas versões de músicas antigas para o filme. Então o Roy (Mayorga) veio para cá e nós nos encontramos perto de Belfast, em um lugar desse Roy Wallace. Montamos tudo por lá e começamos a tocar. Após anos e anos sem o Amebix, foi muita coisa logo de cara. Mas foi muito bom ter um baterista tão talentoso e que aprendia tudo. E apenas pensamos "Isso está realmente bom pra cacete". E isso nos empolgou, então pensamos para onde poderíamos ir dali: "Talvez voltar com o Amebix? Por que não? Está soando muito bem". Então foi mais ou menos assim que aconteceu. Apenas tocamos algumas músicas juntos e voltamos a ficar entusiasmados com a banda.

E como você enxerga o disco *Sonic Mass* (2011) hoje? Gosta dele?
Sim. Eu gosto do disco, é um bom álbum. Mas muitas coisas não tão boas vêm junto com essa porra de "sucesso". Não é algo que realmente me agrada. Acho que o que acontece com as bandas é que elas são muito boas em fazer as coisas juntos, possuem uma boa atmosfera e aí o sucesso chega trazendo gravadoras, profissionais de relações públicas, empresários. E então vocês não sentam mais e conversam uns com os outros e tudo vai para o buraco. É difícil manter essa união, essa solidez. Quando você tem uma banda, precisa de uma mentalidade de gangue: vocês contra o mundo. E é difícil manter isso quando todas essas pessoas malditas aparecem. Na minha opinião, é aí que as coisas deixam de funcionar.

E foi por isso que vocês resolveram se separar novamente?
Eu não posso realmente comentar sobre isso. Quer dizer, cada um provavelmente vai ter uma razão diferente. Eu ainda mantenho a página da banda no Facebook para os fãs e tudo mais. E não sei o que vai acontecer no futuro, nem se vai acontecer alguma coisa no futuro. Realmente não sei dizer. Quando você está em turnê é ótimo, todos estão juntos. Mas quando isso acaba, alguns de nós nem vivem

no mesmo país, ficamos realmente separados. Então é difícil manter esse sentimento de união que você precisa em uma banda, você precisa do sentimento "nós estamos todos fazendo algo juntos". E todos trabalhamos para uma indústria musical que eu não gosto. E não estou dizendo por ninguém, é apenas o que penso. Se você está em uma banda, precisam ser vocês juntos contra o mundo em vez de outras pessoas interferindo no lance todo, incluindo a sua vida pessoal. Isso não é nada bom. Então eu não sei. Vamos colocar dessa forma: o *Sonic Mass* é um ótimo disco, mas não me trouxe muita felicidade pessoal.

Você ainda fala com o seu irmão?
Não vejo o meu irmão há muito tempo. Acho que ele está com outra banda no momento, o Tau Cross. Fiquei muito doente recentemente, entrando e saindo do hospital e fazendo tratamentos e tudo mais. Tenho apenas focado em me manter saudável.

O *Arise!* foi lançado em 1985 pela Alternative Tentacles, do Jello Biafra. Acha que a gravadora foi importante no sentido de ajudar a deixar a música do Amebix mais conhecida fora da Inglaterra?
Acho que sim. A Alternative Tentacles era uma gravadora legal, realmente gostava deles, possuem uma boa distribuição. Acho que lançar o disco com eles definitivamente nos ajudou a sermos conhecidos nos EUA. Caso contrário, talvez fôssemos apenas uma banda inglesa obscura.

E vocês chegaram a fazer algum show com o Dead Kennedys?
Não, não fizemos shows com o Dead Kennedys. Nós apenas estávamos tocando na Inglaterra e eles nos lançaram lá nos EUA. Não chegamos a ir para os EUA naquela época. Fizemos algumas tours pequenas na Europa. Na verdade, não tocávamos muito ao vivo. Acho que toquei mais ao vivo com as bandas que tive depois do que com o Amebix na época. Porque nós queríamos que os shows fossem especiais, sabe? Se você toca muito, as pessoas ficam entediadas de te ver.

Você acredita que o conceito *No Gods No Masters* (sem deuses, sem mestres) ainda é possível nos dias atuais, de forma individual ou mais geral?
Sim, acredito. Quando começamos a usar isso, para mim era mais sobre o au-

to-empoderamento, na verdade. Pode ser aplicado à política, mas também a ser verdadeiro com você mesmo. E ser uma autoridade para si próprio sem deixar que ninguém mais faça isso. Isso é algo difícil de fazer nos dias atuais. Mas se você puder manter isso na sua vida e fazer apenas o que acha certo, então é uma coisa boa. Ainda acredito que a autoridade e a verdade máximas estão dentro de você mesmo.

E pensa que o mundo está mais ferrado hoje em dia do que quando vocês começaram nos anos 1980, com Tatcher e Reagan no poder, por exemplo?
Acho que estamos fechando o ciclo, dando uma volta completa. Estamos tendo as mesmas coisas de novo aqui na Inglaterra, medidas de austeridade. Estou de volta na mesma cidade (Bristol) em que nós começamos o Amebix e não mudou merda nenhuma. Passaram-se 30 anos e tudo parece basicamente igual, tirando o fato de que está ficando mais e mais opressora. E as pessoas precisam de algo para acreditar além dessa merda, de verdade. Então o ciclo se fechou. Na época da Tatcher, nós vivíamos em squats. Mas agora as pessoas não podem mais fazer isso e basicamente vivem na rua. Então não há muita diferença, talvez esteja até pior hoje. A atmosfera dos anos 1980 parece estar voltando, tenho visto mais e mais polícia, mais e mais ideias opressoras. E mais e mais leis, mais e mais abusos e menos liberdade. Basicamente menos e menos liberdade e individualidade. Não sei, não está nada bom.

Três discos que mudaram a sua vida e por que eles fizeram isso.
O primeiro disco do Killing Joke, o *Killing Joke* (1980). O Killing Joke me mostrou uma nova maneira de pensar sobre as coisas. Outro seria o *Sabbath Bloody Sabbath* (1973), do Black Sabbath. E talvez o primeiro disco do Crass também (*The Feeding of the 5000*, de 1978). Meio que uma mistura de todas essas coisas.

Interessante, você citou apenas bandas inglesas.
Eu venho de uma época nos anos 1970 que não é como agora em que você pode ir até o YouTube e encontrar uma banda de outro país que você acabe gostando. Naquela época você precisava sair para procurar um disco ou "cavar" em uma loja. Isso se eles tivessem o disco. Ou você tinha de descobrir uma maneira de achar algo diferente. Por esse lado, você é visto como um local. Porque as coisas

que te influenciaram são meio que locais, já que você podia ver essas bandas ao vivo no seu país. Mas você não podia realmente ir até os EUA ver as bandas de lá ou ouvir muitas das coisas americanas que vinham para cá. Porque você não mora ao lado de uma grande loja de discos ou vive no campo, qualquer coisa do tipo. Então você vai acabar sendo mais influenciado pelo que pode absorver ao seu redor.

E você pensa que o Amebix passou a ser mais conhecido (e reconhecido) mais recentemente com a Internet e tudo mais?
Sim, com certeza. É a mesma coisa que eu estava dizendo. Muitas pessoas não saberiam sobre o Amebix sem a Internet. Seríamos apenas mais uma banda de quem ninguém nunca ouviu falar. Então isso é algo bom, por esse lado.

Do que você que tem mais orgulho na sua carreira?
Tenho bastante orgulho de todas as coisas do Amebix, mesmo das coisas mais antigas. Mesmo de algo como *No Sanctuary*, que é meio inocente, mas tem algo que você não consegue mais ter depois. Quando você começa a tocar e quer apenas se expressar de alguma maneira, capturar isso em disco. Aquela raiva, aquela insegurança, aquele medo e tudo mais. Você não consegue fingir isso, é algo impossível de fingir. É por isso que gosto tanto dos primeiros discos das bandas. Porque você tem aquela vontade de apenas colocar algo no disco, apenas gravar alguma coisa, qualquer coisa. E é por isso também que as pessoas sempre voltam para os primeiros trabalhos das bandas, eles têm um lance mais cru e eu gosto disso na música. Eu tento manter isso hoje. Esse é o perigo quando você começa a tocar melhor: fica mais técnico. Você precisa ter cuidado para não querer ser muito "esperto", isso nunca funciona na música. Apenas não funciona – para mim, pelo menos. É por isso que não gosto de solos de guitarra longos e entediantes. Sim, é muito legal que você consiga tocar todas essas coisas, mas não me faz sentir nada. E deveria te fazer sentir alguma coisa. Se te faz sentir algo, então é bom – eu acho. Sim, tenho orgulho de todos os discos do Amebix, por diferentes razões. O *Arise!* ainda é um puta disco daquela época. E influenciou muita gente porque talvez estivesse à frente da sua época... Então é, tenho orgulho de verdade de tudo que fizemos.

CRIPPLED BLACK PHOENIX / IRON MONKEY

Justin Greaves (guitarrista do Crippled Black Phoenix e ex-baterista do Iron Monkey, Electric Wizard e Varukers)
– Entrevista feita em fevereiro de 2015

Apenas cinco anos foram suficientes para o Iron Monkey deixar sua marca na história da música pesada. A banda de Nottingham, na Inglaterra, destacou-se nos anos 1990 por seu sludge extremamente agressivo e cheio de groove e também pela quantidade de problemas em que costumava se envolver.

Antes de encerrar a sua breve carreira em 1999, o Iron Monkey lançou dois álbuns históricos, ambos produzidos por Andy Sneap. Sem receber a devida atenção na época, a banda e os seus discos ganharam status de cult com o passar do tempo.

Depois do fim do Iron Monkey, o ex-baterista da banda, Justin Greaves, tocou com diversos nomes conhecidos da cena metal/hardcore, como Electric Wizard, Varukers e Borknagar, até realmente se encontrar musicalmente com o Crippled Black Phoenix, que começou como um projeto modesto em 2004 para tornar-se uma das bandas mais interessantes da última década.

Na entrevista a seguir, Greaves relembra os tempos de Iron Monkey, incluindo as comparações com o Eyehategod e a relação problemática com a Earache, além de refletir sobre a importância do Crippled Black Phoenix na sua vida.

Apesar de ter existido por apenas cinco anos, o Iron Monkey certamente foi uma das primeiras e mais importantes bandas de metal alternativo da Europa. Por que acha que a banda passou a ser tão cultuada? Foi apenas a música ou algo mais do que isso?
Justin: Acho que foi mais do que apenas a música. Nós éramos uma daquelas bandas que olhando agora parece que foi divertido, mas na época foi realmente uma merda (risos). E uma banda desse tipo nunca vai durar. Acho que é por isso que bandas assim acabam ganhando um status cult. Mas não tenho certeza se acredito nisso. Certamente havia muita falação e muitos mitos, coisas sobre o Johnny (Morrow, vocalista) e tal. E obviamente a morte dele criou um mito ainda maior sobre a banda. E acho que foi também apenas o fato de que nós realmente nunca fomos uma banda pública. Então as pessoas tiravam as suas próprias conclusões e acreditavam nas mais diferentes coisas (risos).

E você ainda ouve os discos do Iron Monkey?
Na verdade não (risos). Quer dizer, sou bastante orgulhoso de ter feito parte da banda e de tudo o que fizemos. Mas não sou do tipo que ouve a minha própria música. Ocasionalmente sim, se falar com alguém sobre isso ou se abrirem um vídeo no YouTube ou algo do tipo, é claro que não me importo.

O Iron Monkey é sempre comparado ao Eyehategod e outras bandas de sludge da época. Como se sentia com essas comparações?
Eu realmente não me importo, as pessoas podem dizer o que quiserem. Mas é engraçado porque nós meio que conhecíamos o Eyehategod e na verdade tocamos com o Crowbar quando o Jimmy Bower (guitarrista do Eyehategod e baterista do Down) estava tocando bateria com eles. Nós tocamos com eles em algum festival na Europa e chegamos a subir no palco com o Jimmy, fizemos uma *jam* e tocamos alguns sons. E quando o Crowbar veio para Nottingham, eles foram para a minha casa e nós ficamos apenas curtindo, ouvindo alguns discos. E acontece que nós e os caras do Eyehategod tínhamos os mesmos discos nas nossas coleções (risos). Fomos influenciados pelas mesmas coisas. Ambas eram essencialmente bandas de punk/hardcore que desaceleraram as coisas e eram influenciadas pelas bandas realmente pesadas como o Black Sabbath e outras coisas do tipo. Então é claro que as músicas teriam um estilo parecido. Quero dizer, nós não éramos grandes fãs do Eyehategod antes de montar o Iron Monkey porque o Eyehategod não estava realmente por aí quando começamos a tocar. Eles ainda eram uma banda realmente underground. Então foi uma coincidência. As pessoas nos comparavam com o Eyehategod e tudo bem. Você sempre será comparado com alguém. E eles são caras legais, também estavam rindo da situação. Isso foi antes de fóruns on-line e tudo mais. E acho que apenas nos divertíamos com as pessoas perguntando sobre o Iron Monkey e o Eyehategod em entrevistas e tudo mais. Achávamos tudo isso muito engraçado. Mas definitivamente fomos mais influenciados por uma banda como o Grief ou o Upsidedown Cross. O Upsidedown Cross foi uma grande influência para nós.

Você disse que vocês não se sentiam parte de uma cena ou algo parecido. Mas havia na época alguma banda na Inglaterra ou na Europa com quem se identificassem de alguma forma, não apenas musicalmente?
Não, esse que é o lance. Não havia mais ninguém. Nós tocávamos mais com

bandas de hardcore/punk. Então realmente tudo que havia era crust/punk ou metal, e nós meio que ficávamos no meio disso. Nós realmente não nos encaixávamos com nenhuma outra banda, então foi bem difícil. Acho que as pessoas não sabiam muito bem o que pensar da gente. Não acho que as pessoas realmente gostassem da gente, para ser honesto (risos). Acho que há mais pessoas que dizem agora que gostavam da gente do que realmente havia (risos). É algo parecido com aquele show mítico dos Sex Pistols no 100 Club. Provavelmente havia algo como 70 pessoas naquele show, mas se todo mundo que agora diz que estava lá realmente estivesse no show, seriam milhares de pessoas (risos). Apenas não é verdade. De alguma forma, é uma situação meio parecida. Muita gente diz que nos conheceu, que tocou com a gente ou que nos viu. E às vezes eu duvido se é verdade porque não havia muitas pessoas lá, para ser honesto. Quero dizer, fizemos o nosso primeiro show para 40 pessoas. E no último show deviam ter umas 45 pessoas (risos). Nós fizemos todos os tipos de shows, incluindo shows grandes em que abrimos para bandas maiores. Acho que as pessoas romantizam um pouco o Iron Monkey, elas gostam da ideia da banda. Mas quando aparecíamos e nos metíamos em problemas, elas não gostavam muito da gente (risos). A Kerrang! e a Terrorizer gostavam de escrever reportagens sobre esses problemas e as pessoas adoravam isso. Porque isso soa bem quando você está falando, mas quando estávamos fazendo um show e tínhamos um problema, não era muito divertido (risos).

Os problemas que vocês tiveram com a Earache e na estrada (de não serem pagos e coisas do tipo), tiveram alguma influência sobre o resultado final do *Our Problem* (1998)? Pergunto isso porque acho um dos discos mais raivosos e pesados que já foram gravados (risos).
(Risos) Não, acho que teríamos feito o disco de qualquer maneira. Mas, mesmo sendo muito jovens, éramos pessoas muito cínicas. Realmente não gostávamos de muitas coisas. Quero dizer, nós não queríamos assinar com a Earache em primeiro lugar. Acho que eles nos procuraram algumas vezes para assinar, mas sempre recusávamos. Lembro de um show em que o Digby Pearson, o dono da Earache, ficou falando para o Johnny "Você vai assinar com a Earache" e o Johnny apenas respondeu "Eu nunca vou assinar com a porra da Earache" e cuspiu nele. Mas aí o que aconteceu? Nós assinamos com a porra da gravadora

(risos). Nós acabamos assinando com eles porque fizemos um show e todo o nosso equipamento foi danificado. E não tínhamos onde ensaiar; a sala de ensaio foi destruída, assim como o prédio onde ela ficava. Ou seja, não tínhamos nenhum equipamento nem onde ensaiar. Então acho que foi o caso do tipo "Bom, caras, a Earache está nos oferecendo uma pequena quantia em dinheiro e vai lançar o nosso primeiro disco. E nós podemos comprar novos equipamentos e continuar. Ou apenas seguimos com os nossos empregos normais e esquecemos isso". Acho que na época pensamos que valia tentar. Não foi uma decisão muito boa assinar com a Earache, mas nós não sabíamos disso realmente na época. Nós tentamos resistir, mas não deu muito certo (risos).

Na época, vocês trabalharam com o Andy Sneap (Testament, Megadeth, Kreator), que depois virou um produtor gigante. Como foi trabalhar com ele? E ele influenciou de alguma forma o som da banda no disco?
Não, não. Ele é um bom produtor e um cara engraçado. Nós conhecíamos o Andy de quando ele ainda tinha um porão, um esquema bem "faça você mesmo" e apenas trabalhava com bandas locais. E nós o conhecíamos, obviamente, por tocar no Sabbat. Mas acho que ele tinha apenas um estúdio de oito canais. Fizemos o primeiro disco do Iron Monkey em dois dias e nos custou algo como 180 libras. O disco foi gravado em uma mesa de oito canais e sem overdubs. Então foi um lance bem de banda de garagem. Foi muito barato. E na época de fazer o nosso segundo disco, o *Our Problem,* ele nos cobrou algo como 9 mil libras (risos). Então de repente foi algo do tipo "Ah, vocês me querem agora? Fiz alguns outros discos e vou gravar o Exodus no mês que vem, então vou te cobrar umas 20 vezes mais do que no primeiro álbum" (risos). Mas era o dinheiro da Earache. Foi legal com o Sneap, ele é um cara legal, tudo saiu bem. E ele definitivamente sabe tirar um bom som de guitarra. Acho que isso ajudou.

Agora um pouco sobre o Crippled Black Phoenix. Você enxerga a banda talvez como seu "bebê"? Algo que você sempre quis fazer?
Sim, com certeza. Mas não acho que era somente algo que eu sempre quis fazer, mas algo que eu sempre precisei fazer. Tocar em bandas como Iron Monkey, Electric Wizard e Varukers, entre outras, é muito divertido, mas elas são muito controladas. Você fica dentro de uma caixa e não pode realmente sair daí. Você

controla parte das expectativas das pessoas e sempre que sai em turnê precisa tocar as músicas antigas, não pode tocar coisas novas. Tudo precisa soar de uma determinada maneira, você fica sendo examinado e analisado o tempo todo. E acho isso muito limitante. Porque sempre ouvi todos os tipos de música durante a minha vida. Então nunca tive realmente a chance de fazer alguma coisa além de tocar de forma realmente pesada ou rápida. E foi aí que eu comecei a pegar a guitarra e aprendi a tocar e isso meio que se tornou algo na minha vida. Apenas escrevi algumas músicas e o lance todo virou uma bola de neve. E tem sido minha muleta e minha terapia nos últimos 10 anos.

Você é o principal compositor e único membro original do Crippled Black Phoenix. Mas é muito difícil definir o som que vocês fazem. Se tivesse que classificar a música que tocam, como seria? Acha que é possível dizer que a banda é como a trilha sonora da sua vida ou algo do tipo?
Hmm, provavelmente é uma boa forma de enxergá-la. Quero dizer, uma coisa que sempre me motiva a escrever uma música é: se eu quero ouvir uma determinada música ou um determinado estilo de música e não consigo encontrar na minha coleção de discos, então eu mesmo vou lá e faço. E essa é a minha principal motivação. Se eu não consigo achar uma música que eu quero ouvir, eu mesmo a crio. Mas o som da banda também é muito influenciado pelo meu humor no momento. Por isso, acho que cada disco tem um humor diferente e um estilo um pouco diferente. Então definitivamente representa um ponto da sua vida. O primeiro álbum do CBP era algo bem "garagem" e soava realmente como uma demo porque foi gravado basicamente sem dinheiro. E aquelas músicas são realmente bem obscuras e melancólicas. Mas isso é porque naquela época eu estava passando provavelmente pelo pior período da minha vida (risos). Então aquelas músicas meio que refletiam isso. Se uma pessoa escreve música honesta, e ela não é estilizada ou presa a algum gênero, então acho que ela pode dizer que o que faz é uma trilha sonora da sua vida. Porque essa música sempre é influenciada pelo que a pessoa vivencia a cada época.

E há alguma banda que tenha te influenciado ou inspirado a montar o Crippled Black Phoenix?
Não, não. Tentei desesperadamente não ser influenciado por nada, se pudesse evi-

tar (risos). Isso não funciona, mas acho que sou mais influenciado pela vida, por filmes, por coisas visuais. Sou mais influenciado por emoções. E como não sou um poeta nem um cantor, preciso colocar tudo na música. Então se eu quiser transportar algo visual para a música, eu vou e faço – a mesma coisa com sentimentos. Mas eu não diria que não fui realmente influenciado por nada. Há influências, obviamente. Mas chega um ponto da sua vida em que você para de se importar com o que os seus amigos, as outras pessoas ou a "cena" pensam. Aí você começa a trazer influências que teve em toda a sua vida, quer você soubesse ou não. É como desligar algo. Pare de tentar impressionar as pessoas e pare de tentar fazer uma música nova e excitante que seja diferente de todo o resto. Apenas escreva uma música e veja o que sai. E quando fizer isso, como eu disse, acho que todas as suas influências virão. Quando eu tinha 10 anos, ficava tocando bateria na escola junto com músicas do Adam and the Ants (risos). E depois gravei um cover de uma música deles com o Crippled Black Phoenix. Essa é uma influência, você pode dizer.

Existe alguma banda que você vê como "espírito irmão" do CPB? Talvez Godspeed You! Black Emperor, Mono ou o Neurosis, por exemplo?
Provavelmente o Neurosis. Não pelo estilo de música, eles são obviamente muito mais pesados. Mas porque eles são uns punks que ficaram com a cabeça muito aberta. E isso os preparou, os impulsionou a fazer o que eles fazem; eles não tem medo de tocar coisas mais calmas e colocar mais emoção nisso. Mas, no fim das contas, ele são bem punks, a atitude deles é realmente punk. Definitivamente me identifico com essa abordagem. Talvez o GYBE também. Apenas porque eles também são punks na abordagem. Não consigo pensar em mais ninguém. Mas você mencionou o Neurosis e são bandas desse tipo, que não têm medo de fazer algo um pouco diferente ou de tentar coisas novas. Essa é a essência para ser feliz consigo mesmo e fazer música. E se há algo que gostaria de dizer no meu leito de morte é que fiz algo verdadeiro comigo mesmo. Não fui influenciado por nada. Nem sempre funciona (risos). Mas se você fizer algo com convicção suficiente, as pessoas vão aparecer no final. E mesmo que elas não gostem do seu trabalho, vão te respeitar.

Como é o processo de composição da banda? Você compõe a maior parte das músicas?
Sim, escrevo todas as músicas sozinho basicamente. Não escrevo todas as letras

porque acredito que quem está cantando deve escrever as letras. Mas o que eu faço é montar as músicas, faço o arranjo e tudo mais, e toco determinadas partes na minha guitarra que acabam sendo partes do piano, por exemplo. Normalmente cortamos e mudamos um pouco as coisas no estúdio. Se tiver uma parte da guitarra que soe bem no piano, então eu peço para o David tocar no piano e testamos isso. Mas não trabalhamos juntos realmente em nada até chegarmos ao estúdio e os caras da banda obviamente tocarem as partes deles. Não conseguiria fazer sem eles, eles possuem os seus estilos próprios, o que é ótimo. Eles provavelmente mal conhecem as músicas [antes de entrar em estúdio]. Eu faço algumas demos, não me entenda errado. Mas ninguém trabalha nas demos e as envia de volta. A única pessoa que faz isso é o Daniel (Änghede), o novo vocalista. Ele é ótimo porque posso enviar uma demo e ele me envia de volta com alguns vocais e eles soam exatamente como eu tinha pensado (risos). Nós pensamos de forma muito parecida. Não quero ficar com todos os créditos ou algo do tipo, mas eu escrevo uma música e também escolho um título para ela. Eu envio um resumo com os títulos das músicas e um parágrafo curto sobre o que as músicas devem representar e coisas assim.

Qual a parte mais difícil sobre as diversas mudanças de formação do Crippled Black Phoenix?
A parte mais difícil é a percepção das pessoas, mas isso não faz diferença para mim. Sabe, existe um grande mito sobre o Crippled Black Phoenix, as pessoas acham que existem algo como 50 ex-integrantes (risos). Mas não é isso. Nós tivemos muitas pessoas que ajudaram nas gravações, tivemos muitas pessoas que ajudaram nas turnês. E um amigo pode vir tocar teclado em uma turnê, mas não fazer parte da banda. E então alguém sai porque quer montar outra banda. Porque ninguém está tanto no Crippled Black Phoenix como eu estou. As pessoas dizem que a banda é meio que o meu "bebê", e por isso elas podem entrar e sair quando quiserem. E acho que talvez essa não seja a melhor maneira de fazer isso, acho que é apenas o jeito como aconteceu. Nada disso foi planejado. Quando fizemos o primeiro disco, nem existia uma banda. Então a percepção das pessoas é a parte mais difícil porque às vezes eu desejo que pudesse gritar o mais alto possível: "Esses são os fatos, é isso o que acontece na banda". Todas essas ideias erradas e as pessoas pensando que todo mundo entra e sai da banda, que é uma

porta giratória e que é apenas um grande projeto, o que não é realmente verdade. Mas você não pode mudar a forma como as pessoas pensam. Então preciso engolir isso. Mas não guardo nenhum ressentimento, de verdade.

Três discos que mudaram a sua vida.
Acho que o primeiro que mudou a minha vida foi o *Kings of the Wild Frontier* (1980), do Adam and the Ants. Porque foi o que me iniciou no caminho da música, me iniciou como um baterista. Eu era uma criança quando conheci e é por essa razão que a minha vida tomou essa direção. Então obviamente esse é muito importante (risos). O New Model Army foi uma grande influência para mim, especialmente com o *No Rest for the Wicked* (1985). E o Nomeansno. O disco *Wrong* (1989) também mudou a minha vida, foi uma grande influência. Acho que sou melhor com bandas do que com discos (risos). Bandas como Motörhead, Celtic Frost, New Model Army, Nomeansno, Swans, podia seguir a noite toda. Assim que terminarmos a entrevista, vou lembrar de várias outras (risos).

Do que você tem mais orgulho na sua carreira?
Provavelmente do fato de ainda estar fazendo isso. Houve muitas, muitas e muitas vezes em que apenas podia ter largado tudo e ter arranjado um emprego em tempo integral e ter mais dinheiro e poder viajar de férias e coisas assim. Mas não larguei, continuei tocando e ainda estou fazendo isso. E ainda não ganhei nenhum dinheiro. Então posso me orgulhar disso porque acho que você pode dizer que isso é integridade. Não sei, acho que outras pessoas podem julgar isso. Mas não posso realmente dizer do que tenho orgulho até chegar ao fim da minha vida, para ser honesto. Eu posso muito bem ferrar tudo amanhã, eu não sei (risos). Tenho orgulho da minha filha e da minha companheira, Belinda. Não tenho realmente orgulho de mim mesmo, apenas sigo em frente (risos).

RAMESSES / ELECTRIC WIZARD

Mark Greening (baterista do Ramesses e ex-Electric Wizard) – Entrevista feita em março de 2016

Um dos nomes mais importantes da cena doom/sludge da Inglaterra, o baterista Mark Greening carrega no currículo bandas icônicas do gênero como o Electric Wizard e o Ramesses, além do projeto With the Dead, com a lenda Lee Dorrian (Cathedral e Napalm Death).

Além de ter fundado o Electric Wizard no início dos anos 1990, Greening também participou dos principais discos do grupo inglês, incluindo o clássico *Dopethrone* (2000), e o mais recente *Time do Die* (2014), gravado em sua curta e conturbada segunda passagem pela banda.

No início de 2016, após parar de tocar no With the Dead, o músico anunciou a volta do Ramesses, banda que formou em 2003 junto com Tim Bagshaw (ex-companheiro de Electric Wizard e With the Dead) e que estava sem tocar há algum tempo – no entanto, Bagshaw não participa dessa nova formação do grupo.

Nesta entrevista, feita pouco após o anúncio da volta do Ramesses, o bem-humorado Greening falou obviamente sobre esse retorno aos palcos, sua história com o Electric Wizard e a relação com Jus Osborn, além de relembrar o papel essencial dos discos do seu pai na sua formação musical.

O Ramesses está se reunindo para alguns shows neste ano, incluindo o Temples Festival, na Inglaterra [Nota: o festival acabou sendo cancelado por problemas financeiros]. Como vocês decidiram voltar com a banda? As últimas apresentações tinham acontecido já há um bom tempo, certo?
Mark: Sempre mantive contato com o Adam (Richardson), baixista e vocalista do Ramesses, e com a sua esposa, que toca a gravadora Ritual Productions, que lançou os discos da banda. Encerrei a minha participação no With the Dead e basicamente me encontrei sem ter o que fazer. Sempre quis voltar com o Ramesses porque a banda nunca acabou de verdade, as coisas apenas surgiram pelo caminho e tornaram impossível continuar da forma como éramos. Então falei com o Adam sobre a ideia e, no início, ele estava bem tranquilo quanto a isso. O Adam possui outra banda chamada 11Paranoias e tem estado ocupado

com eles. Fui até Londres para fazermos uma *jam*, apenas eu e ele, para ver se ainda tínhamos a antiga mágica. Logo de cara, já dissemos: "Vamos voltar a tocar com o Ramesses". Estamos muito animados por voltar. Estou ansioso para fazer os shows e espero que, num futuro não muito distante, possa escrever novas músicas e gravar outro disco. E é claro que queremos fazer disso uma ótima experiência, dar o nosso melhor e fazer um bom show. Estamos todos animados com isso.

E quem mais vai tocar nessa volta? O Tim (Bagshaw, ex-Electric Wizard e Ramesses) estará na guitarra?
Prefiro não dizer no momento. É suficiente dizer que será pesado. É apenas bom estar fazendo isso de novo, para ser honesto. Tivemos um ensaio com a banda toda há algumas semanas e foi tão bom tocar as coisas do Ramesses novamente após tanto tempo. Mesmo as músicas não sendo tão antigas, não as tocávamos há algum tempo. Por isso, foi reanimador passar por esse material de novo. E todas as notas ainda possuem a mesma energia, o que é o mais importante.

Vocês receberam uma ótima resposta dos fãs desde que anunciaram o retorno da banda. Ficaram surpresos com essa recepção?
Na verdade, não tinha certeza de como seria a resposta do público. Obviamente eu esperava que fosse uma boa resposta. É bom que ainda existam pessoas que curtem o que a gente faz. Além disso, tem também aquelas pessoas que talvez descobriram a banda recentemente e nem sabiam que não estávamos mais tocando ao vivo. Então essa é uma oportunidade para que essas pessoas possam ver a banda. Ficamos realmente impressionados com a resposta toda, para ser sincero. O primeiro show confirmado foi no Temples Festival. Toquei lá recentemente (em 2014) quando voltei ao Electric Wizard e minha performance não foi das melhores! Será bom poder voltar na minha melhor forma com o Ramesses. Obviamente que queremos fazer mais shows e estamos realmente ansiosos para tocar nos festivais maiores que estão sendo produzidos. Talvez até uma turnê, quem sabe. Mas já falamos entre nós que realmente não queremos ficar presos em uma van por semanas fazendo *tours*. Isso não é tão legal quando você fica um pouco mais velho, sabe? No geral, é bom estar de volta e a resposta tem sido incrível.

Você tem um disco favorito com o Ramesses e o Electric Wizard?
Meu disco favorito com o Electric Wizard... Gosto do *Come My Fanatics* (1997) e do *Let us Prey* (2002). Na verdade, não costumo ouvir muito a minha própria música. Provavelmente isso não é algo bom de se dizer (risos). Também gosto muito do material do *Supercoven* (1998). Obviamente muita gente curte o *Dopethrone* (2000) e tudo mais, mas fica a critério de cada um. Quero dizer, não avalio realmente a minha própria música. Apenas gravo um disco e ele é o que é.

Com o Ramesses, o *Take the Curse* (2010) é um dos meus favoritos. E também gosto do último disco que fizemos, *Possessed by the Rise of Magik* (2011). Esse álbum foi realmente um pouco diferente porque o Adam tentou uma outra abordagem vocal. Alguns fãs gostaram e outros não, mas no fim das contas é apenas algo que queríamos fazer e eu gostei.

Mas, como disse, nunca escuto muito a minha própria música. Não diria realmente algo do tipo "Ah, vou colocar algum dos meus discos para tocar" (risos). Apenas é algo que nunca fiz. Tenho escutado algumas coisas do Ramesses novamente para relembrar as músicas. Mas fiquei anos sem ouvir nada do Electric Wizard, por exemplo. Apenas parecia algo que eu tinha feito no passado, sabe? Mas quando o momento era certo, eu ouvia. Alguns dos discos e gravações do Electric Wizard eram bastante crus e "duros". As baterias são um pouco mais baixas algumas vezes e a guitarra tão distorcida com o fuzz e o baixo muito alto e barulhento. Obviamente é algo que eu fiz e tenho orgulho do que essa música alcançou. Talvez apenas tenha tido um tempo e lugar para mim.

Você tocou no que considero os melhores álbuns do Electric Wizard. Pensa que naquela época vocês tinham algum tipo de vibe especial quando tocavam juntos?
Quando nós montamos a banda, o Justin era apenas um pouco mais velho do que eu e o Tim – nós tínhamos cerca de 16 anos. Na época, eu não era realmente um grande fã de metal. Não curtia tanto som pesado, era mais ligado em coisas dos anos 1960 e bandas psicodélicas. É claro que sempre curti Black Sabbath. Costumava fazer muitas *jams* com o Tim, apenas por diversão. Nós tocávamos, fumávamos um e nos dávamos bem. Então começamos a escrever nossos sons e o Justin tinha algumas músicas. Era ótimo, parecia algo novo e fresco, apenas três caras tocando, se divertindo e fazendo música. Realmente não pensava como as coisas estariam 20 anos depois. Quero dizer, o primeiro disco do Elec-

tric Wizard foi gravado em 1994 ou 1995 [Nota: foi em 1995], mas não pensava que ele e outros álbuns da banda, como o *Dopethrone* e o *Come My Fanactics*, continuariam por aí. E por que deveria pensar isso? Apenas não via essa possibilidade na época por uma razão ou outra. Apenas fazíamos o que fazíamos e não pensávamos muito sobre isso.

Falando nisso, você espera voltar a ser amigo do Justin no futuro? Após tudo o que aconteceu recentemente por conta da sua participação no disco *Time of Die*.
Espero que sim. Era uma banda diferente quando eu voltei, era um negócio, e tudo era muito profissional. E talvez eu tenha sido inocente sobre isso, mas fiquei agradecido pela oportunidade para ver o que aconteceria com a música após algum tempo separados. Tomei muitas decisões rápidas em 2002 – algumas melhores do que as outras. E nunca tinha certeza sobre quais estavam certas. Por isso, pensava nisso no passado. Rachaduras estavam começando a aparecer entre as nossas amizades na época. Infelizmente é isso o que acontece quando um vive em cima do outro e obviamente que ter drogas e bebidas envolvidas não ajudou em nada. Disse aos caras que precisava de um tempo após uma turnê longa e a gravadora me ligou um dia e disse basicamente que eu estava sendo substituído pelo Justin Greaves (Iron Monkey). O Tim saiu pouco tempo depois, disse que não era a mesma coisa sem a minha presença. Seria legal falar com o Justin novamente algum dia. A vida é muito curta, sabe? Nós fomos bons amigos e crescemos juntos.

Três discos que mudaram a sua vida e por que eles fizeram isso.
O *Winds of Change* (1967), do Eric Burdon and The Animals. Basicamente, o Eric Burdon fez parte de uma banda dos anos 1960 chamada The Animals e obviamente eles fizeram músicas como "House of the Rising Sun". E então ele foi para San Francisco, tomou muito ácido e montou o Eric Burdon and The Animals, que é mais psicodélico. O meu pai é um grande colecionador de discos e eu comecei a curtir esse tipo de som por causa dele. Quando eu era mais novo, ele costumava colocar muitas coisas para eu ouvir, como Black Sabbath, Deep Purple, Jethro Tull, Eric Burdon and the Animals, The Yardbirds, The Kinks, The Who, Led Zeppelin, todos os clássicos. Lembro de ele ter me dado o *Winds of Change* e eu achei que era muito legal a maneira como as músicas eram feitas. Porque era psicodélico e as músicas pareciam ter significados, era algo diferente.

Outro disco que eu realmente gosto é o *Angel Dust* (1992), do Faith No More. Quando estava na escola, gostava muito do Faith No More. O Tim me fez gostar do FNM porque ele costumava ouvir o *Real Thing* (1989) o tempo todo. Então eu ouvi o *Angel Dust* e achei incrível. Esse disco me fez curtir aquelas baterias tribais do Mike Bordin. Não sei se realmente mudou a minha vida, mas definitivamente meu jeito de tocar – então acho que mudou a minha vida sim!

Estou tentando pensar em um terceiro disco. Acho que provavelmente seria algo do Cream, talvez o *Disraeli Gears* (1967). Eles eram um verdadeiro supergrupo e tocavam uma música que só soava como eles, como o Cream. E eu fui obviamente influenciado pelo jeito do Ginger Baker tocar bateria. Ele é uma das minhas maiores influências. Os bateristas em todos esses discos que eu mencionei não vêm necessariamente do mundo da música pesada. Acho que é isso que torna esses álbuns diferentes, porque eles possuem os seus estilos próprios, assim como muitos outros discos da época. Quero dizer, há muitas bandas pesadas por aí que não escutam nada além de música pesada e, apesar de não haver nada de errado com isso, penso que é bom ser influenciado por uma variedade maior de música. Isso pode ajudar a desenvolver e melhorar o seu estilo de tocar e a maneira como você compõe.

Quando você começou a tocar e quais eram as suas influências na época?
Comecei a tocar bateria há muito tempo, provavelmente quando tinha uns 14 ou 15 anos. Eu já sabia desde cedo que queria fazer algo relacionado à música porque ouvia os discos do meu pai o tempo todo. Na escola, eu sentia que havia dois tipos de pessoas: aquelas que curtiam esportes e coisas do tipo e aquelas que eram ligadas em música e queriam fazer música. Eu odiava esportes. Sempre preferi "descer a mão" na minha bateria e fazer música. Meu professor de música na época me disse: "Se você realmente curte música, deveria tentar fazer disso uma carreira". Tentei cantar em uma banda da escola, mas não conseguia realmente cantar muito bem. Tentei tocar guitarra... Quero dizer, conseguia tocar um pouco, mas não era bom de verdade. Tudo que eu realmente queria na época era estar em uma banda e fazer alguma coisa. Quando nós ensaiávamos no barracão dos meus pais, o baterista costumava deixar sua bateria lá e na época eu gostava muito do The Who e obviamente do Keith Moon. Era obcecado por ele. Então, vi o Keith Moon tocando com o The Who e pensei "Que-

ro fazer isso". Tinha um aparelho de som com esses fones de ouvido enormes que costumava prender na cabeça com fita adesiva. Então eu sentava na bateria do meu amigo e tentava tocar junto com as músicas. Levou um tempo, mas foi basicamente assim que aprendi a tocar bateria. Apenas ouvindo caras como Ginger Baker, Keith Moon, John Bonham, muitas bandas dos anos 1960 – era isso que eu curtia naquela época. Quando eu e o Tim começamos a tocar, fazíamos vários covers do Black Sabbath. Então quando conhecemos o Justin e formamos o Electric Wizard, tudo se desenvolveu de forma bastante natural. Lembro que nos chamávamos Doom Chapter no começo, mas isso mudou pouco depois.

Do que tem mais orgulho na sua carreira?
Tenho bastante orgulho de quase tudo que fiz, mas não é algo em que costumo pensar. Apenas sento na bateria e tento tocar o mais forte que consigo, sabe? Tenho orgulho por apenas ter tido essa oportunidade, de estar em bandas, fazer música com bons amigos e ter na minha coleção alguns discos em que eu toquei. Acho que quando alguém vem me dizer coisas como "o *Dopethrone* mudou a minha vida" ou "aquela música do Ramesses é a mais pesada que já ouvi na vida", isso me fazer pensar em tudo e é realmente insano. Porque eu só queria estar em uma banda, tocar a bateria o mais forte possível, tocar a música que eu gostava, e eu fiz isso. Então o simples fato de as pessoas terem comprado o disco já é mais do que eu esperava!

AMENRA

Colin H V Eeckhout (vocalista do Amenra) – Entrevista feita entre setembro e novembro de 2014

Na última década, a região de Ghent, na Bélgica, trouxe algumas das melhores bandas de metal alternativo do mundo, como Amenra, Rise and Fall, Oathbreaker e The Black Heart Rebellion, entre outras.

Com mais de 15 anos de estrada, o Amenra se destaca pelo som aflitivo e marcado por repetições incessantes e também por ser um dos principais pilares dessa "cena" belga, que se caracteriza justamente pela pluralidade de sons e influências sob um mesmo sentimento de comunidade.

Fruto da influência do hardcore, a postura "faça você mesmo" dessas bandas não apenas fortaleceu o cenário local como deu origem a outros projetos interessantes como Wiegedood e Kingdom.

Vocalista e um dos fundadores do Amenra, Colin H V Eeckhout, também conhecido como CHVE, topou falar nesta entrevista sobre a história da banda, suas impressionantes performances ao vivo e como é saber que o Neurosis deixou de fazer projeções em shows por sua causa.

Li recentemente que o Amenra está trabalhando em um novo álbum e também em um disco acústico. Qual o maior desafio em produzir dois trabalhos tão diferentes como esses? E como vocês se dividem para fazer todas essas coisas?
Colin: Não há um desafio realmente, você apenas faz. Isso mantém a composição interessante. No processo de composição, você tem muitos momentos em que fica "travado". Nada de construtivo acontece por um determinado período de tempo, não importa o que você faça. Aqui nós temos uma opção, nós mudamos. Às vezes nos sentimos mais inspirados a escrever músicas acústicas, mais frágeis. Outras vezes estamos afim de destruir tudo em pedaços. Somos os mestres das nossas criações. Não deixamos que o processo torne-se um desafio. Não precisamos necessariamente dividir ou separar o nosso trabalho, fazemos o que achamos que se encaixa melhor para uma determinada música ou criação. Não há nenhuma regra que precisamos seguir.

Além disso, vocês lançaram um livro em 2014. Fale um pouco mais sobre ele.

E é possível comparar um livro como esse com um trabalho mais convencional como um disco em termos de expressão para uma banda?
O livro é mais um olhar no nosso trabalho, no nosso "por quê". O Mike Keirsbilck, que comanda a gravadora Consouling Sounds, escreveu um ensaio sobre o que vê ligado à nossa existência (da banda). Em um artigo, por exemplo, ele liga o nosso mundo à tradição grega, o "falar a verdade". É uma análise de todos os discos que já lançamos e os seus significados. Além disso, traz entrevistas profundas comigo sobre como funcionamos (como uma banda) e como vemos a vida de forma geral. A segunda e mais importante parte do livro consiste nas fotos que o Stefaan Temmerman tirou nos últimos cinco anos. Ele nos conhece como ninguém e consegue capturar a emoção por trás de cada situação. Cada lançamento do Amenra, seja um disco ou um livro, alimenta a ideia geral. É como vemos e sentimos as coisas, como damos lugar para elas nas nossas vidas. O livro pode ser comparado a um disco de uma certa maneira, mas traz um terreno fértil de emoções diferentes.

Sei que o Neurosis é uma influência importante para o Amenra. Por isso, queria saber qual o significado de fazer parte da gravadora deles, a Neurot Recordings. E considera essa entrada na gravadora (e o lançamento do *Mass V*) como um ponto de virada para a banda?
Não apenas consideramos isso como um ponto de virada. Temos total certeza de que foi um ponto de impulso verdadeiro para mudar a nossa existência. É como se a maioria das pessoas passassem a nos levar mais a sério... Ficamos honrados em nos juntar à família deles. Isso nos fez perceber que estávamos criando algo maior do que realmente pensávamos. Foi um dos presentes mais bonitos que pudemos receber como uma banda. Um ninho aconchegante. E foi também algo bastante afrontador perceber que, independente de fazer um determinado tipo de disco ou música, você realmente precisa de algum tipo de "selo de aprovação" para poder chegar a um nível mais alto.

Falando sobre isso, o Scott Kelly, do Neurosis, aparece como vocalista convidado em uma música do *Mass V*. Como isso aconteceu? E ele chegou a se envolver na composição da música de alguma forma?
Bom, ele é o nosso chefe da gravadora e estava fazendo uma turnê pela Europa

na época. E tínhamos começado a falar sobre o processo de gravação e tudo mais. Então ele passou pelo estúdio quando estava em turnê por lá. Pudemos conhecê-lo melhor pelas tours que fizemos juntos. Foi uma honra contar com a participação dele no disco.

Como foi ficar sabendo que o Amenra foi uma das principais razões para o Neurosis parar de usar projeções em vídeos nos shows?
Você precisa ver essa situação no contexto. O Scott Kelly tocou com a gente no show de lançamento do *Mass V*, quando nós fomos um pouco além do que fazemos normalmente com as projeções. Usamos dois projetores diferentes e ângulos e três tipos diferentes de telas, entre outras coisas. A entrevista em questão (em que o Scott revela que o Amenra foi uma das razões para o Neurosis ter parado com os visuais nos shows) foi feita logo depois desse show. Então pode ter sido uma experiência muito forte em relação ao que estávamos acostumados e há uma chance disso ter influenciado a resposta dele a nosso favor. A resposta meio que nos deixou em choque. É um elogio de uma maneira estranha. Mas, por outro lado, eles meio que inventaram essa abordagem, por isso não está ao nosso alcance pegar isso. Sinto uma mistura de orgulho e vergonha.

O *Mass V* foi produzido pelo Billy Anderson (Neurosis, Melvins, Sleep, EHG). Como foi trabalhar com ele, conhecido por ter participado de alguns dos melhores e mais essenciais álbuns de metal das últimas décadas? E há algum outro produtor com quem você também gostaria de trabalhar?
Talvez (David) Bottril, (Steve) Albini... O Billy foi a primeira pessoa de fora do "nosso círculo" com quem trabalhamos. Por isso, levou algum tempo até que nos conhecêssemos. Ele tem anos de experiência e, como você disse, ajudou a criar alguns dos discos mais importantes da história do metal. Ele é um ícone. O conhecimento dele conseguiu tirar mais coisas da gente do que achávamos que havia lá dentro. Com certeza trabalharia com ele novamente. Isso se ele topasse, é claro, porque somos uns caras difíceis de se trabalhar (risos). Mas tenho certeza que existem outras pessoas talentosas por aí que também poderiam fazer o nosso trabalho significar algo.

Os shows do Amenra são conhecidos por serem muito intensos, como felizmente já pude comprovar. Qual o seu estado de espírito nesses momentos?

E como eles te afetam mental e fisicamente? Já chorou ou se machucou durante uma apresentação?
Isso depende. Em um show pode ser raiva, em outro frustração. Às vezes eles me machucam, em outras não me fazem nada. Tudo depende de como alguém se sente naquele momento. E, sim, já chorei e me machuquei em diversas ocasiões.

Vocês já tocaram em locais e ambientes muito diferentes, como uma igreja e uma floresta. Qual o clima ideal para um show do Amenra?
Um clima respeitoso. O silêncio é um bom fundamento.

Você é um dos fundadores do Amenra. O que a banda significa para você? Quando vocês começaram, lá por volta de 1999, pensava que seria algo tão intenso e que duraria tanto tempo?
Nós nunca pensamos quanto tempo ficaríamos juntos. Só seguimos o nosso caminho e lidamos com tudo que foi acontecendo. E agora ainda estamos juntos. Não falávamos ou pensávamos sobre isso (de ficar juntos tanto tempo) no começo, mas agora falamos bastante. É algo impressionante, até mesmo para nós. A amizade é uma coisa bonita. A banda me fez ser quem eu sou agora. Significa tudo para mim. A banda define a minha pessoa, é quem eu sou. Tire isso e fico reduzido a nada, coisa alguma.

Todos os seus discos são chamados de *Mass* (que significa Missa em inglês), apenas com os números aumentando, no estilo dos quatro primeiros discos do Led Zeppelin. Por que decidiram adotar essa abordagem para os títulos? E considera a sua música (ou a música em geral) algo religioso?
Sim, consideramos. Nossos discos são momentos de autorreflexão para nós. Colocamos em perspectiva as coisas que acontecem conosco, tentamos entendê-las. É para isso que servem as missas, encontrar respostas para as questões que te atormentam. Nós buscamos ajuda.

Você escreve letras fortes e impressionantes. O que te influencia nessas horas? E por acaso filmes e livros ocupam um papel nesse sentido?
A vida e qualquer coisa que passe pelo meu caminho e deixa uma marca. Infelizmente não tenho tempo para assistir a filmes ou ler livros. As dores da vida me guiam.

COLIN E O AMENRA ENTREGAM UMA DAS EXPERIÊNCIAS MAIS INTENSAS QUE VOCÊ PODE VER EM UM PALCO.

Como é o processo de composição da banda? Vocês costumam levar ideias finalizadas para os ensaios ou preferem fazer jams com todos na sala?
Fazendo jams. É a maneira como funcionamos. Também falamos muito sobre isso. Não levamos ideias finalizadas. É um processo com o qual todos estão comprometidos.

Como sou do Brasil, queria saber se você conhece alguma banda brasileira.
Sim, éramos grandes fãs do Sepultura antigo. Ainda é algo que nos leva de volta à nossa adolescência. Mas não conheço outras bandas brasileiras além deles, sinto muito.

Três discos que mudaram a sua vida e por que eles fizeram isso.
O primeiro seria o *Aenema* (1996), do Tool. Depois o *Through Silver in Blood* (1996), do Neurosis. E, por fim, o *Blush* (2003), do Wovenhand. Todos os três vieram em um determinado momento em que precisava desses discos.

Qual o seu disco favorito com o Amenra?
Em geral são os álbuns mais novos. É algo que muda constantemente.

Quando começou a cantar e ter bandas? Quais eram as suas influências?
Em torno de 1993? Acho que algo assim. A cena de hardcore straight edge H8000 da Bélgica me fez entrar nisso. O screamo sempre fez para mim uma mistura de hardcore influenciado por agressividade e abandono e letras poéticas e emocionais.

Qual a sua opinião sobre compartilhamento de arquivos e downloads de músicas?
É o progresso, eu penso. Queremos que todos que precisam da nossa música possam escutá-la. Pode representar o fim para algumas bandas e gravadoras realmente. Mas acho que também depende de você ter uma boa ou má administração. Não é fácil manter-se autossuficiente e ser realmente livre artisticamente.

Como você quer ser lembrado quando morrer?
Como um bom filho, pai, marido e amigo.

AMENRA / SYNDROME

Mathieu Vandekerckhove (guitarrista do Amenra e do Syndrome) – Entrevista feita em outubro de 2014

Criado em 1999, o Amenra ganhou merecidamente um maior destaque nos últimos anos para se consolidar como "a banda" de metal alternativo, pós-metal ou o gênero que você preferir.

Nesse período, os belgas construíram uma carreira sólida por meio de muitos e muitos shows, sempre incrivelmente intensos, e álbuns já obrigatórios, com destaque especial para o *Mass IIII* (2008) e o favorito da casa *Mass V* (2012), primeiro lançamento da banda pela Neurot, gravadora dos seus maiores inspiradores, o Neurosis.

Além de fazer tudo isso, o guitarrista e um dos fundadores do Amenra, Mathieu Vandekerckhove também encontrou tempo nos últimos anos para se dedicar a diferentes bandas, como o Kingdom, e o projeto solo Syndrome, que até passou pelo Brasil no final de 2014.

Na entrevista a seguir, feita pouco antes de Mathieu tocar em São Paulo e no Rio de Janeiro, o músico falou sobre as diferentes abordagens e intensidades na hora de tocar com o Amenra e o Syndrome, seu desejo de trabalhar com Steve Albini e como começou a tocar na adolescência pegando a guitarra do irmão de forma escondida, entre outras coisas.

Você vai tocar no Brasil em novembro (de 2014) com o seu projeto Syndrome. Essa turnê será a sua primeira visita ao país? Quais as suas expectativas para a viagem e os shows?
Mathieu: Não será a primeira vez. Há seis meses fiz uma viagem de férias para visitar minha boa amiga Sofie Velghe (também conhecida como Nicole Twister) no Rio de Janeiro. Desta vez, espero ver um pouco mais do país, especialmente São Paulo. Também estou curioso sobre a cena daí, para conhecer pessoas e descobrir novas bandas. Quanto às apresentações, espero que as pessoas sejam abertas ao que faço e que os shows sejam uma experiência íntima e espiritual.

Como aconteceu de você vir tocar no Brasil? Já conhecia alguém aqui? E o Amenra já foi convidado para tocar na América do Sul?
Conheci a Muriel (Curi, baterista), do Labirinto, no Dunk!festival, na Bélgica.

Ela me viu tocar com o Syndrome, nós começamos a conversar e ela disse que gostaria de levar o Syndrome ao Brasil, pelo que sou muito agradecido. Já fomos convidados antes para tocar no Brasil com o Amenra, mas organizar isso é muito mais difícil já que estaríamos viajando em um total de 8 pessoas.

Qual a maior diferença que sente em tocar com o Amenra e o Syndrome? São projetos musicais com ideias de sons e intensidades bem diferentes...
No Syndrome, o foco é mais na experimentação. Uso um pedal de loop e construo minhas músicas camada por camada. É uma abordagem bem diferente, independente de os riffs serem pesados ou não. A intensidade é o mais importante. Criar um sentimento e transformar a energia negativa em algo positivo.

Por ser um projeto solo, você vê o Syndrome como o "seu bêbê"?
O Syndrome é apenas algo que eu preciso fazer. Uma maneira de colocar as coisas para fora e deixar meus sentimentos seguirem livremente. Mas o Amenra ainda é a coisa mais importante na minha vida.

Quais as suas principais influências para criar música com o Syndrome?
A vida. Sou inspirado pelas coisas que acontecem na vida. Isso vale não apenas para o Syndrome, mas para todos os meus projetos musicais.

Além do Syndrome, você tem outros projetos, como o Kingdom e o Sembler Deah, ambos com o Colin (vocalista do Amenra). Como você divide seu tempo entre eles? Imagino que o Amenra seja o mais importante, aquele que guie suas outras bandas, de certa forma.
No momento, o foco é definitivamente maior no Amenra e, em menor extensão, no Syndrome. É um processo em constante mudança. Quando o Amenra fica em um período mais calmo, fazemos mais coisas com o Kingdom e o Sembler Deah. Apenas continuamos fazendo isso incessantemente, já que é a nossa vida.

Queria falar um pouco sobre a Church of Ra. Qual o conceito por trás do coletivo? Reunir todos os tipos de "espíritos irmãos" e com os mesmos ideais, vamos dizer? E qual o papel no Amenra nisso tudo?
O Amenra é o que deu origem a tudo isso. O conceito da Church of Ra veio

depois. Acho que você pode dizer que o Amenra forma o motor da Church of Ra. Com o Amenra, não queremos nos limitar à nossa música. Queremos usar outras mídias, como literatura, poesia, fotografia, arte, música ambiente, acústica... Encontramos outros artistas e bandas com quem sentimos uma conexão e com quem queiramos colaborar. Essa conexão é a coisa mais importante. Precisamos estar no mesmo ritmo, no mesmo comprimento de onda.

Quais bandas e artistas do Brasil você conhece? Recentemente o vocalista do Sepultura, Derrick Green, tocou em um festival na Europa usando uma camiseta do Amenra. Chegou a ver isso?
As duas bandas que conheço melhor daí são o Labirinto e o Sepultura, obviamente. Definitivamente era fã deles (Sepultura) na época do *Chaos AD* (1993), mas ultimamente não tenho acompanhado tão de perto. E também vi essa foto do vocalista deles com a camiseta do Amenra e tenho que admitir que é um sentimento legal ver alguém do Sepultura – uma banda que teve um impacto em mim quando era adolescente – usando uma camiseta do Amenra.

Vocês (Amenra) estão trabalhando em um novo disco *Mass*, além de um novo álbum acústico. Qual o maior desafio de trabalhar em discos tão diferentes assim? E como separam esse trabalho?
O processo de composição do Amenra é muito lento. Acima de tudo, isso acontece porque temos muitos shows, o que deixa pouco tempo para ensaios. Mas também porque as estrelas precisam estar realmente alinhadas para a gente criar música boa. Em breve, teremos um período mais calmo para trabalharmos tanto no novo *Mass* quanto no disco acústico. Não considero isso realmente um desafio, mas algo que precisamos fazer. Temos ensaios semanais e mudamos do acústico para o elétrico.

Sei que o Neurosis é uma grande influência para o Amenra. Por isso, quero saber qual o significado de fazer parte da gravadora deles, a Neurot. E consideram esse fato (junto com o lançamento do *Mass V*) como um ponto de virada na carreira da banda?
Nos sentimos em casa na Neurot. Tínhamos acabado de encerrar uma turnê com o Neurosis e alguns dias depois o Steve Von Till nos enviou um e-mail

perguntando se gostaríamos de lançar o nosso próximo disco pela Neurot. Isso definitivamente foi um ponto de virada para a banda, já nos fez sentir-nos respeitados pelas pessoas que admiramos desde o início do Amenra. Além disso, já estamos com o Amenra há cerca de 15 anos. Tivemos de trabalhar duro para chegar no ponto em que estamos agora e vamos continuar fazendo isso.

O Mass V foi produzido pelo lendário Billy Anderson. Como foi trabalhar com ele, um cara com uma história tão rica no estilo? E há algum produtor com quem você gostaria de trabalhar?
Foi bom trabalhar com o Billy. Nos isolamos por uma semana no estúdio La Chapelle, que fica em Ardenas, uma região montanhosa ao sul da Bélgica. Para o Billy, o lugar era especialmente intenso já que seu avô tinha lutado lá durante a Segunda Guerra Mundial; fomos até visitar alguns pontos históricos na região. A gravação foi tranquila e o Billy entendeu perfeitamente a direção que queríamos tomar. Um outro produtor com quem gostaríamos de trabalhar é o Steve Albini. Pelo que sabemos sobre a sua abordagem em estúdio, é algo que poderia se encaixar bem com a banda.

Você é um dos fundadores do Amenra. Por isso, queria saber o que a banda significa para você e se imaginavam ficar juntos por tanto tempo quando começaram no final dos anos 1990?
A banda significa simplesmente tudo para mim. Começamos em 1999 e, naquela época, nunca imaginei que ficaríamos juntos por todos esses anos. A irmandade é o ingrediente principal e o que mantém a banda junta até hoje. União é uma palavra que vai sempre ser importante na nossa história, essa é a nossa força.

Três discos que mudaram a sua vida e por que eles fizeram isso.
O primeiro seria o *Through Silver In Blood* (1996), do Neurosis. Esse é um disco inovador, especialmente quanto à espiritualidade e à intensidade da música. Para mim, é o disco mais pesado e intenso da história. Outro seria o *Altar* (2006), do Sunn 0))). Esse disco me fez entrar no mundo do drone e noise. Um novo universo cheio de ideias frescas e novas se abriu para mim. Meditação. O terceiro seria o *Wish You Were Here* (1975), do Pink Floyd. Um disco dos anos 1970 que continua tão relevante e bom quanto na época em que foi lançado. Música eterna.

Falando em influências, quando você começou a tocar guitarra e quais eram os seus heróis/influências na época?
Toco guitarra desde os 14 anos. Meu irmão tocava em uma banda de hardcore na época e costumava me levar junto nos shows. Realmente o admirava, e quando ele não estava em casa, entrava escondido no quarto dele e tocava sua guitarra. Na época, as minhas influências eram principalmente bandas da cena H8000 de hardcore da Bélgica, como Congress, Blindfold, Spineless.

Qual a sua opinião sobre compartilhamento de arquivos ilegais na Internet?
Para ser honesto, não sou contra os downloads. Acredito que, quando as pessoas realmente gostam da sua música, vão acabar apoiando de alguma forma.

Do que você tem mais orgulho na sua carreira?
A coisa da qual tenho mais orgulho é o sentimento de irmandade no Amenra. O fato de que os laços entre nós continuam tão fortes mesmo após todos esses anos.

RISE AND FALL

Bjorn Dossche (vocalista do White Jazz e Rise And Fall) – Entrevista feita em fevereiro de 2016

Durante cerca de uma década, mais especificamente entre 2002 e 2012, o Rise and Fall foi uma das bandas mais interessantes de hardcore do mundo ao lado de nomes como Converge, Cursed e The Dillinger Escape Plan.

No entanto, após quatro discos de estúdio – sendo três deles lançados pela gravadora Deathwish, de Jacob Bannon (Converge) –, os belgas de Ghent anunciaram um hiato indeterminado do qual nunca retornaram. E nem devem voltar, de acordo com o vocalista Bjorn Dossche.

Na entrevista abaixo, Bjorn fala sobre a sua nova banda, o White Jazz, explica por que o Rise and Fall não deve voltar à ativa, comenta sobre a tão falada "cena" de Ghent com bandas como Amenra e Oathbreaker e ainda conta como o Slayer, o hardcore e o Portishead mudaram a sua vida.

Você lançou recentemente o primeiro disco 7" (*Modern Living*) da sua nova banda, o White Jazz. Como foi voltar ao estúdio? É algo que fica mais fácil com os anos?
Bjorn: Realmente acho que o processo de gravação me estressa menos hoje em dia do que antes. Cantar (ou gritar) em um estúdio sempre parece algo um tanto não natural, mas fiquei mais confortável com isso ao longo do tempo. A parte divertida sobre gravar com o White Jazz é que gravamos no mesmo lugar onde ensaiamos, que, no caso, é o sótão do Chuck (guitarrista da banda). Ele tem alguns equipamentos estranhos, aluga vários microfones e então vira um geek do assunto e faz as coisas soarem incríveis. O *Modern Living* (2015) foi gravado basicamente em uma tarde. Todos os instrumentos foram gravados ao vivo em um take e nós adicionamos os vocais depois. Essa fórmula parece funcionar bem para nós.

Três dos quatro integrantes do White Jazz tocaram no Rise and Fall. Como vocês acabaram voltando a tocar juntos? E qual foi a ideia principal que tinham em mente quando resolveram montar a banda? É um som realmente caótico e urgente, com músicas curtas.
O Vince (ex-baixista do Rise and Fall e atual White Jazz) e eu tocamos juntos em bandas desde que tínhamos uns 18 anos. Após o Rise and Fall parar, ele se

manteve ocupado com o Blind to Faith (onde toca guitarra) e eu realmente não conseguia saber se teria outra banda. Mas um dia estávamos voltando de um show, começamos a conversar e percebemos que era uma perda não termos uma banda juntos. O Rise and Fall sempre teve uma boa dose de influência punk e queríamos explorar mais essa parte. Sem muitos enfeites, desde o início só tínhamos em mente tocar um punk/hardcore altamente energético. Ao pensar em possíveis bateristas, não pudemos deixar de pensar no Wim (Coppers, baterista), já que ele é um músico poderoso e está sempre afim de tocar. O próprio Wim então sugeriu de chamar o Chuck para a guitarra, o que foi uma ideia brilhante já que ele possui um estilo muito próprio de tocar e aborda o que fazemos a partir de um ângulo diferente.

O nome da banda tem alguma coisa a ver com o livro White Jazz (Jazz Branco, no Brasil) do James Ellroy? Há alguma razão específica para isso? E você costuma ser influenciado por livros e filmes na hora de compor?
Sim, com certeza. O James Ellroy é um verdadeiro gênio e um favorito entre nós. Queríamos um nome curto, fácil e que se destacasse. Em termos de letras, eu definitivamente pego influências de livros, filmes e basicamente tudo que eu leio, escuto ou vejo.

Além do Modern Living, vocês estão lançando um split com o Lies pela Deathwish. Como isso aconteceu? E como foi trabalhar novamente com a Deathwish, que foi a casa do Rise and Fall por tanto tempo?
O split 7" com o Lies aconteceu de forma muito orgânica. Um dos bônus de ter tocado em uma banda como o Rise and Fall é o fato de termos conhecido muita gente incrível ao redor do mundo. Duas dessas pessoas são o Thomas (que era do Hope Conspiracy, com quem o Rise and Fall fez várias turnês) e o Ryan (que tocava no Cerimony e também fez tours conosco). O Jonas (baixista do Lies) estava falando com o Vince sobre como eles queriam fazer um split em 7", o White Jazz tinha algumas músicas prontas, então tudo funcionou de forma muito suave. A Deathwish sempre foi ótima conosco e definitivamente lidou de forma perfeita com tudo relacionada ao split. Pode não ser um grande lançamento para uma gravadora desse tamanho, mas eles cuidaram de todos os detalhes como sempre fazem. Adoro trabalhar com eles.

Você já trabalhou com diversos produtores na sua carreira, incluindo o Kurt Ballou (Converge). Há alguma outra pessoa com quem gostaria de trabalhar?
Kurt é o cara. Mas não sei com quem mais eu gostaria de gravar. O Phil Spector talvez?

Agora, quase três anos após o Rise and Fall ter declarado o hiato, quais as chances de uma reunião da banda? Ou pensa que a ideia do punk/hardcore é sempre olhar para frente e em busca de coisas novas?
As chances variam entre nenhuma e pequenas. Mas você nunca sabe. Foi por isso que não quisemos um show de despedida dramático ou algo do tipo. Estamos todos envolvidos em várias bandas novas com as quais estamos animados e esse é o nosso foco no momento. Honestamente, penso que fizemos tudo que queríamos e dissemos tudo que queríamos com o Rise and Fall. Tenho orgulho de tudo que a banda alcançou durante os seus 10 anos de existência. Também sou agradecido pelos discos que pudemos lançar, as turnês que fizemos e as pessoas inspiradoras que conhecemos e de quem ficamos amigos. Mas sinto que não há mais nada para dizer. Fazer uma banda nova como o White Jazz é legal porque quase não há expectativas ou padrões a serem alcançados. É uma página em branco. Fazemos o que amamos e fazemos quando podemos e como queremos. O mesmo vale para o Supergenius, a banda que o Vince e o Wim montaram com alguns outros amigos e o Partisan, a nova banda do Cedric (ex-guitarrista do Rise and Fall).

Você tem um disco favorito com o Rise and Fall?
Não há como negar que o *Into Oblivion* foi nosso disco mais impactante, que realmente mudou as coisas para nós. Foi o primeiro álbum a sair pela Deathwish. Além disso, fizemos muitas turnês para promovê-lo. Olhando agora, tenho consciência de que causou um impacto. Também é o disco favorito de muita gente e consigo entender a razão disso. Estávamos fazendo algo que quase ninguém mais fazia na época (o que não é dizer que as nossas influências não transpareciam) e acreditávamos 110% no que fazíamos. Queríamos fazer o disco mais barulhento e pesado que pudéssemos e apenas fizemos isso. Lembro que durante a masterização do disco era quase impossível conseguir levar a bateria para o mesmo volume das guitarras porque elas estavam muito altas. "Quebramos" a cabeça para isso.

No entanto, o meu disco favorito com a banda é o *Faith* (2012), nosso último álbum. Sinto que alcançamos um ápice em termos de composição naquele disco. Escrevemos e gravamos o disco com a nossa melhor formação e conseguimos o máximo da banda em diferentes aspectos. Musicalmente, penso que combinamos a raiva e a energia desenfreadas do *Into Oblivion* com a abordagem um pouco mais experimental e levemente melódica do *Our Circle is Vicious* (2009). Foi a nossa segunda vez no God City (estúdio de Kurt Ballou, do Converge) e as coisas realmente se encaixaram. O mesmo vale para os convidados que aparecem no disco e para a arte criada pelo Jake (Bannon, vocalista do Converge, artista visual e um dos donos da Deathwish), com base numa troca de ideias que tivemos.

Essa é a última sobre o Rise and Fall. Qual o significado da banda na sua vida?
A banda definitivamente me formou de diferentes maneiras. Pude ver uma grande parte do mundo por estar no Rise and Fall, o que por si só é algo que nunca deixei de valorizar. Pude escrever e gravar músicas com alguns dos meus melhores amigos. Dei tudo que podia para fazer a banda funcionar e, em troca, o Rise and Fall foi a banda que alcançou (quase) tudo que já quis com uma banda. E tenho certeza que os outros te diriam a mesma coisa. Obviamente aprendi bastante ao longo desses 10 anos. Sou agradecido por toda a experiência. A banda vinha em primeiro e último lugar, era simples assim. Havia muito trabalho envolvido para manter uma banda como o Rise and Fall da maneira que fazíamos, mas também é algo recompensador. Mesmo que não estejamos mais na ativa, me sinto muito lisonjeado quando alguém mais jovem me diz o quanto gostava de nos ver ao vivo ou como um determinado disco impactou a sua vida.

Após ter tocado em bandas diferentes e ter feito turnês pelo mundo todo, como vê o papel do punk/hardcore na sua vida?
Estou um pouco mais velho agora, então a vida familiar e o trabalho tomam muito tempo e energia. Mas ainda sou um nerd musical e obviamente ainda amo punk/hardcore. Tento me manter o mais atualizado possível com o que acontece e acho que me saio bem nisso, mas, novamente, não preciso mais estar no centro das coisas, não me importo de observar de canto. Adoro ver bandas novas, assim como os meus amigos que ainda estão fazendo isso. Nada

supera um show selvagem e suado em um clube ou porão qualquer em que você sente que qualquer coisa pode acontecer. Ou então acordar pela manhã, colocar o *Rock for Light* do Bad Brains para tocar e apenas sentir como se você quisesse pular pela janela.

Mas o que realmente importa é a atitude, a maneira como você lida consigo mesmo e como enxerga o mundo ao seu redor. Todas essas coisas foram firmemente moldadas pela forma como eu cresci: indo em shows, tendo bandas, interagindo com pessoas inteligentes (e outras nem tanto) de todos os lugares. Sempre associei o punk/hardcore com uma atitude sem besteiras, um pensamento crítico e uma maneira de ser você mesmo fora das barreiras da sociedade.

Você é de Ghent, uma cidade relativamente pequena da Bélgica que possui algumas bandas realmente incríveis, como Amenra, Oathbreaker, Wiegedood e, obviamente, o Rise and Fall. Como é a cena por aí e a relação entre essas bandas?
Cresci em Ghent (e na região ao seu redor) e a cidade nunca teve realmente uma cena própria de punk/hardcore. O que nós tínhamos era uma porrada de shows em lugares menores e algumas boas lojas de discos. A maioria do pessoal do Amenra, Oathbreaker e Rise and Fall mudou para Ghent para estudar. Alguns acabaram ficando porque é simplesmente a melhor cidade que existe. O Amenra é a banda que está por aí há mais tempo e o Rise and Fall começou a se sair bem na mesma época que eles. Por isso, fizemos algumas turnês menores e shows de final de semana juntos. Obviamente nos conhecemos muito bem e, apesar de as nossas bandas poderem ser muito diferentes em termos de som e abordagem, penso que influenciamos uns aos outros em termos de ética de trabalho e perseverança. Hoje o Amenra é uma banda grande e fico feliz por isso. O Oathbreaker começou a fazer shows quando nós já estávamos tocando há um bom tempo. Eles fizeram turnês tanto com o Amenra quanto com o Rise Fall. Podem ter pegado uma ou outra coisa da gente aqui ou ali, mas também evoluíram como uma entidade única e fascinante. Uma banda incrível.

Então sim, definitivamente há uma relação e um laço em comum entre todas essas bandas. Nós nos damos bem e há várias bandas e outros projetos que foram criados a partir das relações que desenvolvemos ao longo do tempo. O Wiegedood deve ser o melhor exemplo, já que traz o Wim (White Jazz, Rise and Fall), Levy (Amenra) e o Gilles (Oathbreaker e Hessian). Não vou nem entrar no mérito sobre quem tocou em qual banda para ajudar em algum momento porque isso levaria muito tempo.

Pode dizer os três discos que mudaram a sua vida?
Ainda que sejam as mais difíceis, eu adoro essas perguntas! Esses são os três que eu escolheria hoje.

O primeiro é o *Decade of Agression* (1991), do Slayer. Quando era adolescente comecei a curtir metal, deixei crescer um mullet e ouvia Metallica, Iron Maiden e Judas Priest sempre que podia. Isso foi no começo dos anos 1990. A maior parte da música que eu tinha eram fitas cassetes gravadas. Eu via muitas pessoas na minha cidade usando camisetas do Slayer e toda a vibração da banda me atraía. Então um dia (acho que foi em 1993) fui de bicicleta até uma cidade próxima para comprar um disco do Slayer. Comprei esse porque era duplo, valia mais a pena. Aquela vibração sinistra e obscura, as piadas meio doidas entre as músicas, toda a velocidade e agressividade deixaram uma grande impressão em mim, junto com as fotos do Jeff Hanneman batendo cabeça. Rest in Power, Jeff.

Outro álbum é a compilação *New York Hardcore: The Way It Is* (1987). Após ter descoberto o hardcore e várias bandas americanas, de alguma forma me ocorreu que havia toda uma história que eu não conhecia. Via fotos de caras usando camisetas do Youth of Today e do Bold, ou lia entrevistas com bandas em que eles falavam do Warzone ou Side By Side e eu queria saber o que era aquilo. Quando encontrei esse CD (a versão com a capa em papelão) na antiga loja Music Mania, em Ghent, fiquei muito animado. O encarte trazia todas essas fotos incríveis em preto e branco de jovens nervosos. Além disso, a compilação era um verdadeiro "quem é quem" do NYHC da metade para o fim dos anos 1980. Impossível decidir quais músicas se destacam mais (apesar de "Sick People" ser uma das que mais gosto), mas esse álbum foi uma porta de entrada para um novo universo.

E o terceiro disco é o álbum autointitulado do Portishead, lançado em 1997. Apesar do meu amor pelo hardcore/punk, sempre fui interessado em outros tipos de música. Sempre tive apetite por música nova e queria saber o que estava acontecendo por aí. Quando era adolescente, costumava ir até uma biblioteca local e pegar vários CDs aleatórios para conhecer. Normalmente de bandas sobre as quais tinha lido ou ouvido falar. Ao ouvir esse disco do Portishead pela primeira vez, senti um impacto que apenas poucos álbuns tiveram em mim desde então. Apesar de ser um disco obscuro e com um clima muito pesado, também é muito bonito e inspirador, quase purificador. O meu cérebro adolescente teve dificuldades para compreender o que estava acontecendo, mas sou um grande fã desde então. Só os vi ao vivo uma vez e foi realmente incrível.

Quando você começou a cantar e quais eram as suas influências na época?
Comecei a cantar em bandas de hardcore no final dos anos 1990. A minha primeira banda foi uma tentativa adolescente louca de fazer algo tão intenso quanto o Unbroken e tão progressivo e barulhento quanto o Deadguy. Nem preciso dizer que isso não deu muito certo, mas com certeza foi divertido. Nós curtíamos muito essas bandas que queríamos emular, mas mal conseguíamos tocar nossos instrumentos – e eu era basicamente o pior vocalista da história. Lembro de um ensaio em que nosso baterista não foi e o Vince apenas usou algumas garrafas plásticas vazias para bater nas peças de bateria enquanto eu gritava sobre o som de duas guitarras "magras".

Após tantos anos de turnês, quais as maiores lições que aprendeu sobre a vida na estrada?
Pode não ser realmente uma lição, mas o que eu mais gostava sobre sair em turnês era o sentimento de liberdade total. Aqueles dias e noites eram nossos. Claro que há uma agenda e todos aqueles trajetos enormes para dirigir, mas não havia ninguém a quem responder a não ser nós mesmos. Estávamos fazendo o que mais amávamos, podíamos passar o tempo com amigos e pessoas inspiradoras. É fácil ficar todo esnobe e focar nas partes que não são divertidas das turnês, mas eu realmente valorizo as chances que tive e o tempo que passei com meus irmãos. Havia um objetivo em comum e era simplesmente dar tudo o que nós tínhamos todas as noites. Mesmo que só tivesse sete pessoas e um burro no show, apenas citava Chuck Dukowski (Black Flag) para mim mesmo: "What the fuck, fuck shit up".

Do que tem mais orgulho na sua carreira?
Já estive em algumas bandas e obviamente o Rise and Fall é a que mais se destaca. Como você pode ver pelas outras respostas que eu dei, olho para a banda com muito carinho e uma dose razoável de orgulho, apesar de a palavra "orgu-

lho" em si sempre me parecer um pouco estranha. Adoro tocar com o White Jazz também, mas é realmente algo bem diferente. Nossos discos ficaram legais pra caralho e espero que algumas pessoas por aí curtam o barulho que estamos fazendo. O que realmente importa para mim é que o Rise and Fall (e o White Jazz, de certa forma) é uma banda que é/foi respeitada por nossos colegas – nós éramos o tipo de banda que outras bandas gostavam de ver e tocar junto. Ser respeitado e elogiado por pessoas que você respeita e, em alguns casos te inspiraram, é algo incrível.

BJORN EM AÇÃO COM O RISE AND FALL; OS BELGAS PENDURARAM AS CHUTEIRAS APÓS 10 ANOS EM 2012.

THE BLACK HEART REBELLION

Tim Bryon (baterista do The Black Heart Rebellion) – Entrevista feita em abril de 2016

Assim como o Oxbow, o The Black Heart Rebellion talvez seja uma das bandas com o som menos "metal" a fazer parte dessa comunidade ou cena de metal alternativo. Formado em Ghent, na Bélgica, mesma região de outros nomes importantes como Amenra, Rise and Fall e Oathbreaker, o TBHR começou fazendo um som mais puxado para o pós-rock que mudou drasticamente nos últimos dois discos.

Apesar de Har Nevo (2012) já sinalizar uma banda em busca de algo diferente, foi com People, when you see the smoke, do not think it is the fields they're burning (2015) que o TBHR conseguiu atingir o que estava buscando, como afirma o próprio Tym Bryon.

Nesta entrevista, o músico fala sobre as dificuldades enfrentadas pelos integrantes do TBHR nessa verdadeira jornada para "se encontrarem", o impacto do Sepultura e do Neurosis na sua maneira de tocar e a importância quase "impossível de explicar" da banda na sua vida.

O seu último disco, People, when you see the smoke, do not think it is the fields they're burning (2015), possui um som muito diferente e menos "convencional" do que os primeiros trabalhos (Monologue e os splits), soando como uma espécie de evolução do Har Nevo (2012). Você concorda com isso? E essa foi uma decisão consciente da banda, de fazer essa mudança a partir do Har Nevo e mais ainda com o People...?

Tim: Definitivamente concordo com isso. De certo modo, há uma evolução consciente por trás das mudanças no som. Mas ela só se torna consciente olhando em retrospectiva, na verdade. O TBHR está há mais de 10 anos nas nossas vidas e, olhando para trás, tiramos um tempo bastante longo para experimentar e entender o que estávamos fazendo e o por quê. Diria que nos primeiros quatro ou cinco anos da banda, nós estávamos tentando fazer uma música que se encaixasse em algum gênero. Foi uma ótima época para explorarmos palcos na Europa e tocar algo que as pessoas chamavam de screamo ou pós-rock. Mas naquela época não parecia apenas uma fase. O que você faz em determinado ponto da sua vida costuma parecer permanente. Acho que começamos a olhar para isso de outra maneira há alguns anos quando começamos a pensar sobre a história que queríamos contar com o sucessor do Monologue (2008). Tínhamos acabado de escrever e tocar uma trilha sonora ao vivo para uma peça de teatro. Esse projeto realmente abriu os nossos olhos, mas trabalhamos por um ano sem nenhum resultado tangível, as performances eram temporárias. Depois disso, senti como se tivéssemos que começar tudo de novo, como se tivéssemos até perdido tempo. Talvez porque o último lançamento, o Monologue, tinha acontecido em 2008. Sentamos e começamos a conversar. Tivemos conversas longas e confrontadoras porque indiretamente também estávamos falando sobre as nossas vidas em um nível musical, pessoal e profissional. Você poderia dizer que foi o famoso "segundo disco difícil", mas penso que a situação era mais profunda do que isso. Na época, de forma muito natural, os assuntos que estavam nas nossas cabeças começaram a penetrar nas estruturas e sons que estávamos criando. "Evoluir" e a busca por uma nova forma tornaram-se o assunto da banda, tanto musicalmente quanto na parte lírica. Mas foi algo difícil e algumas vezes desconfortável. Na verdade, chegamos a ficar perto de acabar com a banda em um momento. Foi um período estranho, mas abriu mais possibilidades nas nossas cabeças. Um tipo de "fim de ciclo" que você só alcança quando tem o sentimento de que não há mais nada a perder. Simbolicamente, dizer adeus ao que tínhamos feito antes foi o que manteve a banda viva. A premissa era que nós estávamos mudando como pessoas e que o TBHR tinha que mudar conosco. Então mudamos o foco da tentativa de fazer algo que já existia para a busca por algo diferente. As músicas começaram a aparecer lentamente porque estávamos focando na ação de escrever músicas e buscar sons que correspondessem aos nossos humores e dúvidas naquele momento. Tomar essa direção nos deu mais liberdade e realmente abriu nossos olhos e mentes, resultando na "mudança" como modus operandi para a banda. O TBHR pode evoluir de várias maneiras agora e isso faz eu me sentir calmo e feliz, sabendo que assumimos a direção e podemos decidir a cada momento para onde estamos indo.

No People... (2015), a bateria é talvez o instrumento mais pesado, junto com os vocais, diferentemente das escolhas mais óbvias de uma banda tradicional de rock que costumam ser a guitarra e o baixo. Mesmo assim, é um disco muito pesado, pelo menos nas suas próprias melodias e vibrações. Como foi o processo de composição? Vocês entraram em estúdio já sabendo que queriam soar dessa maneira?
Essa vibração pesada é exatamente o que queríamos alcançar, mas não tínha-

mos interesse em paredes de distorção ou nas maneiras como uma banda de rock tradicional, como você diz, iria usar naturalmente. Isso não é uma crítica, apenas entendemos que tínhamos de encontrar a nossa própria voz. E ela já estava lá antes, mas ainda não a tínhamos usado. Parece que demos um passo para trás e buscamos aquilo em que cada um de nós era bom, o que gostávamos nos nossos instrumentos e como podíamos usar esses elementos para alcançar o som que nos pegasse. Olhando para trás, o *Har Nevo* parece um "experimento bruto" e sentimos que o *People...* traduz ainda melhor as ideias que queríamos expressar no *Har Nevo*. Por quê? Porque arriscamos ir mais longe e fazer escolhas diferentes sobre qual instrumento queríamos usar para criar atmosferas específicas. Nos forçamos a deixar mais espaço para cada instrumento no *People...* O que significa que algumas vezes há mais impacto quando há menos volume. É verdade que a bateria possui um papel importante, mas também pode ser a ausência da bateria que cria um impacto. Músicas como "Flower Bone Ornaments", "Near to fire for bricks" e "Dorsem" são bons exemplos disso. E ainda temos muito a aprender sobre como deixar espaço um para o outro e talvez para novos instrumentos. Para gravar esse álbum, voltamos ao Koen Gisen. Ele é mais conhecido por gravar coisas indie e, aparentemente, éramos a banda mais pesada com quem ele tinha trabalhado quando começamos a falar sobre gravar o *Har Nevo*. E isso foi a melhor coisa que poderia ter acontecido porque tirou os dois lados das suas zonas de conforto e ninguém tinha uma ideia clara sobre qual seria o resultado. Então o *People...* foi realmente escrito com a atmosfera única do estúdio dele em mente. É realmente um lugar mágico e o Koen é uma pessoa incrível para se trabalhar.

Você possui um jeito realmente particular de tocar bateria, bastante tribal e presente o tempo todo, mesmo que você não use as "batidas" mais tradicionais, especialmente nos últimos dois discos. Foi influenciado de alguma maneira por bandas como Neurosis e Sepultura?
Comecei tocando bateria na escola de música e larguei justamente após descobrir bandas como o Sepultura. Senti a necessidade de tocar música mais pesada, mas a academia não era o lugar para esse tipo de coisa. Fico feliz por ter tido uma formação técnica básica, mas também fico feliz por ter largado essa abordagem acadêmica para fazer música. Após abandonar a academia, apenas

comecei a tocar o mais alto possível (risos). Então descobri o metal e o hardcore e comecei a imitar isso. Descobri o Neurosis alguns anos depois disso e o legado deles definitivamente me marcou. O TBHR foi formado alguns meses após eu sair da academia. Tínhamos em torno de 17, 18 anos de idade e estávamos apenas nos divertindo. Essa pegada tribal no meu estilo de tocar surgiu muito depois, durante a época difícil em que escrevemos o *Har Nevo*. Eu entendi que me sentia mais confortável ao operar em uma zona que é difícil de julgar. Dei um passo para trás em relação aos padrões de bateria convencionais da música pesada underground e busquei inspiração onde a percussão realmente criava uma atmosfera e não apenas decibéis... Podem existir pequenos traços disso no que eu realmente toco, mas bandas como Dawanggang, Karantamba e várias gravações do Alan Lomax (como as músicas da prisão e o disco *Saraca: funeral music of the Caricayou*) realmente me fascinam. Misturar essas influências com guitarras e vocais mais pesados nos trouxe para essa zona.

O título do seu último disco, People, when you see the smoke, do not think it is the fields they're burning, foi retirado de um poema de morte de um monge zen chamado Baika, certo? O disco certamente soa sombrio e melancólico em muitos momentos, mas também é bonito e solene. Seria essa talvez uma maneira de olhar para a morte?
O TBHR não é uma plataforma para espalhar uma mensagem específica ou visões sobre vida, morte, política ou qualquer outro tema. Podemos fazer isso algum dia se sentirmos a necessidade, mas neste ponto funciona de modo contrário. Atualmente é apenas sobre música. O poema explica algo que nós vivenciamos ao fazer música, não o contrário. Descobrimos o que acabou virando o título do disco apenas algumas semanas após terminar as gravações e deixar as "tomadas" mais cruas penetrarem. Realmente é um poema de um monge budista, escrito no seu leito de morte. Ele estava imaginando como os transeuntes podiam entender de forma errada os sinais (de fumaça) da sua cremação. Sentimos que essa mensagem traduzia muitas das ideias por trás do álbum, mas também da banda. O poema não é apenas sobre a morte, mas também e talvez mais ainda sobre como olhamos para o mundo com a morte como uma parte disso. O que as pessoas passando pensam quando veem os sinais de fumaça e qual a verdade por trás deles? Eles querem ver isso? A urgência do poema é

impressionante porque sabemos que ele foi escrito de frente para a morte. Mas sem essa urgência, durante as nossas vidas cotidianas, parece difícil enxergar o verdadeiro significado de tudo ao nosso redor. Pensamos que entendemos o que vemos à distância, mas realmente não entendemos. E o destino de cada um muda esse jogo tão drasticamente e constantemente com uma velocidade que ninguém consegue acompanhar. O poema apenas arranha a superfície, mostrando um exemplo claro. Penso que o poema fala ainda mais sobre a vida do que sobre a morte por conta do contexto do autor. Pense nesse monge que passou anos da sua vida tentando alcançar a iluminação por meio de exercícios físicos e mentais rígidos, pensando que chegou ao fim de um estágio e pedindo para as pessoas pensarem além do que elas veem e saberem que a morte é real e está em todo lugar. Me sinto abençoado e agradecido por podermos compartilhar essa descoberta com as mesmas pessoas, anos após a morte do autor. Há muito mais sabedoria e conhecimento sobre a morte nas tradições asiáticas do que no ocidente. Nunca esqueço a abertura de um documentário sobre o *Livro Tibetano dos Mortos*: "A Morte é real, ela chega sem aviso e não há como fugir". Por isso, penso que Baika compartilhou um pensamento interessante. Em essência, o TBHR não existe para traduzir e comunicar essas mensagens, mas às vezes encontramos algo que amplifica o que estamos pensando e fazendo. É por isso que escolhemos dar o crédito para ele e falar sobre isso de uma forma muito aberta e transparente.

Já que falamos sobre o poema, queria saber o que te influencia a escrever música?
Há um trecho da letra da música "Am Kreuz", do Amenra, que todo mundo devia pendurar em cima da cama e olhar por cinco minutos antes de dormir: "E agora é hora de fazer a sua vida valer a pena".

Vocês são de Ghent, uma pequena cidade da Bélgica que possui muitas bandas incríveis, como o Amenra, Oathbreaker e Rise and Fall. Por que acha que há tantas bandas interessantes aí? Há algo na água? E como é a cena e a relação entre as bandas – sei que vocês já lançaram um split com o Amenra e contribuíram com a Church of Ra...
Nos sentimos próximos de bandas que possuem uma mensagem profunda e

honesta. Essa mensagem não precisa estar necessariamente em palavras, ela pode vir de diferentes maneiras: ações, áudio ou visual. Muitas das bandas com as quais nos sentimos confortáveis nesse nível também estão próximas geograficamente, mas não acho que tenha alguma coisa na água (risos). Talvez ainda seja cedo demais para chamar de um movimento. Acho que teremos uma visão mais clara sobre isso daqui alguns anos. Mas há muitas coisas acontecendo e definitivamente fomos influenciados pelo Amenra e por outras bandas que surgiram na Bélgica no final dos anos 1990. O Rise and Fall não nos influenciou musicalmente, mas tê-los por perto com certeza nos inspirou a começar algo. Penso que a coisa mais importante que aconteceu entre algumas bandas de hardcore de Ghent (especificamente a partir de 2010) é que todos começaram a se ajudar. Uma linha de pensamento simples, mas com um impacto enorme. Comecei a tocar no Kingdom com o Colin (H. van Eeckhout, vocalista) e o Mathieu (Vandekerckhove, guitarrista), do Amenra; o Valentijn (Goethals, do TBHR) começou a fazer as artes do Amenra juntamente com o Tomas (Lootens, do TBHR); o Tomas, eu e o Valentijn começamos a lançar coisas por meio da Smoke & Dust records; o Colin estava nos convidando para sair em turnê e abrir alguns shows etc. Isso estava acontecendo com várias bandas ao mesmo tempo, todo mundo estava trabalhando muito em todas as partes da cadeia e para todas as bandas da cadeia. Isso levou ao nascimento de ainda mais bandas com músicos que se encontraram nesse caminho. É algo mágico e somos agradecidos por estarmos cercados de tanta gente criativa e colaborativa. A Church of Ra é uma gravadora poderosa. Ela me ensinou que se você quiser beber da fonte, também precisa contribuir com ela. Há um ditado: "Se você quiser ir rápido, então vá sozinho. Se você quiser ir longe, então vá com outros". As duas maneiras estão certas no sentido de que vão te levar a algum tipo de resultado. Caminhar sozinho também é interessante, mas é satisfatório andar com outros aqui e ali. Mas qualquer gravadora é uma tentativa de agarrar um movimento. E os movimentos são fluidos e eventualmente vão se transformar novamente. Essa mudança é inevitável e estou curioso para ver como as coisas estarão daqui alguns anos.

Quais são os discos que mudaram a sua vida?
Tudo do Nick Cave. Tudo do Tom Waits. Tudo escrito pelo poeta belga Hugues C. Pernath. O *Eye of Every Storm* (2003), do Neurosis, e o *Shelter From the Ash* (2007), do

Six Organs of Admittance. Não consigo descrever como esses discos mudaram a minha vida... Por favor, apenas escute tudo isso sem parar para sempre, ok?

Quando você começou a tocar bateria? E quais eram os seus heróis naquela época?
Comecei a tocar na banda de fanfarra local quando tinha 7 anos e ganhei minha primeira bateria no meu aniversário de 10 anos em 1997. Nunca esquecerei aquele momento em que fui buscá-la na loja de instrumentos com o meu pai. Ótimas lembranças. E ele me fez prometer que não ia parar de tocar após o primeiro ano porque o investimento tinha sido alto para uma criança da minha idade. Mantive minha promessa. E nunca tive heróis na bateria, nunca tive a atenção necessária para procurar e analisar os diferentes estilos... Talvez faça isso algum dia quando tiver tempo. Aprendi a maior parte do que sei ao olhar para os bateristas nos shows.

Qual a importância do TBHR na sua vida?
A banda determinou tanta coisa na minha vida que é quase impossível começar a responder essa pergunta. Sem o TBHR eu não teria conhecido o Valentijn e o Tomas, e nós não teríamos montado a nossa própria gravadora, a Smoke & Dust. Sem isso, não teríamos montado o nosso próprio espaço para shows em Ghent (chamado 019). Sem o TBHR, talvez eu não tivesse conhecido o Colin e o Mathieu nem começado a tocar no Kingdom com eles. Sem o Kingdom não teria conhecido minha esposa. E por aí vai...

Do que você mais tem orgulho na sua carreira?
É difícil escolher qualquer coisa do passado. Tenho orgulho de onde estamos agora, todos os dias. Estou tão feliz com tudo e todos que cruzam o meu caminho por meio do TBHR, da Smoke & Dust, do 019. Tenha respeito e mantenha-se fiel à sua própria verdade.

YEAR OF NO LIGHT

Johan Sébenne (baixista do Year of No Light) – Entrevista feita em julho de 2015

Na estrada desde 2001, os franceses do Year of No Light (YONL) já passaram por muitas transformações até chegarem a sua forma atual como um sexteto de metal instrumental.

Até 2008, a banda de Bordeaux contava com um vocalista e uma formação mais tradicional com "apenas" uma bateria e duas guitarras. Mas isso mudou drasticamente após a saída do tecladista e vocalista Julien Perez, "substituído" então por um baterista e um guitarrista.

Com esse lineup no melhor estilo Iron Maiden, os caras deram um salto visível em termos de composição e peso, o que fica evidente em *Ausserwelt* (2010), primeiro full-length da banda já como sexteto e um dos melhores discos de metal instrumental da última década.

Nesta entrevista, o simpático baixista Johan Sébenne, que é irmão de um dos bateristas do YONL, Bertrand Sébenne, fala sobre a demora para compor o álbum mais recente, *Tocsin* (2013), por que já lançaram tantos splits, como foi criar uma trilha para um clássico do cinema e quais bandas são unanimidade entre todos os seis integrantes.

Vocês lançaram mais um split no começo de 2015, com o pessoal do Bagarre Générale, cerca de dois anos desde o último full-length da banda, o *Tocsin*. Por que demoraram tanto para gravar esse novo trabalho?
Johan: Esse split também foi meio difícil para nós porque ele foi gravado um mês após o nosso último disco, *Tocsin*. Então apenas demorou muito tempo para lançar. Não foi apenas nossa culpa, também tiveram coisas da gravadora, da arte do álbum, outras coisas. Acho que terminamos de gravar o *Tocsin* em julho ou agosto de 2013 e gravamos o split um mês depois disso. Foi difícil para nós. E agora estamos lentamente escrevendo músicas novas.

Falando nisso, queria saber como é o processo de composição da banda já que vocês fazem um som instrumental cheio de nuances e detalhes. Vocês costumam fazer *jams* nos ensaios ou cada um leva suas ideias prontas?
Isso realmente depende. Antes era muito mais um de nós chegando com um

riff e então fazíamos uma *jam*. No último disco, o *Tocsin*, por exemplo, algumas músicas foram escritas por um dos guitarristas. Em algumas das músicas tínhamos apenas um *riff* e fizemos *jams*. E outras fizemos juntos com um dos bateristas. No momento estamos trabalhando em duas músicas e é uma mistura de fazer *jams* e trazer ideias.

E você sabe quando esse disco novo será lançado?
Queremos gravar no ano que vem (2016), mas não temos nenhum prazo. Sempre queremos compor o melhor disco possível. Não queremos nos preocupar com isso, preferimos passar mais tempo na composição. No último disco, nós fomos especialmente lentos (risos). Na verdade, ele estava quase pronto um ano antes das gravações. Fizemos uma preparação e gravamos em três dias (um ano antes). Quatro das cinco músicas já estavam gravadas, mas trabalhamos na última faixa por um ano. E nós ficamos um pouco loucos. Porque sempre que mudávamos algo, não ficávamos felizes com aquilo. Por isso, espero que a gente seja mais rápido com esse próximo disco. Sempre que começamos a trabalhar em um disco novo, todo mundo chega com ideias de algumas *jams* que gravamos. E normalmente começamos a ouvir tudo e às vezes temos três horas de música para lidar. E então precisamos fazer algumas escolhas (risos).

E vocês todos vivem na mesma cidade, em Bordeaux? Com qual frequência vocês costumam ensaiar?
Sim, no momento vivemos na mesma cidade. No começo era assim, mas depois algumas pessoas mudaram e já faz quatro anos desde que voltamos todos a viver na mesma cidade. E costumamos ensaiar uma vez por semana, toda quarta-feira (risos).

Vocês já lançaram algo como sete splits. Por que tantos? Vocês preferem esse formato?
Gostaria que pudéssemos fazer mais discos full, mas os splits são algo mais rápido para fazer. Costumamos lançar splits com amigos e bandas que conhecemos em turnês. Em alguns splits nem todos da banda estão presentes, talvez apenas três ou quatro de nós, é algo que realmente depende. Mas normalmente gravamos muito rápido, em um ou dois dias, e é isso. O processo para fazer um

split é muito mais fácil do que um disco full normal. Adoraria poder fazer mais discos, mas precisaríamos de mais tempo para fazer isso.

Após o seu primeiro disco Nord (2006), vocês decidiram virar uma banda instrumental. O que os levou a fazer isso?
Na verdade, nós tínhamos um vocalista na época (Julien Perez) que também tocava teclado. E no último ano dele na banda, nós já estávamos evoluindo nossa forma de composição, as músicas ficaram muito maiores e com mais partes instrumentais. E, nesse último ano, acho que ele só veio ao ensaio duas vezes. Porque ele era mais novo que a gente, tinha outra banda e só passou a aparecer para o ensaio quando tínhamos um show ou turnê chegando. E ele decidiu sair da banda após uma turnê que tínhamos planejado seis meses antes. E então sabíamos que tínhamos esses últimos seis meses com ele para fazer a turnê e depois disso continuamos a trabalhar nas músicas novas que estávamos fazendo. Então decidimos adicionar dois novos integrantes quando ele saiu, um segundo baterista, o Mathieu Mégemont, e um terceiro guitarrista, o Shiran Kaïdine.

Você falou antes sobre terem lançado splits com amigos. Quais bandas da França você vê como "espíritos irmãos"?
Bom, há muitas bandas. É óbvio que vou dizer o Monarch porque um dos nossos guitarristas também toca no Monarch. Acabamos de fazer uma turnê com eles na Europa. E, mesmo conhecendo-os desde o início, essa foi a primeira vez que conseguimos fazer uma turnê juntos. Há muitas bandas boas na França, na Europa, em todo lugar.

E acha que a cena de metal na França vai bem?
Sim, definitivamente. Estou pensando agora no Blut Aus Nord, por exemplo. Não sei se podemos chamar de cena, mas atualmente há muitas bandas boas de punk e metal onde vivemos. Temos o Gasmask Terror, o Monarch e muitas outras bandas.

Vocês foram influenciados pelas bandas norte-americanas de metal alternativo, como Neurosis, Isis, Pelican, entre outras?
Sim, mas não todos na banda. Eu sou um grande fã de Neurosis. Também gos-

tava muito dos primeiros discos do Isis. Mas sei que nem todas as pessoas da banda curtem. Acho que preferíamos o Old Man Gloom no começo da banda. Eu organizei shows do Isis e do Pelican na França. Então é claro que eu conheço essas bandas e gostava delas na época. Mas as seis pessoas do Year of No Light escutam muitas coisas diferentes. Quando eu era mais jovem, curtia muito música gótica, coisas como Joy Division, Sisters of Mercy e por aí vai. Também adoro música eletrônica e noise. Cada um da banda curte coisas diferentes, alguns curtem mais metal, outros gostam mais de indie. Mas posso dizer que todos adoramos Swans, Joy Division e Darkthrone (risos). Essas são algumas bandas que todos gostamos.

Vocês tocaram recentemente pela primeira vez nos EUA, certo? Como foi essa experiência?
Foi muito louco (risos). Os nossos primeiros discos foram relançados nos EUA pela Crucial Blast há cerca de oito anos. E nunca tínhamos conseguido tocar lá. Até tentamos por duas vezes, mas não foi possível por questões com os nossos empregos e coisas do tipo. Então essa oportunidade apareceu em 2014 e tudo se encaixou perfeitamente. Não acreditávamos que haveria tantas pessoas esperando pela gente nos EUA. Ouvimos tantas histórias de bandas que tocaram nos EUA, sobre más condições e... É verdade que é diferente da Europa, mas acho que tudo acabou dando muito certo. Nós conhecemos muitas pessoas loucas e legais todas as noites, pudemos tocar com bandas excelentes. Mas também foi um pouco estranho porque um dos nossos integrantes não pôde fazer essa turnê nos EUA porque teve problemas com a imigração e acabou sendo mandado de volta para a França. E fizemos a tour com cinco pessoas na formação. O primeiro show foi um pouco estranho porque tivemos de nos adaptar a isso assim que chegamos. Mas conseguimos fazer os shows e tudo correu bem. E espero poder voltar em breve.

Sempre pergunto essa. Por favor, me diga três discos que mudaram a sua vida e por que eles fizeram isso.
Hmm, muitos discos mudaram a minha vida (risos). Posso citar todos os discos do Joy Division (risos). Porque amo todos eles. Poderia trocá-los pelos primeiros do Sisters of Mercy. Mas diria que definitivamente o Joy Division. E também

YEAR OF NO LIGHT
+CARONTTE 3 Mayo 2009 · Estraperlo Club, Badalona

POSTER BY ERROR-DESIGN.COM

diria o *Through Silver in Blood* (1996), do Neurosis, porque na primeira vez que ouvi esse disco foi algo totalmente novo e diferente para mim. É tão pesado e as músicas são incríveis. Definitivamente uma boa experiência. E também citaria o *Soundtracks for the Blind* (1996), do Swans. A primeira vez que ouvi esse disco também foi algo totalmente novo.

E quando você começou a tocar baixo? Quantos anos tinha?
Na verdade, comecei um pouco antes de montar o Year of No Light. Comecei a tocar guitarra quando era mais jovem e acabei parando. Quando mudei para Bordeaux em 1998, queria fazer música de novo. Naquela época, eu curtia muito noise, bandas como Unsane e coisas do tipo. E decidi montar uma banda no estilo do Unsane junto com os meus amigos (risos). A banda era chamada Mothra, gravamos uma demo e fizemos uns 5 ou 6 shows. Era uma cópia descarada do Unsane (risos). E então cerca de dois anos depois nós começamos o Year of No Light.

Vocês já lançaram a trilha sonora para um filme, *Vampyr* (2013). Como isso aconteceu? E o processo foi muito diferente de fazer um disco "tradicional"?
Sim, é definitivamente diferente. Antes de fazer essa trilha sonora, também fizemos muitas performances ao vivo. Algumas músicas que escrevemos apenas para um evento e fizemos várias vezes. E até gravamos algumas, que serão lançadas um dia (risos). Na verdade, há uma equipe na nossa cidade que costuma realizar todo ano um evento chamado Le Printemp des Ciné-concerts, que significa algo como a Primavera das Trilhas de Filmes, em uma tradução ruim (risos). E todos os anos eles convidam uma ou duas bandas para fazer um novo projeto. No passado, eles trabalharam com bandas que você talvez conheça, como o Gojira – eles foram uma das primeiras bandas a participar desse projeto de trilhas para filmes. E foi um amigo nosso que nos convidou para participar. Na época, estávamos começando a fazer muitos shows. Ele sabia que estávamos ligados em experimentar com coisas novas e aceitamos na hora porque era algo que nos interessava muito. Na verdade, um dos nossos bateristas é um cineasta. Então isso é algo em que definitivamente estamos interessados. Passamos um verão escrevendo as músicas e saímos com esse material no final. Só deveríamos fazer isso uma vez, apenas para esse evento, mas recebemos ofertas para tocar em muitos lugares da Europa. E conseguimos tocar na Estônia, na Eslovênia, entre outros. Foi

uma experiência muito boa. Mas não tínhamos nenhuma gravação sólida dessa trilha e decidimos tocá-la uma última vez em Bordeaux há três anos para poder gravá-la. E gravamos ao vivo para essa última projeção.

Do que tem mais orgulho na sua carreira com a banda?
Realmente gosto dos três discos que fizemos. E gostei muito do mais recente, o *Tocsin*, porque acho que foi o mais difícil para compor e gravar. Com o primeiro disco, tudo correu muito rápido. Em um ano, nós tínhamos muitas ideias, mas as músicas eram muito mais fáceis. E era uma maneira totalmente diferente de pensar e compor música. O segundo disco foi um período estranho porque tínhamos acabado de perder o nosso vocalista. E queríamos lançar algo rápido que representasse a nova banda com a nova formação. E fomos rápidos no processo de composição. E foi meio que uma emulação, como se estivesse começando uma banda nova.

MARS RED SKY

Julien Pras (vocalista e guitarrista do Mars Red Sky) e Mat Gaz (baterista do Mars Red Sky) – Entrevista feita em setembro de 2013

Diretamente de Bordeaux, na França, vem uma das bandas mais interessantes de rock psicodélico e stoner da atualidade. Formado por Julien Pras, Mat Gaz e Jimmy Kinast, o Mars Red Sky faz uma mistura altamente inspirada de fuzz e melodias improváveis que já rendeu diversos lançamentos, incluindo três fulls e um split com os parceiros locais do Year of No Light.

Com duas passagens pelo Brasil no currículo, ambas pela produtora carioca Abraxas, o power trio francês já criou uma relação especial com o país. Além dos vários shows por aqui, a banda acabou gravando o seu segundo disco, *Stranded in Arcadia* (2014), no estúdio Superfuzz, no Rio de Janeiro, após ter problemas com seus vistos para os EUA, onde tinha planejado gravar originalmente.

Nesta entrevista, feita ainda antes de pisarem no Brasil pela primeira vez, Julien e Mat falam sobre a vida na estrada, a cena francesa, como o Nirvana mudou as suas vidas e revelam que nunca tinham ouvido Kyuss antes de começarem a banda, entre muitas outras coisas.

Além de coisas mais óbvias como Black Sabbath, Led Zeppelin e Kyuss, quais outras bandas influenciaram vocês a começar a banda?
Julien: Antes de tudo, precisamos deixar claro que nenhum de nós conhecia Kyuss antes de começar o Mars Red Sky. Sei que isso pode parecer estranho, mas é verdade. Então, além dessas bandas, podemos adicionar outras como Dead Meadow, Black Mountain e Bardo Pond.

Vocês já pensaram em adicionar um quarto membro à banda? Ou preferem a dinâmica de um power trio, assim como outras bandas como Grand Funk, Cream, COC, entre outras?
Julien: O power trio é a formação para o que queremos fazer. E com essa formação todos precisam estar 100% nas suas funções.

Como é o processo de composição da banda?
Mat: Para esse disco novo, nos juntamos no espaço de ensaios para fazer al-

gumas *jams* no começo e escolhemos o que era bom e jogamos fora tudo que era errado. E fizemos as músicas a partir daí. Além disso, duas ou três músicas foram compostas pelo Julien e então arranjadas pela banda na sala de ensaio.

Como foi tocar no Roadburn e outros festivais como SXSW (South by Southwest)? Há algum outro festival que vocês também gostariam de tocar, como ATP (All Tomorrow's Parties) e Hellfest?
Julien: Esses festivais são muito importantes para as bandas e os fãs. Eles colocam todos nós juntos e é bem legal para esse tipo de música. O SXSW é diferente porque não é um "festival de gênero", mas mesmo assim é ótimo fazer, porque é uma experiência única. Imagine um mar de vans brancas, umas duas mil bandas em 8 dias... É insano! É engraçado você ter perguntado do Hellfest porque acabamos de receber a confirmação que vamos tocar lá no ano que vem (2014).

Vocês têm algum show favorito com a banda?
Mat: Você pode gostar de um show por motivos diferentes, como a maneira que tocou, o público, o local... Por exemplo, um dos melhores lugares em que tocamos neste ano foi o Duna Jam, que fica na praia na Sardenha... O Sonic Plast, em Porto, tinha um público ótimo, assim como o Desert Fest em Londres, e o Day of Ceremony, na Varsóvia, com o público gritando o nome da banda quando saímos do palco. Desculpe não poder escolher um único melhor show...

Julien: Roadburn, Desert Fest, Les Eurockeenes, esses foram pontos altos com certeza... Mas tivemos tantas experiências fantásticas em lugares menores e clubes, na Alemanha, Polônia, Espanha, com públicos muito acolhedores e animados... É realmente difícil escolher um só.

Vocês tocaram na primeira edição de um evento chamado Make it Sabbathy com os caras do Glowsun. Como foi?
Julien: Foi ótimo! O lugar era bem legal e estava quase lotado. É ótimo ter um novo lugar como esse para shows em Bordeaux. Sempre é um pouco assustador tocar na sua cidade natal porque você sabe que seus amigos e familiares estarão lá e você pensa que eles devem ter expectativas altas. Mas tudo correu bem.

Existe uma "cena" stoner em Bordeaux? E quais bandas daí vocês recomendam?
Julien: Não podemos realmente falar sobre uma cena em Bordeaux, mas há o Libido Fuzz e o Datcha Mandala que tocam esse tipo de música. Sempre houve uma grande cena musical em Bordeaux, com todos os tipos de música na verdade. Costumava haver uma grande cena de rock de garagem, por exemplo. Aqui na França gostamos muito do Glowsun.

Há alguma coisa que não gostam sobre turnês? Ou é tudo numa boa?
Mat: Essa é uma boa pergunta. No papel tudo parece ótimo: você viaja, toca, conhece pessoas legais. Mas como qualquer coisa que você faz muitas vezes, acaba tendo pontos negativos em algum momento... Então, se você está em uma turnê por muito tempo, pode sentir falta da sua família e, em algum momento, caso não se cuide, pode acabar perdendo a cabeça... Mas não consigo pensar em nenhuma razão para não ficar feliz com o que fazemos.

Julien: É divertido estar na estrada, mas realmente às vezes você fica cansado. Nem sempre dá pra visitar os lugares que vamos, você acaba sentindo falta da sua rotina e da sua família... Mas é isso que fazemos.

É verdade que vocês decidiram começar a banda em um show?
Julien: Na verdade, nós tínhamos conhecido Benoit, nosso baterista original, e o vimos tocar em Bordeaux com sua banda antiga. Fiquei impressionado com o jeito dele tocar e perguntei se ele não queria começar uma banda comigo, como um duo. Daí veio a afinação mais baixa da guitarra. Jimmy viu o mesmo show e também queria tocar com Benoit, então ele entrou no baixo. Criamos as músicas e um som que gostávamos desde o início e começamos a tocar em vários clubes locais e fomos gravar nosso primeiro disco na Espanha. Matt entrou como baterista há cerca de um ano e temos feito shows e criado músicas para o novo disco desde então. Gravamos e lançamos um EP há alguns meses, e vamos gravar nosso novo disco em alguns dias.

Três discos que mudaram as suas vidas e por que eles fizeram isso.
Mat: O *Nevermind* (1991), do Nirvana, porque descobri o punk graças a eles quando era adolescente, e pude ouvir grandes bandas como The Posies, Jesus

Lizard, Chokebore, Melvins, Unsane e por aí vai... Então teria que dizer *Born to Run* (1975), do Bruce Springsteen, o que mostra que não escuto apenas rock independente e punk. E recentemente o *Straight to Hell* (2006), do Hank III, que é uma obra-prima de hellbilly, country e punk em sua forma mais moderna.

Julien: O *Nevermind* obviamente... Quando era criança, morei em Detroit (EUA) por alguns anos e lá descobri a MTV. Era final dos anos 1980 e o que tocava era glam metal. Tinha 8 anos e fiquei impressionado com o Guns N' Roses, por isso o *Appetite for Destruction* (1987) teria que ser um desses discos... Mas também tem o *Rock Bottom* (1974), do Robert Wyatt, o *Where You Been* (1993), do Dinosaur Jr, o *XO* (1998), do Elliott Smith, o *Harvest* (1972), do Neil Young... Não consigo escolher apenas três, isso é impossível!

Qual a opinião de vocês sobre pessoas que baixam músicas sem pagar? Acreditam que essa é a razão para muitas gravadoras independentes estarem fechando?
Mat: Não sei. Eu costumava usar o download por um tempo, mas sempre compro o disco quando encontro. Então, olhando por esse lado, é algo muito legal, como se você estivesse em uma loja de discos e pudesse ouvir o que quisesse antes de comprar. Mas, se você apenas baixar, creio que em geral são pessoas que não sabem muito sobre música e acabam perdendo muitas coisas sem comprar o disco físico. Por isso, não tenho certeza se esses downloads ilegais estão matando as pequenas gravadoras. Penso que as pessoas que realmente apoiam as bandas compram os discos.

Julien: Você pode descobrir música na Internet, o que obviamente é uma coisa boa. Mas você também pode comprar com facilidade esses discos. Um disco é resultado de uma grande quantidade de trabalho; compor, ensaiar, gravar, pagar estúdio, equipamento, escrever, corrigir, lidar com ou correr atrás da gravadora, pagar um artista para fazer a capa... As pessoas tendem a esquecer ou não pensar sobre isso, e isso é realmente uma pena. Mas nós somos sortudos o bastante em ter uma ótima base de fãs que realmente compram nossos discos, porque as pessoas que ouvem esse tipo de som, respeitam isso e continuam apoiando as bandas ao comprar discos, camisetas, etc. Nós não estaríamos aqui se não fosse por eles, de verdade.

E vocês veem alguma solução para esse problema?
Mat: Kill'em all (Mate Todos Eles, em tradução livre), como disse o Metallica!

Julien: Apenas continue falando sobre isso para as gerações mais novas. Nem tudo está disponível de graça porra, é simples assim.

SINISTRO

Patrícia Andrade, P, F, R, Y (Sinistro) – Entrevista feita em abril de 2016

O dia 8 de abril de 2016 era aguardado com ansiedade por este que vos escreve e muitos fãs de metal alternativo pelo mundo. Afinal de contas, era a data de lançamento dos novos discos de duas das minhas bandas favoritas: o Deftones, com *Gore* (2016), e o Cult of Luna, que fez uma parceria especialíssima com a cantora Julie Christmas em *Mariner* (2016). Mas foi o álbum de uma banda portuguesa até então pouco conhecida que roubou a cena nesta fatídica sexta-feira.

Com *Semente* (2016), apenas o terceiro disco da sua curta carreira iniciada em 2012, os portugueses do Sinistro conseguiram eclipsar (pelo menos para mim) as bandas consagradas citadas acima, que lançaram sim trabalhos interessantes, mas talvez menos surpreendentes. Um dos segredos desse sucesso está justamente no maior entrosamento entre a banda de Lisboa e a vocalista Patrícia Andrade, que tinha cantado em *Cidade* (2013) e agora faz parte oficialmente da formação.

Além de Patrícia, que trouxe melodias interessantes e uma voz única em meio a uma paisagem cheia de moldes pré-fabricados no metal atual, o Sinistro também se beneficiou da chegada de um segundo guitarrista (R), já que *Semente* por vezes soa muito mais pesado do que *Cidade* e também seu disco de estreia autointitulado (de 2012), quando ainda era uma banda instrumental mais "viajante".

Na entrevista a seguir, o quinteto fala sobre os primeiros shows da banda terem sido em situações marcantes como o Roadburn Festival e justamente uma data com os suecos do Cult of Luna, o que mudou para a produção de *Semente*, os discos que marcaram as suas vidas e como é serem *outsiders* no mundo do metal.

O seu último disco, *Semente*, é com certeza um dos melhores lançamentos do ano. Concordam que representa um ponto de virada para a banda? E esperavam toda essa repercussão que vem acontecendo?
Sinistro: Sem dúvida, foi o culminar dos últimos anos de trabalho com o Sinistro e de muitos outros anos envolvidos em outros projetos. O interesse da Season Of Mist nos foi anunciado com alguma antecedência, mas apenas nos demos conta da realidade quando tudo se realizou efetivamente, quando começamos a lidar

diariamente com a equipe da gravadora e quando assinamos os contratos. Tem sido fantástico. Houve muito trabalho envolvido, mas foi feito com tanto entusiasmo e confiança que pareceu simples. Não estamos habituados a esse tipo de aceitação. O melhor que temos a fazer é desfrutar o momento e continuar a produzir.

Ao ouvir *Semente*, é possível notar talvez uma pequena mudança de percurso no som, agora mais fechado com o doom metal, enquanto que os trabalhos anteriores traziam uma pegada mais "viajante", meio Pink Floyd. Concordam com isso? E isso foi uma decisão consciente, de fazer essa mudança de rumo ou mais um resultado de um maior entrosamento com a Patrícia e a entrada do segundo guitarrista?
Sinistro: Desta vez, quisemos explorar melhor a voz e tentamos nos aproximar de uma forma de compor mais clássica. Sentimos que ainda temos muita margem criativa neste território e nos interessa explorar tanto a escrita de canções como a criação de algo mais conceitual, mais encenado, talvez mais focado na experiência da Patrícia nas artes performativas. Essa mudança estilística propriamente dita foi mais inconsciente do que algo ponderado. Tentamos fazer discos equilibrados, sabemos do que gostamos, mas não nos preocupa se estamos a ir em demasia nesta ou naquela direção. É tudo muito instintivo, há momentos em que para nós faz sentido seguir pela via da dissonância e da catarse, há momentos em que esses recursos estilísticos parecem não fazer tanto sentido. Interessa-nos acima de tudo a dualidade entre harmonia e desarmonia e confrontar linguagens distintas. É algo que seguramente continuaremos a fazer.

Como foi o processo de composição e gravação desse disco em comparação aos anteriores? Para além de algumas mudanças sonoras, também é possível notar uma evolução nas músicas, que parecem ter uma identidade mais definida, e tudo soa muito bem – e pesado, quando necessário.
Sinistro: O processo de composição foi muito semelhante ao dos dois primeiros discos com a exceção de que neste álbum as partes vocais começaram a surgir simultaneamente com a música e ajudaram a definir estruturas. A forma como um texto ou uma voz cantada surge numa composição nos oferece dinâmicas diferentes, a noção de tempo muda, as texturas mudam, a adição de palavra acrescenta uma

nova dimensão às composições e todos esses novos elementos fizeram com que chegássemos ao *Semente* tal como ele é. É possível que as estruturas neste disco não sejam tão livres e abertas como as dos discos anteriores, em particular o primeiro. É igualmente possível que no futuro nós façamos canções formalmente mais clássicas ou até um disco com apenas uma faixa e vários andamentos.

Como aconteceu de chamarem Patrícia para entrar na banda? Ela já tinha cantado no disco anterior, *Cidade*, mas ainda parecia mais uma parceria do que uma banda, até pela forma como os nomes apareciam na capa: Sinistro & Patrícia Andrade.
Sinistro: Um de nós viu um concerto da Patrícia e decidiu fazer-lhe um convite para participar no *Cidade* (2013). Tudo correu bem e quando chegou o momento de começar a produzir o *Semente* foi óbvio para todos nós que havia mais uma pessoa na família

Alguma vez temeram e/ou receberam reações negativas dos fãs pelo jeito de Patrícia cantar, já que é um estilo pouco usual em uma banda de metal?
Sinistro: De um modo geral, a chegada da Patrícia foi muito bem recebida pelo público e crítica, mas é natural que existam também vozes discordantes que prefiram a fase instrumental da banda. Vivemos bem com ambas as opiniões. Quanto ao fato de ser metal ou não, essa é uma questão que não nos incomoda. Gostamos de muitos estilos de música diferentes e nos inspiramos em muitas músicas diferentes, incluindo metal. Já recebemos críticas negativas por sermos muito metal ou por não sermos metal o suficiente. As duas partes têm os seus argumentos e vivemos bem com eles. Da nossa parte apenas poderemos dizer que pouca ou nenhuma influência terão no que faremos no futuro. Começamos este projeto de mente aberta e não vemos razões para a fechar agora.

A banda possui uma identidade visual muito interessante e as músicas muitas vezes parecem trilhas sonoras para fragmentos da vida. Além disso, Patrícia escreveu o script do clipe de "Relíquia", que é muito bonito. A banda é influenciada diretamente pelo cinema? Quais filmes ou diretores podem ser apontados como referências?
Sinistro: Sim, nos interessa muito o componente visual, gostamos de trabalhá-lo

juntamente com a música e, para isso, nos inspiramos no cinema que mais nos agrada. Não somos geeks de cinema, mas conhecemos umas coisas. Gostamos da estética e da textura do cinema noir, mas nos agradam também diretores como John Carpenter ou Terrence Malick, só para dar um exemplo rápido.

A biografia publicada no site da banda começa dizendo: "Vindo de um local improvável como Lisboa, em Portugal...". Acham que o público metal vê Portugal como um local estranho (ou improvável) para bandas de metal?
Sinistro: Não são palavras nossas. Os grandes centros de decisão da indústria musical na qual nos inserimos continuam a ser o Reino Unido, os Estados Unidos e aquele grupo de países no coração da Europa Continental. Portugal ainda é visto como aquele país simpático encostado ao Atlântico, mas sem grande expressão no cenário musical global. Somos *outsiders*, mas temos sido muito bem recebidos em toda a parte.

Falando nisso, é muito pouco comum vermos bandas de metal de países que falam português fazendo sucesso sem cantarem em inglês. Por que acha que as suas músicas foram tão bem aceitas, mesmo cantadas em português?
Sinistro: Não sabemos ao certo, tudo isso é bastante surpreendente para nós. Pensamos que há algo de exótico e misterioso na interpretação da Patrícia que encanta as pessoas, mesmo não entendendo a língua. Também o fato de os shows serem muito dinâmicos, por haver muita serenidade intercalada por momentos tempestuosos, podem ajudar a intensificar a experiência. Geralmente quando as pessoas falam conosco depois de uma apresentação, não nos falam de uma canção nem de um detalhe musical em particular, mas sim da experiência sensorial que presenciaram. Pensamos que é aí que está a nossa diferença.

Três discos que mudaram a sua vida e por que fizeram isso (cada um pode responder separadamente).
Escolhas de Y (guitarra): *Gothic* (1991), do Paradise Lost, *Thunder and Lightning* (1983), do Thin Lizzy e *Permanent Waves* (1980), do Rush. Três bandas distintas que marcaram eras e que se aventuraram na sua própria reinvenção, arriscaram e fizeram discos que marcaram diversas gerações.

Escolhas de P (bateria): *Reign In Blood* (1986), do Slayer, *Ride The Lightning* (1984), do Metallica, e *Arise* (1991), do Sepultura. Álbuns que me marcaram muito e que ouvi até à exaustão em vinil. Bons tempos de *air drumming*.

Escolhas de R (guitarra): *Red* (1974), do King Crimson, *Aenima* (1996), do Tool e *Discouraged Ones* (1998), do Katatonia. Provavelmente os discos que mais rodaram na minha cabeça desde que me apaixonei pela música. São três discos que me arrepiam a espinha sempre que os ouço e que sempre me acompanharam nos bons e maus momentos.

Escolhas de F (baixo e teclado): *AC/DC Live* (1992), do AC/DC, *The Fragile* (1999), do Nine Inch Nails e a trilha sonora do filme *Deadman* (1995), feita pelo Neil Young. Escolhi o *AC/CD Live* porque foi o primeiro disco que destrui de tanto ouvir, o *The Fragile* porque me abriu a mente e me fez compreender que fúria e delicadeza casam bem, e a trilha do *Deadman* porque me inspirou em particular na procura do som do Sinistro.

Escolhas de Patrícia (vocal): *Bach - Variações de Goldberg* (1955), interpretado por Glenn Gould, *Les Litanies de Satan* (1982), da Diamanda Galás e *White Chalk* (2007), da PJ Harvey. Três discos inspiradores que me fizeram refletir sobre a música e o seu poder.

Do que vocês têm mais orgulho na carreira?
Sinistro: A nossa carreira é ainda curta. Apesar de termos lançado o primeiro disco em 2012, apenas há alguns meses começamos a encarar a possibilidade do Sinistro se tornar a nossa principal atividade profissional. O nosso primeiro show aconteceu há um mês. Foi a nossa estreia e aconteceu em Londres no festival Doom Over London. A nossa primeira apresentação em Lisboa foi em um clube pequeno, mas esgotou e ficou gente para fora querendo nos ver. O nosso sexto show foi um convite do Cult Of Luna para abrirmos um show deles no norte de França. O nosso sétimo foi o Roadburn e ainda hoje não temos palavras para descrever o que aconteceu – sala cheia, esgotamos todos os CDs, muitas pessoas nos abordaram do nada para dizer que fomos a descoberta do ano. É tudo novo, surpreendente e inesperado, mas nos deixa de alma cheia.

UFOMAMMUT

Vita, Urlo e Poia (respectivamente baterista, baixista/vocalista e guitarrista do Ufomammut) – Entrevista feita em novembro de 2014

Com um som difícil de definir e que prima pela combinação única de peso e psicodelia, o trio italiano Ufomammut já lançou sete álbuns de estúdio em seus mais de 15 anos de carreira.

Não por acaso, a banda formada por Poia (guitarrista), Vita (bateria) e Urlo (baixo e vocal) chamou a atenção do pessoal do Neurosis, que lançou os seus dois últimos discos, o duplo e ambicioso *Oro* (2012) e o absurdo *Ecate* (2015), por meio da já icônica gravadora Neurot Recordings.

Feita no final de 2014, após as gravações de *Ecate*, a entrevista abaixo traz os três integrantes do Ufomammut esbanjando bom humor para falar sobre a sua já longa carreira, os discos que mudaram as suas vidas e ainda comentar o que pensam sobre dois assuntos que, dizem por aí, não se discute: religião e futebol.

Vocês publicaram recentemente no Facebook da banda que o novo disco está pronto. O que podemos esperar? Qual o conceito por trás do álbum?
Vita: Desta vez, o disco não será tão "ambicioso" quanto *Eve* (2010) ou *Oro* (2012). Será um álbum "normal", com exceção da maneira como tocamos, que é um pouco ambiciosa para as nossas habilidades.

Urlo: Vamos chamá-lo de uma evolução. Penso que o disco novo é bem diferente do que fizemos antes, tanto pela atmosfera quanto pela maneira como é tocado.

Poia: Será um álbum mais voltado para as músicas, mas há um conceito principal por trás dele. Você saberá mais sobre isso no futuro.

E como estão se sentindo agora que o disco está pronto? Quer dizer, já faz mais de dois anos desde o seu último lançamento...
Vita: Um pouco mais animado do que há dois anos porque nossos discos anteriores tiveram uma ótima resposta dos fãs. Estou realmente ansioso para saber o que eles vão achar do disco novo.

Urlo: Um pouco cansado porque foi um longo trabalho. Gravamos com Lorenzo Stecconi – o responsável pelo nosso som de estúdio em todos os discos que gravamos desde o *Idolum* (2008) – e tanto a gravação quanto a mixagem levaram mais tempo do que o normal. Mas o resultado é o que queríamos, por isso estamos muito felizes.

Poia: Ainda preciso entender, meus ouvidos estão cheios de sons pesados.

Foi difícil criar material para o disco novo após um álbum ambicioso como o *Oro* (que é um disco duplo)?
Urlo: Para mim, o processo foi totalmente diferente do que no passado. Começamos a partir de alguns *riffs* e eles eram bem diferentes algumas vezes. Por isso, as estruturas das músicas cresceram de uma maneira diferente. Também tentei dar mais espaço para os vocais e acho que, como disse antes, houve uma evolução em muitos lados da banda.

Vita: Trabalhamos da mesma maneira que fizemos no *Eve* e no *Oro*. Mesmo as sessões de gravações foram inspiradas nesses dois álbuns. Foi mais difícil gravar esse novo trabalho, especialmente para as partes de bateria. A mixagem também exigiu mais tempo do que o normal porque estamos nos tornando mais meticulosos como pessoas e músicos (risos).

Poia: Um diz que o processo de composição foi igual aos trabalhos anteriores, o outro diz que foi totalmente diferente. Onde está a verdade?

Vocês também estão lançando um DVD para celebrar o aniversário de 15 anos da banda. Pelo que pude ver até o momento, o material parece ótimo. Como foi o trabalho de editar e juntar todo esse conteúdo? Quero dizer, ver toda a sua carreira resumida em cerca de três horas...
Vita: Nós tínhamos muitos vídeos que tínhamos feito em turnês ou durante sessões de gravações em estúdio. Reunimos as melhores, incluindo vídeos do YouTube publicados pelos fãs. Queríamos compartilhar nossa carreira com todo mundo que goste da gente.

Poia: É uma espécie de compêndio para a primeira parte da nossa viagem musical. Tem sido divertido e estranho ver essas imagens de nós mesmos mais jovens no palco. A melhor coisa (e também a mais especial) é o senso de comunhão com o público.

Quando começaram a banda, em 1999, esperavam ficar tanto tempo juntos com a mesma formação? E qual o significado da banda para vocês após todos esses anos?
Vita: Pessoalmente não entrei para a banda esperando que fôssemos ficar juntos por 15 anos. Começamos a tocar com essa formação (mais um tecladista) por nós mesmos e pelo nosso amor pela música em primeiro lugar. Então, passo a passo, nós vimos que mais e mais pessoas estavam ficando interessadas na nossa músicas. Nossos fãs nos ajudaram a continuar tocando por meio do apoio deles e porque viram que o significado da banda (fazer música e shows) não mudou com os anos. Devemos muito aos nossos fãs.

Urlo: Concordo com o Vita. Quinze anos é muita coisa e ainda estamos aqui graças ao nosso amor pelo que fazemos e pelo apoio das pessoas ao nosso redor.

Vocês já trabalharam com os caras do Neurosis na gravadora deles, a Neurot Recordings. Como isso aconteceu? E qual foi o significado dessa experiência?
Vita: O Steve Von Till (vocalista e guitarrista do Neurosis) nos abordou após o lançamento do *Eve*, quando ele ficou bastante interessado no mundo do Ufomammut. Decidimos colaborar com a Neurot porque é uma gravadora feita de pessoas que realmente se importam com música. Apenas aumentamos nossa "família".

A Itália é um país muito católico, assim como o Brasil. Quais os seus pensamentos sobre essa dominância religiosa? E qual a influência de um ambiente como esse na banda quando vocês estão pensando sobre o que querem dizer com a sua música? Vocês já escreveram músicas sobre temas religiosos antes, como "Lucifer" e "Eve", por exemplo.
Vita: Para mim, a religião é a medicina para as pessoas tolas. Elas pensam e fazem as coisas porque a religião diz para fazerem isso. Elas não possuem um cérebro próprio para decidir o que é bom ou não para as suas vidas estúpidas. Graças ao Deus delas, elas possuem uma razão para desrespeitar outras pes-

soas que possam ser ateias ou de uma fé diferente. Deus não existe. Deus não existe, assim como o Diabo também não existe. Estamos no terceiro milênio, deveríamos ser mais espertos do que os romanos antigos, gregos antigos, maias, astecas etc. Tudo isso é realmente sobre poder e controle... e dinheiro.

Urlo: Respeito todas as crenças, mesmo que eu não seja muito ligado em religião. Acho que deve existir algum tipo de poder que tenha dado origem ao Universo, mas não penso que seja um dos deuses para o qual estamos acostumados a rezar desde o início da humanidade. "Acreditar em um Deus" é uma necessidade que as pessoas têm para tornar a vida mais fácil. Pessoalmente gosto de todos os mitos sobre deuses e religiões. É por isso que muitos dos nossos discos possuem temas religiosos. Mas tudo é visto a partir de um ponto de vista neutro, não há julgamentos da minha parte, apenas interesse e curiosidade.

Poia: Penso que no nosso país, pelo que posso ver, religião é outro nome para tradição. Existem fundamentalistas obviamente, mas a maior parte das pessoas apenas diz que é católica mesmo que nunca tenha lido a Bíblia ou não vá à igreja todo domingo para glorificar as suas crenças. A religião é uma invenção multifacetada e interessante da humanidade para explicar o desconhecido e controlar as pessoas desde o início das civilizações. E a religião teve (e continua a ter) um papel importante para moldar o mundo e suas culturas. Falando especificamente, a Igreja Católica foi responsável por grandes massacres e catedrais impressionantes ou pela Inquisição e a carreira de Caravaggio. Podemos dizer o mesmo de todas as outras crenças, em diferentes partes do mundo, e poderia ser uma discussão muito longa...

Quais bandas/artistas brasileiros vocês conhecem?
Vita: Amo Sepultura e Soulfly. Conheço também Cavalera Conspiracy, Ratos de Porão e muitas outras bandas que não lembro no momento.

Urlo: Não muita coisa, me desculpe... Apenas Toquinho e Sepultura.

Poia: Além das que foram mencionadas acima, também adicionaria o Ayrton Senna, um artista com certeza.

E vocês gostam de futebol, por acaso? Assistiram à Copa de 2014 no Brasil? Afinal, Brasil e Itália são dois dos países mais fanáticos pelo esporte e já até decidiram a Copa do Mundo.
Vita: Joguei futebol por 20 anos e ainda amo o esporte. Parei de jogar quando o Ufomammut começou a ficar mais sério. Assisti à Copa do Mundo do Brasil, mas o meu interesse pelo futebol não é mais o mesmo de alguns anos atrás porque não é mais um esporte como costumava ser. Ultimamente, há mais e mais dinheiro e corrupção ligados ao futebol. E muitas pessoas inocentes já morreram em nome do futebol.

Urlo: Não sou muito ligado em futebol, mas gosto de assistir competições como a Copa do Mundo. Sinto muito pelo Brasil... e vamos deixar a seleção da Itália para lá, vai (risos).

Como é a cena de metal alternativo na Itália? Conheço algumas ótimas bandas daí como Lento, Zu e Hierophant.
Urlo: Existem muitas bandas boas na Itália, como OvO, Zu, Morkobot, Zolle, Incoming Cerebral Overdrive, Lento, The Secret.

Vita: Existem muitas bandas boas, mas não há uma cena de verdade. Em geral, os italianos estão muito ocupados tendo inveja de outras bandas italianas. Se uma banda faz mais sucesso do que a outra, então ela é vista pelas bandas que não conseguiram isso como se elas sempre fossem azaradas ou sem sorte. Ninguém pensa que assumir responsabilidade pela sua banda é como uma banda consegue criar o seu nome. Se uma banda italiana é ruim ou algo assim, isso não significa que todas as bandas são ruins ou não merecem o sucesso pelo qual trabalharam tanto.

Três discos que mudaram as suas vidas e por que eles fizeram isso.
Vita: Para mim, é impossível citar apenas três discos que mudaram a minha vida. Na verdade, poderia mencionar 300 álbuns... Poderia dizer que muitas bandas tiveram um grande impacto na minha vida, como Pink Floyd, Beatles, Deep Purple, Metallica, Iron Maiden (apenas os três primeiros discos), AC/DC, Motörhead, Steppenwolf, Slayer, Lucifer's Friend, Peggio Punx e Negazione (am-

bas da Itália), Blue Cheer, Mercyful Fate etc. Todas essas bandas me deram algo especial e abriram meus olhos para novos mundos.

Urlo: Diria o *Meddle* (1971), do Pink Floyd, porque abriu minha mente e meus olhos. Também posso incluir o *Lysol* (1992), do Melvins, que abriu minha mente, e o *Scene from the Seconde Storey* (1993), do God Machine, que me abriu novas paisagens sonoras.

Poia: São muitos, mas o *Meddle,* do Pink Floyd, também é uma das minhas escolhas. Depois também citaria o *Sleep's Holy Mountain* (1992), do Sleep, em que eles mostram uma atitude diferente sobre o fluxo do tempo na música. O último da lista seria o *Blues for the Red Sun* (1992), do Kyuss, um disco que mostra que um tipo diferente de som era possível, mesmo que não o escute mais com muita frequência atualmente.

Quando começaram a tocar seus instrumentos e quais eram suas influências na época?
Vita: Comecei a tocar bateria quando frequentava um squat, onde havia uma bateria sempre montada. Tinha 18 anos e, graças ao tédio e ao meu amor pela música, decidi aprender a tocar. Na época, não sabia que ser um baterista era algo que estaria no meu futuro. Então é por isso que não tive nenhuma influência de bateristas famosos no começo. Quero dizer, ninguém em especial me inspirou tanto a começar a tocar, é algo que veio de dentro.

Urlo: Comecei (a tocar baixo) quando Poia e eu decidimos que precisávamos de um novo baixista para a banda em que tocávamos há muito tempo...

Poia: Tenho influências de rock clássico. Comecei a tocar com 17 anos, tentando tocar músicas do Zeppelin e do Hendrix.

Qual a opinião de vocês sobre o compartilhamento ilegal de arquivos na Internet? Pensam que essa é a principal razão para o fim de muitas gravadoras?
Urlo: Não. O compartilhamento de arquivos sempre existiu... Antes estava em uma escala menor por meio de fitas. Agora está em grande escala com o MP3.

Basicamente o compartilhamento de arquivos ajuda a descobrir novas coisas. E agora isso tornou-se legal com serviços como Spotify e outros.

Vita: Adoro baixar músicas e não penso que a Internet matou a indústria da música ou as gravadoras independentes. As grandes gravadoras fizeram isso porque não se importam com a música, querem apenas ganhar dinheiro e se aproveitar dos artistas. Elas são o câncer da música no mundo e estão matando seu próprio negócio. No entanto, ainda temos pequenas gravadoras independentes que continuam fortes.

Do que vocês têm mais orgulho na carreira?
Vita: Sermos reconhecidos como artistas por fãs e outros músicos é algo que me faz ter orgulho da nossa carreira. Porque isso significa que estivemos fazendo algo certo.

Urlo: Tocar com o Poia e o Vita e ainda estarmos juntos após 15 anos.

Poia: A mesma coisa... Fazer parte do Ufomammut, junto com esses caras cabeludos é certamente algo de que tenho orgulho. E também me sinto sortudo por isso.

Como vocês querem ser lembrados?
Vita: Quero ser lembrado como "aquele cara que largou empregos bons e estáveis para seguir seu sonho musical, aquele cara humilde que subia no palco para dividir sua felicidade com o público e também como aquele cara que morreu enquanto fazia o que amava no palco porque música era a sua vida".

Urlo: Em primeiro lugar, espero que o Vita não morra no palco... Seria algo bem ruim para se presenciar. E não sei como quero ser lembrado, não penso nessas coisas agora.

Poia: Bom, não tenho palavras para responder isso.

STONED JESUS

Igor Sidorenko (guitarrista e vocalista do Stoned Jesus) – Entrevista feita em março de 2016

Se não bastasse um nome para lá de chamativo, o Stoned Jesus também carrega outra particularidade: a banda de stoner/doom vem diretamente da cidade de Kiev, capital da Ucrânia, cuja cena metal certamente não é das mais conhecidas entre o grande público fora do país.

Pelo menos não até 2015, quando o Stoned Jesus "estourou" de vez com o ótimo disco *The Harvest*, que representou uma evolução e tanto do trio liderado pelo guitarrista e vocalista Igor Sidorenko em relação aos seus dois trabalhos anteriores. Com uma produção que só joga a favor e músicas ainda mais pesadas e inspiradas, o álbum foi tão longe que levou a banda a marcar para maio de 2016 a sua primeira turnê na América do Sul, com direito a alguns shows no Brasil.

Na entrevista abaixo, feita um pouco antes dessas apresentações, Igor conta suas expectativas sobre a turnê, revela suas bandas sul-americanas favoritas, relembra seu passado no hip-hop e fala ainda sobre a cena de metal da Ucrânia.

Vocês vão tocar no Brasil no mês de maio. Como isso aconteceu? Pelo que li no Facebook, vocês recebem muitas mensagens do Brasil, certo? E quais suas expectativas para os shows aqui e nos países vizinhos?
Igor: Ah sim, acho que o lance #cometobrazil virou um meme nos dias de hoje, certo? Recebemos muitas mensagens desse tipo daí, e acho que isso acontece porque existem muitos fãs de música, especialmente de rock, na América do Sul! Estava assistindo algumas edições do Rock in Rio outro dia e preciso dizer: vocês com certeza sabem como curtir um show de rock. Por isso, estamos muito animados em tocar por aí. Até porque, a partir da nossa própria experiência, os melhores públicos que já tivemos foram aí embaixo, na parte mais ao sul da Europa, países como Espanha, Grécia, Portugal. Por isso ir tão ao sul deverá ser insano!

E você conhece alguma banda/artista do Brasil e da América do Sul?
Como sou doido por rock progressivo, certamente conheço algumas: Os Mutantes, Bacamarte e Apocalypse, do Brasil, Rael, da Argentina, Los Jaivas, do Chile e Flor de Loto, do Peru, se me lembro bem. Além disso, vocês têm algumas bandas

stoner/psicodélicas muito boas, como Banda De La Muerte (com quem toquei algumas vezes), Los Natas, Humo Del Cairo, Maligno e Follakzoid – apenas para citar algumas.

No seu último disco, *Harvest* (2015), as músicas soam mais rápidas e pesadas do que nos álbuns anteriores. Mudar o som nessa direção foi uma decisão consciente?
Sim e não. Quero dizer, todos nós queríamos fazer algo diferente com esse disco, ir um passo além do *Seven Thunders Roar* (2012) e dois além do *First Communion* (2010). Além disso, todas as turnês que fizemos recentemente influenciaram as músicas a ficarem mais curtas, pesadas e intensas, porque você realmente fica entendiado em tocar apenas *jams* lentas para plateias desinteressadas na maior parte do tempo. Foi quando decidimos avançar as coisas, e agora o público também se sente desafiado!

Como foi o processo de gravação e produção do último disco? Ele tem um som enorme! Pelo que li, vocês levaram cerca de 15 meses para finalizá-lo, muito mais do que os poucos dias que passaram no estúdio no álbum anterior.
É isso mesmo, demoramos 15 meses para terminar o disco! Não é que estávamos sentados coçando no estúdio esse tempo todo, obviamente. Fizemos muitas turnês, reescrevemos algumas coisas também, e tínhamos nossos empregos normais na época. Mas, mesmo assim, foi um processo lento. Na verdade, fico até puto de pensar em como demorou! Trabalhávamos em duas ou três músicas ao mesmo tempo, esperando por uma janela no estúdio para fazer tudo – porque o Revet Sound é realmente um dos melhores estúdios aqui da Ucrânia, então tínhamos de esperar na fila por alguns pop stars conhecidos e algumas bandas de metal também – e então tínhamos esses dois ou três dias para gravar. Então basicamente o processo podia ter levado um mês no máximo, incluindo mixagem e masterização, mas é isso aí. De qualquer forma, adoro a forma como disco soa, é realmente gigante e bombástico. E também muito pesado, quase como o pesado do metal, sabe? E esse som combina perfeitamente com as músicas, ele ajuda a dizer algo como "bom, caras, isso não é o *Seven Thunders Roar* nem o *First Communion*, lidem com isso!".

Quando escuto o disco, a banda me parece mais confortável para mudar entre diferentes estilos e sonoridades. Consigo apontar muitas influências/referências diferentes ao longo do álbum, desde coisas da época do Deep Purple com o Glenn Hughes e o David Coverdale até coisas mais recentes e pesadas, como Mastodon, Melvins e QOTSA. Concorda com isso? E pensa nesse tipo de coisa quando está compondo, algo como "Ah, essa parte talvez soe um pouco com essa ou aquela banda"?

Mais uma vez, sim e não. Não sou fã do Deep Purple, por isso presumo que você tenha ouvido essa influência deles na "YFS", com uma pegada mais funk? Pode ser. É claro que muitas coisas do Mastodon aqui e ali, somos grandes fãs da música e da atitude deles. E todas aquelas coisas de guitarra na parte final da "Silkworm Confessions", você sabe onde peguei elas, né? Falando sobre ser influenciado, é muito difícil dizer onde termina a parte do "Apenas estou ouvindo essa banda" e onde começa o "Vamos copiar esses caras!" (risos). Quero dizer, nunca plagiaria ninguém, mas tinha alguns apelidos curtos para algumas partes aqui e ali – como a parte mais progressiva da "Silkworm Confessions", que tinha pedaços próprios intitulados "parte Genesis" e "parte Yes"... Então é isso, não nos importamos com as nossas influências transparecendo no nosso próprio som, mas não deixamos que elas sejam o lance principal. Se você gosta tanto da música de outro artista, faça um cover! Não há razão para copiar alguém quando você é confiante sobre as suas próprias habilidades como compositor.

A banda começou como um projeto solo, quando você ainda tocava em casa, certo? Por isso, quero saber se você ainda escreve a maior parte do material. Como funciona esse processo na banda? E com qual frequência vocês ensaiam?

Odeio ensaiar, de verdade! Fazemos tantos shows atualmente que não há mais necessidade de ensaiar (risos). Mas é claro que precisaremos ensaiar quando começarmos a trabalhar em material novo... Falando sobre isso, a maioria das composições é feita por mim. Levo a ideia de uma música quase completa para a banda (normalmente uma demo de guitarra), coloco no som, sento na bateria (sou um baterista péssimo, mas minhas batidas são boas o bastante para mostrar o que quero em uma música) e toco junto. Então os caras falam coisas como "tira esse *riff*", "essa parte é ruim" ou "esse refrão está chato", discutimos bastante (às vezes não), e depois suamos mais um pouco – e, pronto, vá para casa escrever as letras, Igor! Também fazemos muitas *jams*, mas principalmente por diversão, apenas para alongar os músculos musicais. Você já ouviu o *The Seeds, Vol 1* (2013)? É uma coleção de *jams* que soltamos na Internet para arrecadar algum dinheiro para a gravação do *The Harvest*. Não consigo me imaginar cantando sobre essas *jams*, ou tentando transformá-las em músicas – são apenas *jams*, cara! Talvez em algum momento a gente tente trabalhar dessa maneira, fazendo *jams* com as músicas, ou os outros caras ficarão mais ativos no processo criativo, mas estamos bem com a nossa rotina atual.

E vocês já pensaram em ter um quarto integrante na banda? Ou prefere a dinâmica de um power trio?
Acredite ou não, faz uns três ou quatro meses que eu descobri totalmente uma banda aí chamada Rush. E, cara, eles são O ideal que qualquer power trio deve ter como referência. Diferenças artísticas, criativas e financeiras à parte, apenas olhe como eles conseguem fazer as coisas juntos com apenas três caras no palco! É engraçado que, apesar de ser um nerd de progressivo, minha fase favorita do Rush é entre 1980-1985, o período menos prog deles, quando começaram a incorporar sintetizadores e samples nas suas músicas de uma forma incrível. Vendo que eles conseguiram fazer isso nos anos 1980, realmente não acho que nós três precisamos de outra pessoa para continuar. Mas, por outro lado, tenho sorte de ter um cara que toca violino na minha outra banda Krobak (post-rock/prog-rock). É uma dimensão totalmente diferente! O mesmo vale para um saxofone – tocamos um cover da "Lazarus", do David Bowie, com um saxofonista e o processo de preparação foi mágico! Adorei os ensaios, e já fazia um tempo desde que eu gostava do processo de ensaio de uma banda, para ser honesto. Então, acho que nunca diga nunca, certo?

O nome da banda, Stoned Jesus (algo como Jesus Chapado, em tradução livre) certamente chama a atenção. Por isso, queria saber como vocês tiveram a ideia para o nome e se ele já causou algum problema.
Somos uma banda muito pequena para ter qualquer problema. Além de sermos censurados do pôster de um festival (em que fomos headliners junto com o Rotting Christ, que são caras incríveis!) uma vez na Alemanha, não me lembro de nada desse tipo. Mas o cartaz do festival era incrível, acho que dizia "Stoned *****" e "Rotting ******" (risos) ! Ou será que era "****** Jesus" e "******* Christ"?

ABRAXAS
apresenta

STONED JESUS

SOUTH AMERICA TOUR
MAY 2016

8 – Santiago
10 – Buenos Aires
11 – Córdoba
13 – Rio de Janeiro
14 – São Paulo
15 – Florianópolis

Após tantas turnês, quais as maiores lições que aprendeu sobre a vida na estrada?
Não seja um idiota. Não fique ofendido com frequência, ego é uma merda. Tomar banho, dormir e comer: faça-os sempre que possível! O que mais? Você começa a valorizar a privacidade em um nível completamente diferente. Respeite a van. E Deus te ajude se você ficar doente!

Três discos que mudaram a sua vida e por que eles fizeram isso.
Com prazer! O acústico do Nirvana, lançado em 1994, foi uma das minhas primeiras fitas cassetes, herdada da minha irmã mais velha. Ainda é o meu disco favorito deles, seguido pelo *In Utero* (1993). Depois o *Lateralus* (2001), do Tool. Tinha 15 anos e o ganhei da minha irmã, mais uma vez, e ele me deixou confuso por semanas! Quero dizer, como é humanamente possível criar música daquele tipo? A popularidade do Tool me surpreende até hoje! Como é possível tanta gente no mundo gostar DAQUILO? E o terceiro álbum (obviamente!) é o *Script for A Jester's Tear* (1983), do Marillion, um disco tão bonito e emocional quanto obscuro e problemático. Esse foi um dos que me fizeram querer ser um músico de verdade. E diria que esses três discos ainda me influenciam de diferentes maneiras. E continuo amando-os profundamente.

Falando nisso, quando você começou a tocar guitarra e quais eram os seus heróis naquela época?
Eu era um moleque do hip-hop porque crescer na Ucrânia Oriental nos anos 1990 não era menos pesado do que Compton ou Brooklyn, então nós realmente sentíamos esses caras, para valer. E os meus pais insistiram para eu fazer aulas de guitarra, e obviamente eu odiava isso na época. Meu pai era um grande fã dos Beatles e do Deep Purple, também toca guitarra (muito bem, aliás), escreve músicas e até já teve banda. Então era bem óbvio que eu seguiria os passos dele um dia. Fui contra o máximo que pude, mas quando ouvi o Nirvana percebi que nem toda música baseada em guitarras era ruim (risos)! Dois anos depois, quando eu descobri o Led Zeppelin, finalmente descobri porque ia nas aulas de guitarra. Então é isso, Kurt e Jimmy, minhas duas maiores inspirações até hoje.

O que mais te influencia na hora de compor? A situação atual da Ucrânia, com os conflitos recentes e tudo mais, foi uma fonte de inspiração direta?

Com certeza! É só olhar as letras da "YFS"! Não podemos nos separar do que está acontecendo no país; provavelmente conseguiríamos se tivéssemos dinheiro o bastante para não nos preocuparmos com merdas como guerra e tudo mais. Mas então iríamos nos preocupar com o nosso dinheiro (risos)! Falando sério agora, sou totalmente influenciado pelo que acontece ao meu redor, não conheço nenhuma outra forma.

Como é a cena de metal/stoner/doom aí na Ucrânia? Existem bandas das quais vocês se sentem próximos?
Ah sim, muitas. Nossos bons amigos do Somali Yacht Club são a próxima grande coisa a sair da Ucrânia. Anote minhas palavras, em um ou dois anos eles também vão tocar aí no Brasil! Outras bandas incríveis daqui incluem 5R6, City of Me e Ethereal Riffian.

Qual o maior desafio em ser uma banda independente de metal na Ucrânia? Pelo que li, vocês agora estão levando a banda como seu trabalho principal, certo? É realmente um sonho se tornando realidade?
Bom, esse é o maior desafio. Os voos normalmente comem a maior parte da nossa renda. Por isso, tocar em festivais fica ainda mais interessante se temos pelo menos dois desses em seguida. Nós meio que recebemos mais atenção na Ucrânia em 2015, com o *The Harvest* aparecendo bastante em todas aquelas listas de melhores do ano, mas o mercado em si ainda não está pronto para a música independente.

Do que você tem mais orgulho na sua carreira?
Provavelmente do fato de ser uma carreira totalmente "faça você mesmo". Quero dizer, nunca tivemos nenhuma grande gravadora nos apoiando ou uma estratégia de marketing chique envolvida. Fazemos o que fazemos, as pessoas amam isso, o amor se espalha e de repente "BAM": você tem uma turnê pela América do Sul a caminho. O quanto isso é incrível? Além disso, também me espanto de verdade com a reação que a "I'm the Mountain" recebe toda vez que a tocamos ao vivo, não importa o país, cidade ou vilarejo em que estamos. É claro que não quero que ela se torne a nossa "Smells Like Hotel California", mas ainda assim é melhor do que a maioria das bandas possuem – elas não têm nenhum hit (risos)!

THE OCEAN

Robin Staps (guitarrista do The Ocean) – Entrevista feita em dezembro de 2015

Criado no agora longínquo ano de 2000, o The Ocean já passou por muitos estilos de som e tantas outras formações. Não à toa, a banda alemã também ficou conhecida por muito tempo como The Ocean Collective.

Em todos esses anos de carreira, apenas uma coisa nunca mudou: a presença de Robin Staps no comando na banda. Com a sua guitarra em punho, o cara é responsável pela maioria das músicas do The Ocean e também o único integrante original. Na entrevista abaixo, ele fala sobre a turnê que tinha então acabado de fazer com Mono e Sólstafir, as mudanças nesses mais de 15 anos de estrada, a importância do hardcore na sua forma de tocar e como discos clássicos do Breach e Neurosis mudaram a sua vida.

Vocês fizeram uma turnê com o Mono e o Sólstafir pela Europa. Como foi cair na estrada com bandas de lugares totalmente diferentes (Japão e Islândia)? Foi algo especial para você, imagino.
Robin: Bom, nós normalmente não pensamos muito sobre de onde são as bandas com quem nós tocamos. Mas é algo que aparece naturalmente durante a turnê quando você começa a falar com as pessoas e descobre que tipo de pessoas elas são e quais as histórias que elas têm para contar. Mas sempre fizemos turnês internacionais com bandas de todos os lugares, então isso não foi realmente algo novo para nós. Foi a primeira vez que fizemos uma turnê com o Mono e foi uma ótima experiência. Eu tenho uma relação longa e bastante intensa com essa banda desde que os descobri por volta de 2002 ou 2003, quando abrimos um show deles em Berlim. E isso continua até hoje já que pude trabalhar recentemente com eles na minha gravadora. E foi muito bom sair em turnê com esses caras, nos divertimos muito juntos. E estar em turnê com o Sólstafir também foi muito legal. São pessoas quietas da Islândia (risos). Foi uma mistura bem interessante de músicas e pessoas nessa turnê.

Mesmo sendo de culturas e lugares muito diferentes, vocês compartilham visões similares sobre música e o cenário underground?
Em algumas partes sim e em outras não. Nós viemos de experiências culturais e

pessoais muito diferentes. E todos cresceram em cenas e épocas diferentes. O pessoal do Mono está na faixa dos 40 anos e a maioria dos integrantes do The Ocean está na casa dos 30 anos ou fim dos 20. Então também é uma geração diferente de certo modo. Mas parece que todos estamos no mesmo lugar neste momento. Estamos fazendo uma turnê juntos, tocando nas mesmas cidades e casas de shows, então é interessante ver como pessoas de origens geográficas, temporais e culturais totalmente diferentes se encontram ao mesmo tempo no mesmo lugar.

Voltando a essa relação especial com o Mono que você comentou. Vocês lançaram um split com eles (*Transcedental*) pela sua gravadora, Pelagic Recs. Como isso aconteceu? Era algo que você já queria fazer há algum tempo?
Não, na verdade foi uma ideia que surgiu quando pensamos em fazer a turnê juntos. E sabíamos que não teríamos discos novos prontos a tempo dos shows, tanto o Mono como a gente. Então dissemos "Ei, vamos lançar um split juntos. Ainda há tempo para fazer isso e teríamos algo novo para a turnê". Já queria começar uma série de splits pela Pelagic há algum tempo. O disco com The Ocean e Mono foi a primeira parte e agora acabamos de lançar a segunda com Cult of Luna e The Old Wind. E virão outros no futuro. Venho da cena hardcore do começo dos anos 1990 e costumava descobrir bandas ao comprar splits de 7" em shows locais. Você sempre conhecia uma banda, é por isso que você comprava o disco. Mas muitas vezes você não conhecia a outra metade do split e era basicamente assim que você conhecia bandas novas antes da Internet. Isso é algo que fez parte da minha juventude e que queria fazer com a minha gravadora também: trazer de volta essa época do hardcore em que você conhecia bandas legais ao comprar splits nos shows.

Aproveitando que você falou sobre esse passado no hardcore. No começo, a banda tinha uma maior influência desse tipo de som, principalmente nos primeiros discos, que contaram com participações de integrantes de bandas como Converge, Breach, Integrity e Cave In. Como foi essa mudança de som na banda? Foi algo planejado?
É algo que aconteceu naturalmente com o tempo. Não houve realmente nenhum tipo de plano. Quando comecei a escrever músicas para a banda, eu tinha uma ideia muito clara do que queria fazer e essa ideia definitivamente enve-

lheceu e evoluiu ao longo dos anos. Houve uma época, por volta de 2005/2006, em que eu realmente estava ligado em compor as músicas mais complicadas que eu conseguisse (risos). E isso nos levou a músicas como "The City and The Sea", do *Aeolian* (2005), e à primeira metade do *Precambrian* (2007). Mas, ao mesmo tempo, eu sempre curti composições longas e atmosféricas que eram mais simples e estruturadas, em termos de ritmo e coisas do tipo. Então sempre tive esses dois mundos de interesses que eu tive de combinar e foi isso o que levou a esses discos dicotômicos como o *Precambrian*, em que a primeira metade é focada na parte pesada, curta e complicada e o restante traz um material atmosférico e mais elaborado. E então eu meio que passei dessa fase com o *Precambrian* e o *Heliocentric* (2010) foi realmente uma nova fase para mim como compositor e músico, apenas queria fazer algo diferente. Eu não estava mais tão interessado em escrever essas músicas complexas e pesadas. Queria trabalhar com vocais, no sentido de usar os vocais como um instrumento melódico e não apenas um instrumento rítmico como tinha feito no passado. Ao mesmo tempo, nós tínhamos perdido o nosso vocalista Mike Pilat na época, e então o Loïc (Rossetti, atual vocalista) entrou na banda. E ele tinha essas habilidades para realmente desenvolver o vocal nessa direção que eu queria. Tudo isso aconteceu entre 2009 e o começo de 2010. E a partir daí foi uma nova fase. Eu ainda escrevia músicas pesadas e complicadas, já que havia algumas coisas do *Anthropocentric* (2010) que lembravam a fase antiga da banda, por exemplo. Mas, de forma geral, incorporar vocais diferentes foi algo que se tornou mais e mais importante com o tempo. É apenas um processo natural de crescer como músico e tentar explorar territórios e abordagens musicais diferentes na hora de compor. E então encontrar o seu caminho, que sempre será bom por apenas um período de tempo limitado. Porque aí você fica entediado e precisa tentar outra coisa.

Então é possível dizer que o *Anthropocentric* (2010) e o *Heliocentric* (2010) foram um ponto de virada para a banda?
Sim, você pode dizer isso. Especialmente o *Heliocentric*. Esse disco com certeza foi o começo de uma nova era com o Loïc entrando na banda e trazendo suas habilidades vocais e eu escrevendo músicas de uma maneira completamente diferente. Algumas faixas desse álbum na verdade começaram como ideias vocais que eu escrevia para então desenvolver a música a partir disso. E eu nunca

tinha feito isso antes. Então esse foi definitivamente um ponto de virada em termos de abordagem e também do resultado. Quando o *Heliocentric* foi lançado, muitas pessoas não conseguiram lidar com ele (risos). Muitos fãs antigos ficaram confusos e devem ter pensado "Que merda é essa? Vocês não são mais metal?" e muitas outras coisas que tivemos de ouvir por meses. É um disco que acertou as pessoas na cabeça no início, mas elas começaram a entendê-lo melhor com o tempo e viram o seu potencial. Reconheceram que era apenas uma direção diferente que as coisas tomaram. E eu entendo se as pessoas quiserem manter o que pensam e só quiserem escutar o *Fluxion* e o *Aelion*, por exemplo. Mas eu não consigo fazer isso. Como um músico, eu preciso me desafiar constantemente e isso leva a direções diferentes de tempos em tempos, não importando se todos vão gostar dessas direções. Mas essa é uma parte integral do processo criativo: escrever música para desafiar a si mesmo e se permitir ir para outros caminhos, explorar horizontes diferentes. E isso é algo que nós sempre fizemos. O nosso primeiro disco, *Fogdiver* (2003), era instrumental e completamente diferente do *Aeolian*, por exemplo. Então isso é algo que sempre fez parte da banda, tentar transcender a nós mesmos e encontrar novas maneiras de explorar a música.

Você sempre foi o principal compositor da banda e já disse até que não consegue escrever quando está em turnê porque precisa de uma certa distância para fazer isso. Por isso, queria saber como é o processo de composição atualmente? Pergunto isso pois vocês já passaram por algumas mudanças de formação ao longo da carreira, incluindo algumas mais recentes.
Isso vai nos afetar (a mudança de formação). A nossa parte do split com o Mono, o *Transcendental*, é uma música minha. Mas para o próximo disco, em que vamos começar a trabalhar em breve... Aliás, nós já começamos a escrever e temos algumas músicas prontas. Mas o novo guitarrista, Damian (Murdoch), também vai estar envolvido no processo de composição. Ele já escreveu algumas coisas muito boas e que representam para onde vejo a banda seguir. E o nosso baterista, Paul Seidel, que entrou para a banda no fim de 2013, também está muito mais envolvido no processo de escrever as músicas e suas partes de bateria. Então acho que o próximo disco será um esforço mais colaborativo do que o *Pelagial* (2013), que basicamente foi todo escrito por mim. E eu quero isso, sinto

agora que nós temos a formação mais forte que a banda já teve, em termos dos músicos e do que eles podem trazer para a mesa. Então eu quero explorar isso e ter essas pessoas contribuindo criativamente com a banda. Acho que o próximo disco será um novo ponto de virada, no sentido de que não será tão escrito por mim.

Algumas bandas sentem mais a mudança de integrantes do que vocês, que sempre conseguiram escrever discos consistentes não importando quem estivesse tocando. Consigo pensar em outras bandas como o Cult of Luna que passam pela mesma situação. Por que isso acontece na sua opinião?
Normalmente isso acontece porque há uma pessoa que sempre fica na banda e é responsável por escrever as músicas (risos). É isso que traz essa consistência. No Cult of Luna, essa pessoa é o Johannes (Persson, vocalista e guitarrista), ele escreve todas as músicas e está lá desde o começo, a banda é meio que o bebê dele. E no The Ocean essa pessoa sou eu. Estou aqui desde o início e sempre respondi por 98% do processo de composição. Então com certeza há uma consistência e um determinado estilo que você pode ouvir em todos os nossos discos. E acho que essa é provavelmente a razão pela qual algumas bandas conseguem lidar melhor com mudanças na formação. Em outras bandas, uma mudança na formação pode ser percebida instantaneamente ao ouvir um disco, o que também pode ser bastante interessante. Quero dizer, isso é o que quero fazer agora, colocar esses novos integrantes para contribuírem com o processo de composição. E talvez isso mude o nosso som, talvez algumas pessoas digam que parecemos uma banda diferente agora. Não acho que isso vá acontecer porque ainda terei um bom controle e só permitirei que entrem no disco as coisas que eu realmente gostar.

A banda inteira vive em Berlim atualmente? Como funciona a frequência de ensaios e encontros do The Ocean?
Não há nenhuma frequência. Nós definitivamente não somos uma banda que ensaia todos os dias ou mesmo toda semana. Apesar de não existir uma frequência grande, os ensaios são sempre muito intensos. No momento, quase todos vivem em Berlim, com exceção do nosso vocalista, o Loïc. Ele ainda mora na Suíça, que fica a cerca de duas horas de avião daqui. E, na verdade, o nosso

baixista, o Mattias (Hägerstrand), também mora em outro país: em Estocolmo, na Suécia. Então apenas eu, o Damian ("Damo" Murdoch, guitarrista), e o Paul (Seidel, baterista) vivemos em Berlim. E sempre foi assim. Antes dessa formação atual, tínhamos duas pessoas da Suíça: o Luc (Hess, ex-baterista) e o Jonathan (Nido, ex-guitarrista). Sempre foi metade vivendo aqui e o restante em outros lugares. Por isso, não somos uma banda que ensaia frequentemente. Ensaiamos em intervalos curtos e intensos. Quando temos uma turnê agendada, todos vêm para Berlim duas semanas antes e ensaiamos todos os dias por algumas horas. E o mesmo acontece quando estamos para entrar em estúdio. Todos se reúnem na mesma cidade e não fazemos nada além de tocar por uma ou duas semanas e então pegamos a intensidade dessas sessões e tentamos levá-la para o estúdio. Mas podemos passar meses sem ensaiar e todos ficam fazendo as suas próprias coisas. E acho que isso é muito importante quando você está em uma banda que faz turnês em tempo integral, podendo passar dois, três ou até seis meses do ano juntos na estrada. É extremamente importante se separar quando você volta para casa e dizer "Não quero ver as suas caras por um mês" (risos). É muito importante fazer isso. Por exemplo, não vi nem falei com ninguém da banda desde que voltamos da nossa última turnê há três semanas. Às vezes por e-mail apenas. O Paul (baterista) também trabalha na Pelagic, então falamos bastante sobre coisas da gravadora. Mas não falei com mais ninguém desde então. E esse é apenas um processo natural, isso não significa que eu não goste dos caras ou que esteja cansado deles. Apenas que todos precisam focar em coisas diferentes para manter a sua paixão pelo The Ocean. Quando a gente volta a se encontrar, todos estão animados em tocar, se encontrar e tudo mais. Penso que esse é um jeito natural para se lidar com relacionamentos intensos.

Esse estilo de música que vocês tocam, normalmente chamado de pós-metal, teve origem nos EUA com bandas como Neurosis, Melvins e Isis. Mas mais recentemente me parece que as bandas europeias como vocês, o Cult of Luna e o Amenra, sem contar outras mais antigas como o Breach, talvez estejam recebendo mais atenção e reconhecimento. Concorda com isso?
Essas bandas dos EUA que você citou realmente são incríveis e importantes, mas existem outras bandas como o Breach que começaram ainda nos anos 1990 e me influenciaram muito, mais até do que muitos nomes americanos. Eu cresci indo

a shows de hardcore no começo dos anos 1990 e pude ver bandas antigas como Integrity, Earth Crisis e Undertow, mas ao mesmo tempo via bandas europeias como o Refused, que já levaram o Breach como banda de abertura. Por isso, já vi o Breach ao vivo algumas vezes e eles realmente abriram os meus horizontes musicais. A primeira vez que os vi eles eram uma banda de hardcore da "nova escola" e o Tomas (Hallborn, vocalista) estava usando uma camiseta do Youth of Today. E a segunda vez que os vi foi logo após eles lançarem o It´s Me God (1997) e era uma banda totalmente diferente. Todos estavam vestidos de preto, havia dois bateristas no palco, ninguém falava com o público e apenas uma atmosfera super dark e fria. E isso tudo realmente me "ganhou". Comprei aquele disco e o escutei por um mês e meio e apenas pensava "Essa é a razão pela qual eu quero tocar". Para mim, certamente houve algumas bandas europeias que foram muito importantes, de forma igual ou maior do que as bandas americanas que moldaram o gênero. Você mencionou o Isis e nós falamos sobre o Mono antes, essas duas bandas vieram de cenas parecidas naquela época. Os gêneros não eram tão divididos como eles são agora, em que você tem uma gravadora dedicada para cada estilo de música. As pessoas falam sobre pós-metal e sludge, mas ninguém sabe o que esses termos realmente significam ou qual deveria ser a diferença entre eles. Só que esse não era o caso antigamente. Bandas como Isis e Mono podiam fazer um show juntas, mesmo tocando músicas muito diferentes. Mas era tudo parte da, digamos, cena de hardcore experimental do início e metade dos anos 1990. Na verdade, essas bandas surgiram um pouco depois. Mas os gêneros não eram tão divididos e penso que era uma época muito interessante e emocionante porque te permitia descobrir bandas não apenas a partir desse tipo de cena mais fechada, mas a partir de uma perspectiva musical mais ampla.

Três discos que mudaram a sua vida.
Bom, já disse o primeiro: It´s Me God (1997), do Breach. Ou mais ainda o Venom (1999), que foi o álbum seguinte deles. Esse disco me causou um grande impacto. Quando o ouvi, estava em um momento da minha vida em que não sabia realmente o que fazer, tinha acabado de me formar no ensino médio e tinha diferentes opções sobre o que fazer e para onde ir. E ouvir esse álbum me fez querer ir para Berlim montar uma banda e tentar viver de música. Então foi definitivamente um disco que mudou a minha vida.

Outro seria o *Times of Grace* (1999), do Neurosis. Mais ainda do que os discos anteriores deles, que eu já conhecia e já tinham me impactado. Quando ouvi o *Times of Grace* simultaneamente com o *Grace* (1999) do Tribes of Neurot em dois aparelhos de som separados no mesmo quarto, essa foi uma experiência muito intrigante, escutar isso totalmente chapado. E me fez realmente curtir o *Times of Grace*. E então pude ver isso ao vivo, quando eles tocaram o álbum inteiro, em um show com o Today is the Day na mesma época, 1999/2000. E isso mexeu totalmente comigo, nunca tinha visto nada tão intenso, aquela incorporação do som e do visual. E também com uma certa distância ao não falar com o público, apenas sugando as pessoas para o cosmo deles. Isso foi certamente algo que mudou a minha vida.

E o terceiro disco... Preciso dizer que o *The Shape of Punk to Come* (1998), do Refused, foi um álbum muito importante para mim apenas porque transcendia gêneros e expandia sua mente de tantas maneiras diferentes. E fazia isso ao incorporar estilos musicais tão distintos de um modo que também era coerente e cativante. Então esse também foi um álbum muito, muito importante. E vejo eles ao vivo desde os meus 15, 16 anos, acho que já foram 7 ou 8 shows e eles sempre fazem shows realmente incríveis.

Você começou a tocar guitarra nessa época, por volta de 1999/2000?
Foi antes disso, acho que por volta de 1992 que eu comecei a pegar a guitarra. Eu tinha uns 14, 15 anos. Nessa época eu ainda estava ouvindo Guns N' Roses (risos). E então eu lentamente comecei a curtir coisas mais pesadas.

E quem eram os seus "heróis" naquela época? O Slash?
Bom, o Slash é um dos guitarristas mais incríveis do mundo. Mas quando eu comecei a chegar a um ponto em que realmente conseguia tocar a guitarra, já estava curtindo outras coisas e não me ligava mais tanto em solos. Queria tocar *riffs* pesados. Essa foi a fase de transição após pegar a guitarra. Mas é claro que até você realmente conseguir fazer algo com o instrumento demora um tempo. Então é difícil dizer. Acho que a cena hardcore do início dos anos 1990 foi definitivamente o período em que eu cresci musicalmente e que também moldou bastante a maneira como eu toco guitarra.

E o que te inspira a compor?
O mar, principalmente. Eu não consigo escrever no meu apartamento nem quando estou em turnê. Preciso estar fora, ter um horizonte aberto e ver o oceano, isso é muito importante. E então todo o resto chega naturalmente. Eu trabalho com todos os tipos de influências, que podem ser coisas do dia-a-dia, às vezes um som que você escuta durante o dia que você subconscientemente incorpora na sua composição ou que ressoa e te leva a fazer uma determinada coisa. É difícil explicar. É como essa caixa preta em que você tem tudo entrando, coisas dos seus amigos, das músicas que você ouve, de sons, de sentimentos dos seus relacionamentos... Tudo entra nessa caixa preta e o que sai é a música que você escreve. E o que acontece nessa caixa preta é algo muito difícil de dizer e eu não sou muito inclinado a analisar isso demais, eu não quero saber realmente o que acontece lá porque não quero destruir a mágica disso. É como reunir todas essas influências diferentes e o que sai disso é uma música e uma determinada vibração, um clima.

Do que você tem mais orgulho na sua carreira?
Bom, sou bastante feliz com o que lançamos. Já fizemos vários discos ao longo dos anos e todos fazem referência a um determinado ponto da minha vida e da minha evolução como pessoa e músico. Por isso, é muito legal ter esses discos, eles são quase como um "diário musical" que consegue viajar para o passado. E também sou feliz porque a banda me permitiu viajar e fazer turnês em lugares em que nunca imaginei estar no início da banda. Locais como China, Taiwan, México ou Nova Zelândia. Poder ir para esses países como um músico, o que é diferente de ir como turista, te permite ter contato com os moradores locais e conhecer pessoas muito interessantes. Isso é algo que eu sempre quis fazer e sempre foi o fator que mais me motivou em ser um músico em tempo integral do que a ideia de tocar em festivais enormes. Por exemplo, nunca quis fazer um show no Rock am Ring, mas sempre quis tocar na Sibéria. Já fizemos isso e ainda há muitos outros lugares para onde queremos ir e tocar. Mas já tocamos em muitos lugares incríveis que nunca imaginei que fosse conhecer. Então isso é algo que me deixa muito feliz.

OMEGA MASSIF / PHANTOM WINTER

Andreas Schmittfull (guitarrista do Omega Massif e Phantom Winter) – Entrevista feita em dezembro de 2015

Uma das bandas mais subestimadas da última década, o Omega Massif chamava a atenção por fazer um som denso e pesado que eles definiam como "mountain metal" (algo como "metal das montanhas", em tradução livre).

Durante os seus apenas nove anos de carreira, o quarteto alemão da região da Baváría lançou dois discos essenciais de metal instrumental que não deixam nada a desejar a nomes talvez mais conhecidos do estilo como Pelican e Russian Circles.

Na entrevista abaixo, o guitarrista Andreas Schmittfull fala sobre o fim precoce do Omega Massif, as diferenças entre tocar música instrumental e com vocais (como faz em sua banda nova Phantom Winter), e da sua paixão por, veja só, bossa nova e João Gilberto.

Após o fim do Omega Massif em 2014, você e o Christof (Rath, ex-baixista do OM) começaram uma banda nova, o Phantom Winter. Como decidiram fazer isso? E ainda conversa com os outros ex-membros do OM?

Andreas: Sempre tivemos nossos problemas no Omega Massif. Apenas tentávamos administrá-los da melhor maneira possível. Nas últimas semanas antes do fim do OM, percebi que Christof tinha mais e mais problemas com tudo relacionado à banda. Eu queria manter o Omega Massif vivo, mas também estava muito interessado em fazer as minhas próprias coisas. Por isso, comecei a escrever novas músicas e as enviei para o Christof. Esperava que, levando-o para um projeto paralelo, também conseguiria impedi-lo de sair do OM. Ele adorou o que ouviu, mas em vez de isso dar mais força para o projeto e ao OM, foi o sinal final que mostrou para ele que o OM tinha acabado e era hora de fazer algo novo. Não queríamos continuar o OM sem um dos integrantes originais. Então a banda acabou e o Phantom Winter nasceu. Ainda falo com os outros (ex-membros). Somos todos adultos, mesmo que não pareça algumas vezes. E eu amo o Boris (Bilic, baixista do OM).

Apesar de o Phantom Winter ter algumas coisas em comum com o seu trabalho anterior no Omega Massif, a banda possui uma abordagem bem mais di-

reta, sem contar o fato de possuir vocais. Foi uma decisão consciente ir nessa outra direção? Ou apenas algo que sentia que precisava fazer?
O Phantom Winter é um modo diferente de composição. O Omega Massif sempre teve um processo longo com quatro caras sentados em uma sala tentando fazer músicas juntos. No Phantom Winter, eu escrevo 95% das músicas, a grande maioria dos instrumentos e as letras. Ao fazer isso, consigo seguir um grande plano mestre com cada música. Não há nenhum tipo de jam session como era no OM. Todos os outros integrantes concordaram com isso antes de entrar para o PW, já que perceberam que essa é a chance de criar um todo coerente. Não preciso aceitar nenhuma mudança. É por isso que as músicas são mais diretas e obscuras. É assim que posso me assegurar que as letras, o significado e as músicas fluam da melhor maneira possível. Por esse modo de composição, as músicas saem de forma muito simples e seguem uma única visão que tenho na minha cabeça.

O Phantom Winter faz um som com influências sludge com uma vibe diferente, que me traz à mente bandas como Eyehategod, Iron Monkey, Grief e Buzzov-en, mas também outras coisas, como doom e black metal. Quais foram as suas influências para fazer esse disco, *Cvlt* (2015)? É um álbum realmente brutal.
Acho que a maioria das influências vem de outros gêneros, como trilhas sonoras, hip hop, pós-punk, darkwave etc. Quando escuto a música "Pissing", do Low, ela me soa (não digo que seja, mas parece!) mais pesada do que qualquer coisa que uma banda de sludge já tenha feito. Quando escuto a trilha sonora de *Akira* (1988), feita por Yamashiro Shoji, fico completamente impressionado por sua força e magia. Também posso apontar o *Pornography* (1982), do The Cure. É a fusão perfeita de música e pensamentos. Mais influências? *Nebraska* (1982), do Bruce Springsteen, *Zuma* (1975), do Neil Young, e *Let England Shake* (2011), da PJ Harvey. Tento o meu melhor para criar qualquer coisa desse tipo da minha própria maneira pesada.

A página do Omega Massif no Facebook recentemente publicou o seguinte post: "Vejam as nossas bandas novas e parem de reclamar sobre o passado". Vocês ainda recebem muitas reclamações ou mensagens desse tipo sobre o fim da banda? É algo que te incomoda?
Não realmente. Quando começamos o Omega Massif e decidimos permanecer

uma banda instrumental, algumas pessoas reclamaram sobre a falta de vocais. Agora algumas não gostam dos vocais do Phantom Winter. É sempre a mesma coisa. O que é um pouco engraçado é a reclamação do tipo "Nunca vi vocês ao vivo" que surgiu recentemente. A banda existiu por quase 10 anos. Se você é da Europa, deve ter existido uma possibilidade de nos ver ao vivo. Se você não fizer algo agora, estará chateado novamente 10 ou 20 anos após o fim do Phantom Winter. Pare de reclamar sobre o passado. Viva o presente.

Aliás, foi estranho de alguma maneira ter uma banda com vocal após tanto tempo tocando música instrumental com o Omega Massif? Essa mudança afetou diretamente o seu processo de composição?
Sim, a música é escrita para transmitir as letras. A música do Phantom Winter não é feita para "ficar sozinha". E gosto do fato de ter vocais. Não há uma decepção maior para simpatizantes da direita e do fascismo o fato de não sermos "apolíticos" (o que nunca fomos já que somos pessoas políticas). Leia as letras do Phantom Winter, aceite ou vá embora. "Nós nunca vamos esquecer e não vamos aceitar que isso aconteça novamente" (letra da música "Suffer", do Phantom Winter).

Agora um pouco sobre o Omega Massif. A banda começou em 2005. Quais eram as suas influências na época? Quando escuto as suas músicas, costumo lembrar de nomes como Neurosis, Isis e Pelican, entre outros.
Sim, claro, essas bandas foram grandes influências. Queria começar algo que fosse metal e pesado, mas 100% instrumental porque não gostava do fato de que qualquer banda pesada precisasse ter alguém gritando. Gostava da visão de um grupo pesado e obscuro fazendo uma coisa meio na pegada de trilha sonora. Então foram muitas dessas bandas citadas e também Ennio Morricone e outros grandes compositores que nos impulsionaram pelo nosso caminho.

Vocês chegaram a testar algum vocalista no começo do Omega Massif?
Não, nunca testamos. Comecei a banda com uma grande regra principal (e que me faria sair caso fosse quebrada): nada de vocais.

O Omega Massif tinha esse som realmente grande e apocalíptico, que pode ser descrito como a trilha sonora para o fim do mundo, uma música que leva as pes-

soas para esses lugares realmente diferentes e, muitas vezes, escuros – o mesmo com o Phantom Winter talvez. O que te motiva a escrever e tocar música?
Muito obrigado pelas suas palavras! Bom, com o Omega Massif nós todos tentávamos criar algo que fosse pesado, brutal e bonito ao mesmo tempo, que te ajude a fugir para grandes montanhas assim que a música começa. Na sua cabeça, é claro. E recebemos muitas mensagens de pessoas nos dizendo coisas do tipo: "Ei, estou no topo da montanha X neste momento e ouvindo a sua música. Obrigado!". Esses foram alguns dos melhores momentos com o Omega Massif. Já o Phantom Winter não tem nada de escapista. Como falei antes, o OM sempre foi uma trilha sonora para o mundo das montanhas, enquanto que o PW é um pesadelo. É tudo que está na minha mente e que me incomoda e que eu não quero ser. Penso que é uma maneira muito positiva de se fazer música, mesmo que soe negativa. O PW é o aqui e agora, o amor e o ódio, a doença sem cura, a praga da Terra e um lembrete para mim mesmo: não seja um idiota.

Apesar de o Omega Massif ter existido por cerca de 9 anos, vocês lançaram apenas dois discos, além de alguns splits e demos. Por quê? Vocês eram mais cuidadosos com as suas ideias pelo fato de serem uma banda instrumental?
Sempre conto três discos full-length, já que o *Kalt* (2005) era meio que a nossa demo e trazia outra versão de "Unter Null", mas também era um disco full por outro lado. Mas, de qualquer forma, você está certo. Nós não produzimos muita coisa. Em primeiro lugar, eu e Christof não vamos mais fazer nenhum split no futuro. As músicas sempre são criadas em um processo de composição determinado e separá-las em mais de um disco não é a maneira certa de lançá-las, na nossa opinião. O que foi criado junto deve permanecer assim. O segundo ponto é que não produzimos nenhuma música nova nos últimos quatro anos do Omega Massif, com exceção de um cover para a "Don't Bring Me Flowers", do Godflesh. Nós tentamos fazer músicas novas, mas não conseguimos. Aquele lance de fazer *jams* não funcionava mais. Ninguém estava feliz com nada. E fico até meio feliz com isso, já que evitou que lançássemos um disco medíocre.

Como é a cena aí na Alemanha?
Penso que temos uma cena muito boa na Alemanha. Temos bandas como Planks/Ultha, Mantar, Ekranoplan, Sun Worship, Nightslug, Deathrite e muitas

outras que são ligadas por amizade, conexões políticas ou apenas o fato de já termos dividido o palco em diversas ocasiões. Uma das minhas maiores influências no começo do Omega Massif era uma banda alemã incrível chamada Men In Search of The Perfect Weapon.

Vocês descreviam o som do Omega Massif como "mountain metal". Como o lugar em que vocês vivem, na região da Bavária, influenciou a música da banda?
Bom, a região onde vivemos, em Wurzburg, não possui as montanhas mais altas. Lá, elas chegam a apenas cerca de 1.000, 1.300 metros de altura. As mais altas ficam no sul, nos alpes da Bavária e na região da Áustria, Suíça e França. Mas estive nessa área com muita frequência desde pequeno, já que meus pais adoravam longas caminhadas. E então cresci com isso e aprendi a amar essas regiões. É por isso que queria criar uma banda sobre esse assunto: montanhas. São uma força incrível. Nunca me senti tão pequeno do que quando estou rodeado por montanhas gigantes durante à noite. E criei esse "estilo" (mountain metal) porque acho que as pessoas devem pensar menos em qual gênero nos encaixamos. Era "mountain metal". Nada mais, nada menos. É por isso que chamo a música do Phantom Winter de "winter doom". Mesma razão, nome diferente.

Quais as suas melhores lembranças com o Omega Massif?
Como falei antes, receber mensagens das pessoas diretamente do topo de uma montanha! E também era incrível sempre que recebíamos uma nova mixagem das nossas músicas do Role, nosso engenheiro de som no estúdio Tonmeisterei, em Oldemburgo. Era como Natal, só que melhor. E então quando você segurava o vinil na sua mão, com toda a arte visual (do incrível Oliver Hummel), era uma sensação maravilhosa. Também era ótimo receber uma boa resenha do seu disco. Ou se alguém apertasse a sua mão depois de um show, dizendo como se sentiu. E adoro tocar ao vivo, de forma geral. Todas as pessoas, os lugares dos shows, os amigos. Não sei se conseguiria mais viver sem isso. Um ponto muito especial foi quando tocamos no Hellfest, na França, com nomes como Motörhead e Twisted Sister. Quero dizer, nós éramos a banda desconhecida tocando ao meio-dia. Mas quem se importa?! Tivemos a chance de tomar alguns drinks com muitas pessoas incríveis.

Você conhece alguma banda/artista brasileiro?
Conheço muitos artistas como Ratos de Porão e outras bandas punk. Mas também adoro o Sepultura, que é uma banda incrível e escreveu, na minha opinião, a melhor música thrash da história: "Arise". E também sou profundamente apaixonado por bossa nova. Alguns dos meus artistas favoritos são João Gilberto, Orlandivo, Tom Jobim e Marcos Valle. A música deles é um tesouro e, se tivesse de escolher, levaria os discos deles comigo para uma ilha deserta.

Aproveitando o gancho, você pode listar três discos que mudaram a sua vida?
O primeiro é o *Trashed* (1994), do Lagwagon. Junto com o heavy metal, o punk foi a minha grande paixão quando era jovem. Lia todas as reportagens sobre, traduzia as letras, mandava dólares em envelopes para os EUA para comprar os artigos de merchandise, ia aos shows. Eles eram os meus heróis quando tinha 14 anos.

Outro seria o disco autointitulado do The Locust, lançado em 1998. Esse álbum teve um impacto realmente forte em mim. O Justin Pearson é apenas incrível. Queria fazer música como ele, queria parecer com ele (risos). Era algo louco. Também adorava Swing Kids, Festival of Dead Deers e todas as outras bandas barulhentas, mas esse disco foi como uma bomba atômica musical para mim. Destruiu todo o resto.

E o terceiro seria o disco *Getz/Gilberto* (1964), de Stan Getz e João Gilberto. Esse álbum me fez entender que não é possível ficar nervoso e triste a vida inteira. É preciso ter momentos de felicidade, para dançar, sentar em uma cadeira enorme com um copo de rum ou whisky e um sorriso no rosto, mesmo que o mundo esteja cheio de merda.

Do que tem mais orgulho na sua carreira?
Talvez eu tenha orgulho de nunca ter desistido.

TERRA TENEBROSA / BREACH

The Cuckoo (Terra Tenebrosa e ex-Breach) e Tomas Hallbom (ex-vocalista do Breach e atual vocalista/guitarrista do The Old Wind) – Entrevistas feitas em março de 2015

Provavelmente a banda mais importante de metal alternativo da Europa (e a minha favorita depois dos americanos do Neurosis), o Breach encerrou as atividades pouco após o lançamento do seu último disco Kollapse (2001) sem receber a atenção e o reconhecimento merecidos na época..

Com isso, o grupo de Luleå, na Suécia, acabou assistindo de longe o despontar de bandas que influenciou diretamente, como Isis e Cult of Luna, e que alcançaram um público maior do que o próprio Breach, ajudados talvez pelo maior acesso a esse tipo de música com a popularização da Internet.

Após fazer um show de reunião especial em 2007, os antigos membros do Breach voltaram à ativa, mas por meio de novos projetos, como o Terra Tenebrosa, cujos integrantes não revelam suas verdadeiras identidades, e o The Old Wind, que conta com o vocalista Tomas Hallbom e o guitarrista Niklas Quintana em sua formação.

Nesta entrevista, The Cuckoo – mente principal por trás do Terra Tenebrosa – fala sobre a razão para ter escolhido um nome tão diferente, por que odeia ensaiar, como o David Bowie mudou a sua vida e relembra seu disco favorito com o Breach, entre outras coisas – além disso, ao fim desta entrevista há um bate-papo rápido com Tomas Hallbom sobre alguns momentos importantes do Breach.

Você montou o Terra Tenebrosa em 2009. Pensa que tantos anos após o fim do Breach, estava talvez mais preparado para ter uma nova banda?
The Cuckoo: Se eu estava preparado? Não. Após o Breach, eu não queria mais fazer música. Porque o Breach foi importante para mim e coloquei muita energia na banda e não queria que tivesse acabado como acabou porque quase não éramos mais amigos, não nos falamos por anos. E quando fizemos o show de reunião (em 2007), foi muito duro para a gente para tocar naquela noite. Eu estava tão cansado e deprimido depois daquilo que pensei "Vou vender meus instrumentos e não vou mais tocar". Mas você não consegue apenas parar de tocar. Você fica com uma coceira para ligar a guitarra e então apenas comecei a gravar

algumas coisas na minha casa. Não planejava lançar um álbum nem nada do tipo, era só algo que eu precisava fazer. E um amigo queria adicionar algumas coisas e de repente tínhamos começado esse projeto, mesmo que não tivesse sido planejado. E um amigo da Trust No One (gravadora) disse que queria lançar a banda. E então pensamos em como iríamos nos apresentar... Eu tinha feito a máscara muitos anos antes e não tinha nada a ver com esse projeto. Foram várias coincidências que levaram a isso. Não havia nenhum plano de montar uma banda nova ou algo assim.

E esse lance de usar máscaras, ter esse visual específico, era algo que você sempre quis fazer?
Um projeto como esse? Sempre quis. Talvez não quisesse, mas fantasiava sobre isso. Porque era fã do Kiss quando era criança, gostava dessa coisa teatral na música.

Quem é o responsável por essa identidade visual da banda? Você criou toda essa parte?
Sim, eu cuido de tudo na banda. E é o meu projeto, digamos. É claro que eu escuto os outros, mas no final sou eu quem decide o que fazer com a banda, para qual direção vamos levar a música, como serão as capas dos discos. Eu fiz as máscaras, os designs são todos meus. Eu sou o projeto. Não acredito em democracia quando você está fazendo música. As coisas sempre ficam muito tensas. Como no Breach, nós passamos a ter muitos conflitos. Alguém precisa estar no comando. É claro que eles podem ter ideias ou fazer sugestões, mas se as ideias de todos forem... Como posso dizer? Apenas vira uma disputa de diferentes ideias. E isso não é bom. Porque eu tenho essa visão de como eu quero que isso seja. E se todo mundo quiser as suas ideias e sugestões representadas na música, eles não poderão saber o que eu vejo. Então poderá ficar bom, mas não é mais a minha ideia. E eu comecei esse projeto sozinho. Eles (os outros integrantes) apenas vieram e quiseram fazer parte da banda. E eles precisam saber que eu sou um ditador, você pode dizer (risos), me desculpe. Mas não há nenhum problema porque eles aceitaram isso dessa forma. Se você monta uma banda com alguém, um precisa ouvir ao outro, todos precisam ter a sua voz. E eu não consigo trabalhar assim. As bandas em que estive antes duraram pouco porque eu não acredito na democra-

cia neste contexto. É claro que eu acredito na democracia tirando isso. Mas não quando o assunto é fazer música ou algo assim.

Na verdade, isso é algo comum, o fato de ter uma pessoa que comanda tudo, tanto em bandas do underground quanto em nomes gigantes como Nine Inch Nails e Queens of the Stone Age, por exemplo.
Porque é tudo uma questão de diferenças nos gostos e coisas assim. Eu imagino que quando você monta uma banda com alguém, vocês possuem algumas referências em comum, gostam do mesmo tipo de música e coisas assim. Entretanto, uma pessoa pode achar que essa música é a melhor do disco, enquanto eu penso de forma contrária. E aparecem essas disputas o tempo todo... Era assim no Breach, você tinha duas vontades fortes trabalhando uma contra a outra o tempo todo. Por exemplo, alguém tinha uma ideia brilhante para uma música e então você diz "Isso poderia ficar melhor assim" e a outra pessoa acabava ficando irritada. Isso é trabalho, alguém precisa estar no comando. Porque, cedo ou tarde, essas tensões vão acabar com tudo.

Sobre o nome da banda, Terra Tenebrosa. Por que usar um nome em português? Há algum significado em especial?
Não. Algumas pessoas dizem que é português, outras que é italiano. Talvez seja italiano ou português, mas eu achei que era latim... Era um nome que eu sempre gostei, muito antes desse projeto. Sempre achei que fosse latim, vi o nome em um livro sobre o Fausto, eu acho. Também pode ter sido em *A Divina Comédia*, não tenho certeza. Mas havia um tipo de mapa do Inferno e tinha um lugar chamado Terra Tenebrosa, esse nome me chamou a atenção, ficou comigo. E obviamente eu sou sueco e isso pode ter mudado... Por exemplo, Terra em sueco é uma gíria infantil para aterrorizar as pessoas. Talvez eu não devesse ter dito isso (risos). Porque essa não é a razão pela qual eu escolhi o nome. Enfim, estou tentando explicar por que o nome ficou comigo. Ele soava perigoso de uma maneira meio infantil, é meio difícil explicar. Mas sim, sempre gostei do nome. E obviamente descobri o que significava, mas sempre acreditei que fosse latim. E as pessoas me perguntam por que escolhi um nome em italiano ou português, mas não tinha ideia de que era usado atualmente nesses idiomas. E também fiquei sabendo que soa bem brega em português.

É, um pouco (risos). Mas gosto do nome, acho que soa bem.
Mas é isso, essa é a origem do nome da banda e eu sempre achei que fosse latim.

Mudando um pouco de assunto agora. Como é a rotina de ensaios e o processo de composição da banda? Todos vivem em Estocolmo? Com qual frequência conseguem se encontrar?
Agora nós temos um integrante que está em Gotemburgo e nós ficamos em Estocolmo. Mas nós não nos encontramos em um contexto musical, vamos dizer, há cerca de um ano. E nós não ensaiamos a não ser que seja necessário. Não nos reunimos e ensaiamos uma vez por semana como muitas bandas fazem porque se divertem fazendo isso. Não estou dizendo que a gente não se diverte, mas não gosto de ensaiar. Porque eu gosto de compor, de gravar e de fazer shows, mas odeio ensaiar. É entediante, é algo que me mata (risos). Realmente odeio ensaiar porque você ouve as músicas de novo, de novo e de novo até que elas percam o significado ou algo assim. Você está matando a música lentamente ao ensaiar. Mesmo antes de gravar eu não quero ficar ensaiando por meses para que todas as notas fiquem perfeitas. Eu quero que fique sujo. Não me importo se você é um bom músico ou não. É entediante se a música é muito bem tocada, pode virar algo esterilizado, sem emoções. Então nós não nos reunimos para ensaiar com muita frequência. Às vezes nem ensaiamos antes de gravar. E algumas vezes eu gravo tudo sozinho. Quando estamos para sair em turnê, nós temos de ensaiar. Porque não é legal estar assistindo a um show e ver pessoas que não conseguem... Sabe, eu posso ficar muito incomodado com os outros, algo do tipo "Como você pode não lembrar dessa música que nós gravamos? Vai se foder". E isso é algo que também sempre pode causar discussões. Acho que não nos divertimos quando ensaiamos, acho que nos divertimos quando saímos em turnê. Na verdade, eu quis cancelar uma turnê porque eu os odiava. Eu pensava "Como vocês podem ser tão estúpidos? Como podem não lembrar das músicas?". Não estou querendo me colocar como alguém que é perfeito (risos). Mas é irritante. E eles muito provavelmente também pensaram que eu era muito irritante em outros aspectos. E é isso, nós não nos encontramos para ensaiar, a não ser que a gente precise fazer isso (risos). Não gosto de ensaiar, é algo que me irrita.

O Terra Tenebrosa não costuma fazer muitos shows, mas vocês tocaram no Roadburn em 2014 e vão fazer o Hellfest neste ano. Vocês preferem escolher esses shows em festivais para que mais pessoas possam ver a banda?
Bom, nós somos velhos agora. Ou pelo menos mais velhos do que éramos. E temos famílias e filhos. Por isso, você não pode ficar na estrada por semanas ou meses fazendo shows. E como somos mais velhos, também passamos a ser mais seletivos. Não queremos mais dormir no chão da pessoa que está produzindo o show. Precisamos ter camas de verdade (risos). Tenho certeza que muitos produtores acham que nós somos quase irritantes. Porque nós temos essas exigências. Nós precisamos de camas de verdade; não precisa ser nada chique ou coisa do tipo, mas precisam ser camas. Nós não queremos mais dormir no chão (risos). E não queremos ficar muito tempo longe das nossas famílias e dos nossos filhos. E é por isso que nós escolhemos. Como o Roadburn, é claro que ficamos felizes pelo convite para tocar no festival. E no Hellfest agora também. Mas é apenas um show. E, como eu disse, nós odiamos ensaiar. Ou pelo menos eu odeio. Então nós precisamos fazer algo ligado com o Hellfest. Alguns shows, quero dizer. E nós temos de fazer isso porque precisamos do dinheiro para cobrir as despesas. Então é por isso que não fazemos muitos shows. E também precisamos tocar em locais que tenham bons sistemas de iluminação e de PAs. O que fazemos é complexo, tem muitos efeitos e tudo mais, muitos samples, muitas coisas acontecendo na música. E precisamos ter o nosso próprio engenheiro de som conosco. Isso também deixa as coisas mais caras. E não é porque nós somos divas ou algo do tipo: nós precisamos dessas coisas. Se não tivermos as luzes apropriadas, não há sentido em fazer, pois a parte visual é tão importante quanto a música neste projeto. Luzes, PAs e essas coisas podem arruinar a experiência para todos – para nós, para o público, para o produtor.

Três discos que mudaram a sua vida e por que eles fizeram isso.
Na verdade, já pensei nisso (risos). Algo do tipo "Se alguém me perguntar, vou dizer esses" e agora eu não tenho ideia (risos). Ok, vamos lá. O primeiro é o *Daydream Nation* (1988), do Sonic Youth. Esse disco abriu os meus olhos para uma abordagem musical completamente diferente. Na verdade, eu lembro que pensei "Eles não conseguem tocar, as guitarras estão desafinadas". Era errado em tantos níveis e agora eu não consigo escutar o que me parecia errado, só ouço algo bonito.

E o Kiss, obviamente. Mas quando você tem cinco anos, você não tem realmente um conceito de nada. Então eu não posso escolher... O *Scary Monsters* (1980), do David Bowie! Esse disco me aterrorizou quando eu era criança, mas ao mesmo eu o adorei. E eu adoro o David Bowie, ele é apenas o maior cantor de todos. Queria que ficasse repetindo o alfabeto ou algo do tipo ao lado da minha cama porque adoro a voz dele (risos).

Hmm, outro disco, vamos ver. Já sei. O *Pornography* (1982), do The Cure. Quando ouvi o álbum pela primeira vez foi a coisa mais obscura e dark que já tinha escutado. E era meio errado gostar do The Cure em uma determinada idade, sabe (risos)? Eles não eram metal... De qualquer forma, era muito mais obscuro do que qualquer outra coisa que eu já tinha ouvido. É um disco brilhante.

Do que você tem mais orgulho na sua carreira?
Tenho orgulho de muitas coisas, mas pode ser de coisas que as pessoas nunca ouviram falar. Mas fiquei bastante emocionado quando li alguns depoimentos em um disco do Breach relançado em vinil... Não lembro quem disse o que exatamente, mas havia pessoas do Isis e de várias bandas dos EUA, da Alemanha, de vários lugares, que escreveram sobre o que o Breach significou para elas. Isso me deixou muito orgulhoso. Porque fazemos um tipo de música em que você não ganha dinheiro, não é uma música popular, não há dinheiro envolvido. Então quando você recebe esses tapinhas nas costas e um agradecimento, isso significa muito. E fiquei muito orgulhoso com isso: saber que nós deixamos uma marca nessa cena musical e que as pessoas gostaram. Mas tenho orgulho de tantas coisas, não quero dizer que só tenho orgulho do Breach. Eu também tenho muito orgulho desse projeto, do Terra Tenebrosa. Ok, o disco que fico mais feliz de ter ajudado a criar é o *Kollapse* (2001), do Breach. Acho que esse sempre será o meu álbum favorito entre os que participei. Para mim, ele é perfeito. Mas não consigo escutá-lo porque foi um disco duro para mim, foi uma época difícil. Há tantas emoções ligadas a esse disco, boas e ruins. É um disco importante para mim. E também é um álbum bastante estranho. Na época, algumas pessoas acharam que era uma merda e outras que era a melhor coisa que já tinham escutado. E eu tenho orgulho desse álbum, muito orgulho.

BATE-PAPO RÁPIDO COM TOMAS HALLBOM
(EX-VOCALISTA DO BREACH E ATUAL THE OLD WIND)

Quando tocava no Breach, vocês fizeram uma turnê histórica com o Neurosis e o Entombed pela Europa no final dos anos 1990. Quais as suas memórias dessa turnê?
Tomas: Aquela turnê com o Neurosis e o Entombed foi um grande passo na nossa carreira como banda, acho que foi em 1998. Foi uma turnê de muito trabalho com certeza, apenas um dia de folga em quatro semanas. Esses shows nos deram muita presença de palco, crescemos como um todo. Tocar ao vivo provavelmente era o que mais gostávamos de fazer naquela época, e era onde conseguíamos nos expressar de uma maneira verdadeira e direta.

O Neurosis foi uma influência direta sobre o Breach quando vocês começaram a mudar a sua sonoridade, especialmente com o *It's Me God* e depois no *Venom* e no *Kollapse*? E vocês eram amigos ou algo do tipo?
Bom, acho que o Neurosis nos influenciou de muitas maneiras, mas talvez não diretamente. Provavelmente foi mais a intensidade dissonante e a maneira como eles tocavam ao vivo do que os *riffs* em si. Aquela turnê foi a primeira vez que conhecemos os caras do Neurosis; mas já conhecíamos o Entombed havia algum tempo.

Vocês fizeram um show de reunião do Breach há alguns anos. Como foi isso? E você já pensou em fazer mais shows com a banda?
O show de reunião em Estocolmo foi uma coisa boa, algo que precisava ser feito. Nos sentimos bem sobre ele, e foi incrível poder ter feito isso. Os anos se passaram e tudo está bem diferente em relação àquela época. Se o Breach vai voltar no futuro? Bom, acho que ninguém sabe. Coisas mais estranhas já aconteceram... Já tivemos algumas ofertas para tocar, mas recusamos todas até o momento.

CULT OF LUNA

Johannes Persson (vocalista e guitarrista do Cult of Luna) – Entrevista feita em dezembro de 2014

Com quase duas décadas de carreira, o Cult of Luna é uma das bandas mais importantes e respeitadas do metal alternativo (ou pós-metal) na Europa e no mundo.

Influenciados inicialmente por nomes como Neurosis e Breach, os suecos começaram a ampliar suas referências sonoras especialmente a partir do já clássico *Somewhere Along the Highway* (2006), quando deixaram a distorção um pouco de lado e se encontraram musicalmente, segundo o próprio vocalista e guitarrista Johannes Persson.

Único membro original na formação atual e principal compositor da banda, Johannes destaca ainda que a vontade de experimentar é o que o move a tocar, como ficou claro no início de 2016, quando o Cult of Luna pegou todo mundo de surpresa ao lançar um disco em parceria com a vocalista norte-americana Julie Christmas (Made out of Babies e Battle of Mice). Nesta conversa, o cara também fala sobre o seu passado no hardcore, a importância do black metal na evolução da banda, faz piadas com quem chama o Cult of Luna de "hipster" e revela que o primeiro disco que comprou na vida é um clássico do Sepultura.

O Cult of Luna tocou no Beyond the Redshift Festival (com God Seed, Amenra e The Old Wind) em Londres, em maio de 2014, quando o Gaahl (God Seed e ex-Gorgoroth) dividiu o palco com vocês. Fale um pouco sobre isso.
Johannes: Tínhamos passado algumas semanas na estrada em turnê com o God Seed e esse era o último show. E, na verdade, eu toquei com o God Seed no festival algumas horas antes e foi uma experiência muito boa. E ter o Gaahl no palco foi incrível, mas não tão incrível quanto estar no palco com ele e o restante dos caras do God Seed. Isso foi algo que me tirou da minha zona de conforto, o que foi divertido. Quando eles me perguntaram "Você quer subir no palco com a gente?", eu apenas disse "Claro que sim, porra!" (risos). Foi realmente um pico de adrenalina que eu não sentia em um palco há alguns anos.

Já que falamos sobre o Gaahl. Você foi influenciado musicalmente pelo black metal de alguma forma?

Musicalmente, diria que o Cult of Luna não seria a banda que é hoje se não fosse pelo Darkthrone e outras bandas do início do black metal. E posso te dizer o motivo: uma coisa que "pegamos" desse estilo é o acorde aberto. Quando você vem de um background punk e começa a tocar, costuma fazer apenas power chords, que são basicamente duas notas. O black metal nos influenciou a usar mais acordes abertos. A primeira música que gravamos após a demo é a "Beyond Fate", que depois regravamos para o nosso primeiro disco. Se você escutar essa faixa, verá que os acordes abertos menores que vão por todo o braço são inspirados pelo black metal. Então fomos muito influenciados musicalmente por bandas como Mayhem, Darkthrone e outras.

Qual foi o ponto de virada para a banda? Talvez o lançamento do disco *Salvation* (2004)?

Para ser honesto, eu não sei. Foi nessa época que começamos a tocar bastante (após o *Salvation*). Sim, diria que provavelmente... Nós nunca vivenciamos nenhum grande salto de popularidade ou algo do tipo. Tem sido uma caminhada bem lenta até o ponto em que estamos agora. Não é como se de repente "Uau, estamos tocando em lugares maiores". Pessoalmente, penso que foi no *Somewhere Along the Highway* (2006) onde começamos realmente a nos entender musicalmente. Mas diria que muitas pessoas passaram a nos conhecer após o *Salvation*. Só que não sei se podemos dizer que foi apenas o disco que fez isso, porque realmente saímos e fizemos muitas turnês na época.

Você mencionou o *Somewhere Along the Highway*. Possui um disco favorito com o Cult of Luna?

Acho que tenho o *Somewhere Along the Highway* como algo especial. A parte estranha sobre esse álbum é que o escrevemos de forma muito rápida, acho que algo em torno de dois meses. Mesmo já fazendo quase 10 anos desde que fizemos essas músicas, ainda consigo tocá-las e ficar meio emotivo sobre elas sem precisar pensar muito (risos).

Não sei se você sabe disso, mas algumas pessoas na Internet dizem que o

Cult of Luna não é "metal o bastante" (por causa do visual de vocês) e que seriam uma banda hipster ou algo do tipo...
Essas pessoas podem ir se ferrar. Se tem algo que é "hipster" é querer ter essa discussão. E não vou me envolver nisso.

Vocês têm feito alguns podcasts ultimamente. Por conta disso, queria saber se pensa em talvez escrever um livro ou fazer um documentário sobre o Cult of Luna.
Não agora. Porque faço muitas coisas e não tenho tempo para fazer nada desse tipo. E não tenho muita certeza se pessoas suficientes estariam interessadas. Nós somos uma banda entediante. E, para ser honesto sobre isso, talvez esteja voltando um pouco àquele pensamento "nós não somos metal o suficiente" (risos). Mas se vamos falar sobre backgrounds musicais, que são mais importantes, e não o tipo de besteira "morte ao falso metal", então sim, poucas pessoas na banda possuem um background metal. O que, na verdade, é um dos aspectos mais importantes da banda na hora de compor, já que não ficamos confinados às regras de algum gênero. É por isso que é tão incrível, entende? Como as pessoas na banda fazem algo com a nossa música que nunca seria criado por pessoas que só curtem esse tipo de som que estamos tocando. É assim que progredimos e seguimos em frente. É muito importante trabalhar com pessoas de fora do seu gênero para conseguir encontrar novas maneiras de fazer as coisas. Elas não ficam perdendo tempo pensando se são "metal o bastante" (risos).

E acha que vocês receberam um maior reconhecimento recentemente como sendo uma das primeiras bandas a tocar esse tipo de som?
Quanto à cobertura da imprensa, acho que tínhamos muito mais na metade dos anos 2000. Isso foi antes da Kerrang! e todas essas revistas virarem publicações de pop punk. Meu sentimento é que recebemos uma cobertura menor agora, mas isso não importa. Não somos o tipo de banda que é dependente desse tipo de cobertura. Não sei, apenas acho que é estranho. Eu ainda vejo as coisas com os mesmos olhos de um moleque de 16 anos que foi influenciado por bandas como Unbroken. E de repente você percebe que está com 30 anos, ou mais, já que tenho 36 anos (risos), e fala com pessoas que dizem ter sido influenciadas por você. E ainda tenho dificuldades em sair desse meu olhar de 16 anos de idade para reconhecer isso. É uma honra que alguém que diga algo

WOMBAT BOOKING PRESENTA

CULT OF LUNA

+HUMO | 27/01/2013 · 20:00H · SONORA, ERANDIO | ANT.: 17 EU (KULTURALIVE.COM) / TAQ.: 20 EU

POSTER BY ERROR-DESIGN.COM

assim. Mas só estou esperando alguém me chamar de "falso" – mas acho que já fui, né (risos)? É difícil compreender que você está do outro lado do balcão. Sou alguém em quem outra pessoa se espelha musicalmente, em vez de eu fazer isso com uma outra pessoa.

Quais são os três discos que mudaram a sua vida?
O primeiro é o *Life.Love.Regret* (1994), do Unbroken. Outro álbum que realmente abriu meus olhos para a música... Bom, preciso fazer uma conexão com o Brasil aqui! Quando era adolescente, meus pais me deram alguns discos do Kiss e tudo mais, mas o primeiro disco que eu comprei com o meu dinheiro foi o *Arise* (1991), do Sepultura. E outro álbum seria o *Peel Sessions* do Joy Division. Quando eu tinha 18, 19 anos, estava tentando escrever músicas de maneiras diferentes. E só ouvia bandas como Botch e Coalesce. Mas, de repente, estou em uma loja de discos e encontro esse álbum do Joy Division, o *Peel Sessions*. E então ouço o álbum e fico desconcertado, como se nunca tivesse escutado nada parecido com aquilo antes. Quando você aprende a compor, nada pode ser mais importante do que o que traz coisas novas e frescas para a mesa. E o Joy Division me mostrou isso. Mesmo que eu toque esse tipo de música pesada, você pode ser pesado sem usar muita distorção.

Sempre penso nisso quando escuto o *Somewhere Along the Highway*. Porque é um disco muito pesado, mas sem usar muita distorção de uma maneira mais tradicional, como as bandas de metal e hardcore costumam fazer...
Talvez porque a gente não seja metal o bastante. Me desculpe (risos). O primeiro álbum que nós lançamos (autointitulado, de 2001) foi também a primeira vez que entramos em um estúdio. Então você vai e tenta fazer tudo o que pode, algo como produzir "o disco mais pesado possível". E quando nós gravamos o *The Beyond* (2003), usamos algo como cinco amplificadores diferentes em cada guitarra, meio que preenchendo todo o espectro de frequência. E então quando gravamos o *Salvation* (2004), usamos apenas duas linhas de guitarra. E no *Somewhere Along the Highway* (2006), tentamos fazer o menor número possível de takes. Aprendemos que o peso não vem do tamanho da sua distorção e isso representou uma grande mudança no nosso som. Provavelmente foi o disco do Joy Division "batendo" de novo naquela época (risos).

Quando você começou a tocar guitarra?
Comecei razoavelmente tarde. Fiz algumas aulas de guitarra aos 10 anos de idade, mas isso não conta, era apenas algo tedioso. Comecei a tocar guitarra por volta dos 14, 15 anos. Tinha um amigo que começou a ir em shows de hardcore e era um ótimo guitarrista. E ele tinha muita paciência comigo e virou meio que um professor de guitarra particular. Começamos tocando músicas de punk e hardcore apenas com power chords e, após algum tempo, realmente entrei de cabeça nisso e comecei a tocar algo como oito horas por dia por uns dois anos. Eu era um guitarrista muito melhor naquela época. Provavelmente sou um músico melhor agora, mas era tecnicamente melhor antes. Sou o cara que escreve as músicas. Mas isso está mais na cabeça do que nos dedos: são duas coisas diferentes.

Quais as suas principais influências como guitarrista?
Não tenho nenhuma. Já passei disso há muito tempo. Nos últimos 10 anos ou mais tenho apenas tocado. Não estou interessado em "truques". Se uma revista de guitarra fosse me entrevistar, eu nem saberia o que dizer. Basicamente, eu sei apenas do que gosto. Sei qual o som de guitarra que gosto, as músicas que gosto. Não toco guitarra apenas por tocar. Toco para compor. Não estou interessado em fazer escalas ou nada desse tipo.

E você vê alguma banda na Suécia que talvez possa considerar como "espírito irmão" do Cult of Luna, como o Breach ou o Terra Tenebrosa, por exemplo?
Ah, eu esqueci totalmente do Breach. O vocalista do Breach (Tomas Hallbom) possui uma outra banda ótima chamada The Old Wind. Atualmente existem muitas bandas boas na Suécia, como Kongh e Switchblade. É com esse tipo de banda que nos sentimos mais conectados na cena sueca. O Terra Tenebrosa também é ótimo. E o *It's Me God* (1997), do Breach, está no meu Top 5 de todos os tempos.

Há alguns anos vocês fizeram uma ótima versão acústica da música "Passing Through". Por isso, queria saber se já planejaram fazer mais coisas desse tipo ou talvez um disco inteiro acústico? Já li que você é um grande fã do Tom Waits. Pensa em fazer algo mais despido como alguns cantores de folk e afins?
Vou dizer que durante a época do *Somewhere Along the Highway*, e acho que é possível ouvir isso, eu só escutava homens velhos cantando e tocando violão

(risos). E foi isso que me influenciou. Sou um grande fã do Tom Waits e conheci recentemente o David Eugene Edwards, do Wovenhand e do 16 Horsepower. Sou um grande fã desse tipo de música. Mas não sei, não tive nenhum problema em fazer aquele lance acústico ao vivo na Finlândia, mas aquilo foi algo especial. Não tenho nenhum problema com aquilo, mas não sou um grande fã de bandas fazendo isso. Porque é meio que o equivalente ao disco do Metallica com a orquestra, o S&M (1999)... Eu não sei, talvez fosse interessante transformar as músicas em algo diferente. Mas por que você faria covers das suas próprias músicas? Talvez eu não tivesse problemas com isso em outro formato. Adoraria fazer algo bem diferente e acho que isso vai acontecer mais cedo ou mais tarde, vamos ver. Uma coisa que me move é a vontade de experimentar.

Do que você tem mais orgulho na sua carreira?
Existem tantos momentos especiais. Essa é apenas a pergunta mais difícil. Mas quero que você saiba que nunca tomamos nada por certo, garantido. É uma coisa muito estranha quando você percebe que as coisas deram bastante certo. Quando você recebe uma oferta para voar pelo mundo e fazer coisas desse tipo e ainda não consegue compreender, algo como "Eles estão fazendo isso por nós? Há realmente uns caras esperando por nós no aeroporto?". Apenas tenho orgulho que as pessoas ainda queiram trabalhar conosco. E com todo disco que lançamos, eu penso "É isso, as pessoas vão nos odiar". Isso é algo de que tenho orgulho, acho que conseguimos sempre ficar melhores. Acho que somos uma banda ao vivo muito melhor hoje do que éramos há cinco ou dez anos. Ainda estamos melhorando e isso é algo de que tenho orgulho. Isso não poderá continuar para sempre, mas os nossos shows são muito melhores hoje do que eram antes.

GRAVEYARD

Jonatan Larroca (guitarrista do Graveyard) e Truls Mörck (baixista do Graveyard) – Entrevista feita em abril de 2016

Diretamente de Gotemburgo, o Graveyard toca uma mistura de rock, metal e blues que flerta muito mais com a música americana e inglesa dos anos 1960 e 1970 do que com o famoso som da sua cidade, conhecida mundialmente entre os headbangers por nomes como At the Gates e In Flames, entre outros.

Com quatro discos em 10 anos de carreira, os suecos passaram a ser especialmente conhecidos a partir de *Hisingen Blues* (2011), seu disco mais popular e que iniciou uma fase particularmente produtiva, que culminou com os mais recentes *Lights Out* (2012) e *Innocence & Decadence* (2015).

Feita algumas horas antes do Graveyard subir ao palco da lendária casa de shows Tavastia, em Helsinki (Finlândia), esta entrevista com o guitarrista Jonatan e o baixista Truls explora essa primeira década do quarteto na estrada, como foi trocar de produtor no álbum mais recente, a influência do Fleetwood Mac nas suas vidas, entre outros temas.

O Graveyard completa 10 anos de carreira em 2016. Como vocês enxergam tudo isso que passou nesse período? Esperavam ficar tão grandes e conseguir viver disso lá atrás quando começaram?
Jonatan: Penso que todo mundo tinha o objetivo de conseguir viver de música. Esse era meio que o sonho. Pelo menos na minha cabeça, eu fiquei muito feliz quando decidimos "Ok, vamos fazer isso, vamos largar os nossos empregos". Acho que isso foi na época do *Hisingen Blues* (2011), quando o disco foi lançado. Começamos com pagamentos bem ruins e desde então tudo valeu a pena. E penso que chegamos mais longe do que qualquer um de nós pensava no início. Temos nos divertido muito. E é incrível como as coisas se desenvolveram, nós abrimos para essas bandas gigantes e estamos em turnê desde sempre (risos). Tem sido muito divertido.

Truls: Ao montar uma banda, é difícil esperar poder viver disso. Talvez não para todo mundo, talvez se você for alguém já com uma reputação pode ser mais fácil. Mas no início da banda... É como o Jonatan disse, era um sonho poder fazer isso em tempo integral, mas é difícil se imaginar chegando lá.

Qual foi o ponto de virada para a banda? Talvez o lançamento do Hisingen Blues, **que foi quando ficaram mais conhecidos e largaram os seus empregos?**
Jonatan: É, acho que sim. E esse disco também foi lançado por gravadoras maiores, tínhamos mais força por trás dele. Isso não precisa necessariamente significar que era o "disco certo" ou algo assim. Mas tivemos um empurrão e uma atitude, um pensamento para fazer isso, para ir até o fim e fazer tudo que fosse necessário. Porque nós tocamos muito com o primeiro disco (autointitulado, de 2007), algo como três anos e meio. Então pensamos se íamos fazer isso porque a parte mais difícil é quando você tira uma folga do seu trabalho (para tocar) e depois volta para casa sem dinheiro e sem salário. E você meio que fica preso entre essas duas coisas. Por isso, foi legal finalmente decidir fazer isso.

O seu disco mais recente (Innocence & Decadence**) foi gravado em um estúdio lendário em Estocolmo, na Suécia, o Atlantis Grammofon, onde artistas como o Abba já gravaram. Como foi essa experiência? E vocês trabalharam com um produtor diferente dessa vez. Pensa que isso afetou vocês de alguma maneira?**
Jonatan: Sim, penso que sim. Essa foi a primeira vez que não trabalhamos com o Don Ahlsterberg, que esteve conosco nos três primeiros discos. E como eles trabalham de formas diferentes, cada produtor possui o seu próprio jeito... Bom, eu acho que nós queremos trabalhar com eles, não contra eles. Todos concordamos em ter o Johan (Lindström) produzindo o nosso último álbum porque sabemos que ele é cheio de ideias e toca em uma banda que todos gostamos e ouvimos (nota: Tonbruket). Ele possui algumas ideias muito boas, mas é completamente diferente em relação ao Don.

E vocês todos ainda vivem em Gotemburgo? Com qual frequência se encontram para tocar? Mesmo com tantas turnês, vocês ainda precisam ensaiar?
Jonatan: Sim, vivemos na cidade ou nas regiões próximas.

Truls: Nós nos encontramos uma vez por semana. Além dos shows que fazemos no final de semana, por exemplo, procuramos nos encontrar uma vez por semana apenas para sair, ensaiar um pouco, passar algum tempo juntos e ver o que acontece.

Além das bandas dos anos 1960 e 1970, quais artistas mais recentes influenciam vocês? Mais recentemente, vocês fizeram turnês com nomes como Mastodon, Clutch e Soundgarden, por exemplo.
Jonatan: Tenho certeza que tudo que ouvimos traz alguma coisa. Gosto de pensar e espero que a nossa música seja uma mistura de muitos gêneros e bandas.

E qual o segredo para manter essa música um tanto antiga tão atual e tão humana?
Truls: Boas músicas (risos). Acho que você provavelmente pode pegar uma música do Graveyard e transformar em um gênero completamente diferente. E espero que continue sendo uma música boa.

O processo para escrever essas baladas, essas músicas com mais melodias, é diferente em relação aos sons mais rock?
Jonatan: Não. Essas músicas mais calmas e mais lentas vêm tão facilmente... Nós trabalhamos nessas músicas meio que da mesma maneira que fazemos com as músicas mais pesadas. Acho que não há uma grande diferença.

Truls: Apenas tentamos deixar os discos mais dinâmicos. Com os altos, movimentos mais intensos, e então momentos mais calmos. E tudo lá no meio dessas partes. É uma boa maneira de montar um disco, ter alguns altos e baixos.

Jonatan: E assim também fica mais divertido para tocar.

Como vocês são uma banda com uma vibe meio retrô, já ficaram preocupados que pudessem talvez não ser levados realmente a sério? Ou apenas apontados como "uma banda de rock dos anos 1970" ou algo assim?
Jonatan: Sim, sim, nós estávamos falando sobre isso. E parece que você sempre é colocado em algum gênero, não importa o quê. E sei que fazem isso para ajudar as pessoas a entenderem que tipo de música é aquela e tudo mais. Mas adoraria chamar apenas de música, só que não diz muita coisa sobre o que é. Nós não queremos ficar presos... Ou não queremos que as pessoas que ouvem a nossa música pensem que nós somos apenas uma cópia e que fazemos algo que já foi feito. O fato é que todos sempre ouvimos esse tipo de música, acho

que esse foi um dos nossos interesses em comum no início. Alguns lugares nos categorizaram como stoner, outros como metal e até como blues. Não sei, o lugar ou o estilo em que as pessoas nos colocam é escolha delas. Não podemos fazer muito sobre isso, de qualquer maneira (risos).

Três discos que mudaram as suas vidas. Podem responder separadamente, se quiserem.
Jonatan: Eu diria dois do Fleetwood Mac, o *Peter Green's Fleetwood Mac* (1968) e o *Then Play On* (1969). E o primeiro disco do Black Sabbath. E também há tantos discos do Neil Young, mas estávamos falando sobre o *After the Gold Rush* (1970), então talvez esse.

Truls: O *Then Play On* sempre foi gigante para mim também. É um disco que usa muito os altos e baixos de que falamos antes. Quando era mais novo, ouvia muito Quicksilver Messenger Service, especialmente o *Happy Trails* (1969) com todas as *jams* e improvisações. E acho que também citaria discos do Grateful Dead, como *American Beauty* (1970) ou *Workingman's Dead* (1970), coisas mais folk da Costa Oeste dos EUA. Esses discos foram muito importantes para mim.

Já que vocês mencionaram coisas folk e tudo mais, já chegaram a pensar em fazer um disco acústico?
Jonatan: Acho que não, não falamos sobre isso. Nós até recusamos alguns shows em que queriam que tocássemos de forma acústica. Não sei, pode ser divertido tentar. Mas, ao mesmo tempo, parece algo que você vai fazer daqui 10 anos (risos).

Truls: Já estive em outras bandas que fizeram coisas acústicas e não é algo tão legal para se fazer ao vivo. Sempre tem algumas chatices e problemas com feedback. No disco até que é legal, mas no palco... Nós tocamos tanto ao vivo e prefiro guitarras elétricas para fazer isso.

Se pudessem escolher assistir a um show de uma banda clássica nos anos 1960 ou 1970, qual seria?
Jonatan: Talvez seja uma resposta entediante, mas adoraria ver o Fleetwod Mac. Realmente adoraria isso.

E algum ano ou época específica?
Jonatan: Não realmente, apenas antes do Peter (Green) e do Danny (Kirwan) saírem da banda.

Truls: Acho que gostaria de ver o Grateful Dead em 1969, em San Francisco, talvez no Fillmore.

Vocês tocaram lá neste ano, certo? Foi a primeira vez que tocaram no Fillmore? A Igreja do John Coltrane (Saint John Coltrane African Ortodox Church) fica ali perto.
Truls: Sim, foi muito legal. Mas não fui na igreja nem vi muito da cidade... Depois que entrei no Fillmore, não saí do prédio até sermos chutados de lá, então não vi nada além disso. Passei o dia todo andando por aqueles corredores, no palco e tudo mais.

Jonatan: Foi a nossa primeira vez no Fillmore. Antes nós costumávamos tocar em um lugar chamado Slim's, em San Francisco, que é muito legal e tudo, mas o Fillmore tem tanta história! Olhar todos aqueles pôsteres de shows nas paredes era como estar em um museu.

Do que vocês têm mais orgulho nesses 10 anos de carreira?
Jonatan: Acho que ainda nos divertirmos quando tocamos ao vivo. Sempre tentamos fazer algo diferente em cada show. Ou talvez não diferente, mas tentamos tornar cada show o melhor possível. E ainda se divertir, sem se sentir como um macaco ou que você está em um circo, fazendo sempre a mesma coisa. Tenho orgulho disso. E também sou muito agradecido por poder fazer isso, é algo legal.

SÓLSTAFIR

Aðalbjörn "Addi" Tryggvason (guitarrista e vocalista do Sólstafir) – Entrevista feita em dezembro de 2015

Com uma população de 330 mil pessoas, equivalente a uma cidade do interior de São Paulo, a Islândia tem uma cena musical de dar inveja a qualquer gigante e que já rendeu diversas reportagens e até livros (incluindo obviamente o já clássico *Rumo à Estação Islândia*, do Massari) por conta de artistas como Björk, Sigur Rós, Icecross, HAM e, mais recentemente, uma cena crescente de black metal.

No meio disso tudo está o Sólstafir, maior banda de metal do país e que já passou por uma infinidade de estilos e fases diferentes nos cinco discos lançados ao longo das mais de duas décadas de carreira. Em 2015, a banda de Reykjavik, principal cidade e capital do país nórdico, precisou enfrentar o seu maior desafio: a conturbada saída do baterista original Guðmundur Óli Pálmason, que estava na formação desde o início.

Nesta entrevista, o vocalista e guitarrista Aðalbjörn Tryggvason, felizmente também conhecido como Addi, falou sobre o quase fim do Sólstafir, a então recente turnê com The Ocean e Mono, a decisão de parar de cantar em inglês e voltar para sua língua natal, como foi encontrar o seu ídolo Billy Corgan (Smashing Pumpkins) e como já fingiu que tinha escrito um clássico da sua banda favorita, o Fields of Nephilim.

Vocês acabaram de fazer uma turnê com o Mono e The Ocean. Como foi essa experiência de cair na estrada com bandas de culturas e países tão diferentes?
Addi: Foi uma turnê ótima. Tinha ouvido pouca coisa do Mono antes disso e nunca tinha escutado The Ocean. Mas a turnê foi ótima, as duas bandas já vêm reunindo os seus próprios públicos há anos. Normalmente os fãs deles não viriam ao nosso show. E também tenho certeza que eles ganharam fãs do nosso público. Isso foi o mais legal da turnê.

Vocês perderam o seu baterista original (Guðmundur Óli Pálmason) neste ano e têm usado músicos contratados para os shows. Pensam em ter alguém fixo na bateria, como um integrante oficial mesmo?
Sim, o cara que está conosco agora, o Hallgrímur, fez a última turnê e está com a

banda desde julho (de 2015). E ele vai ficar conosco. Então não planejamos procurar outro baterista ou coisa do tipo. É meio estranho, pois ficamos com a mesma pessoa por tantos anos (o baterista original ficou 20 anos na banda), mas Hallgrímur já fez mais de 50 shows com a gente. Então é isso: ele já está na banda.

Vocês pensam em lançar um novo disco em breve?
Bom, nós não planejamos lançar, mas temos planos de começar a compor agora em dezembro ou em janeiro (de 2016). Os dois últimos discos, *Svartir Sandar* (2011) e *Ótta* (2014), foram escritos em três ou quatro meses; foram processos bem rápidos. E vamos fazer de uma forma um pouco diferente agora, talvez a gente use o Inverno [entre dezembro e março na Europa] para escrever e fique compondo até o Verão [entre julho e setembro na Europa]. Ainda não temos nenhuma música, mas já temos muitas ideias de partes de músicas. Então vamos fazer o disco no ano que vem (2016), mas não sei se vamos lançá-lo, não vou prometer nada sobre isso. Mas com certeza vai sair no fim de 2016 ou começo de 2017.

E como é o processo de composição da banda? Preferem criar todos juntos ou cada um traz uma ideia já pronta?
Não, nunca fomos de escrever sozinhos. Ninguém traz uma música inteira para o ensaio e diz "Eu fiz essa música e ela é assim e assado". Nunca foi desse jeito. Mas eu posso escrever três ou quatro *riffs* e então nós todos vamos juntá-los. E todo mundo tem algo a dizer sobre isso. Algumas músicas foram escritas por mim, outras por toda a banda e outras pelo nosso guitarrista (Sæþór Maríus Sæþórsson). Mas nós nunca levamos músicas completas para o ensaio, não trabalhamos assim. Algumas músicas têm mais ideias minhas do que dos outros e em outras músicas é o contrário. Mas trabalhamos juntos nas ideias.

Vocês estão sempre evoluindo o som da banda, o que torna praticamente impossível classificá-los em um gênero. Já sofreram algum tipo de rejeição por conta das mudanças sonoras ao longo do tempo?
Não. Se você pegar a nossa carreira, o primeiro disco *full-length* é diferente do nosso primeiro EP. E o *Masterpiece of Bitterness* (2005) é diferente do *In Blood and Spirit* (2002 / *Í blóði og anda*, no título original em islandês). Quero dizer, nós nem nos importaríamos de verdade se alguém dissesse que deveríamos tocar desse

ou daquele jeito. Em primeiro lugar, nós escrevemos músicas que nós mesmos gostamos. Então não estamos escrevendo para mais ninguém. Mas é claro que algumas pessoas vão dizer "antes eu gostava mais de vocês", mas é a minoria. Nós fomos muito sortudos com os dois últimos discos. Quando estávamos em turnê com o *Svartir Sandar*, as pessoas só queriam ouvir esse disco nos shows. E a mesma coisa com o *Ótta* – ou talvez também pediam algo do *Svartir Sandar*. Então nunca fomos uma banda que as pessoas ficam gritando entre as músicas para tocar algo do primeiro disco ou coisa assim. É claro que, como eu disse, há uma minoria. Mas temos tido muita sorte com isso. E somos realmente agradecidos às pessoas por gostarem da música que estamos fazendo. Não vivemos de algo que fizemos há 10 ou 15 anos, mas realmente do que estamos fazendo agora. E isso é o melhor que pode acontecer. Você sabe aquele ditado "Você não pode agradar a todos"? Mas nós não estamos tentando agradar todo mundo. Gostamos de todos os tipos diferentes de música. Por isso, não poderia colocar toda a minha energia para escrever thrash metal ou apenas rock. Eu preciso do épico e do rock para poder me expressar. Porque eu gosto do épico, do rock e do metal, gosto de todas essas coisas. Então nós fazemos isso por nós mesmos e para mais ninguém.

E qual você considera que foi o "ponto de virada" para a banda encontrar o seu próprio som? Talvez o lançamento do *Masterpiece of Bitterness* (2005)?
Não. Quando fizemos a demo (em 1995), ouvíamos essas bandas de black metal como Burzum e Darkthrone. Mas acho que nosso estilo começou com o nosso primeiro EP, *Til Valhallar* (1996). E não acho que o *In Blood and Spirit* soe como outro disco de metal do nosso gênero. Porque sei de onde as influências vêm, elas vêm de um amplo espectro musical. Com o *Masterpiece of Bitterness* acho que foi a mesma coisa ou talvez um espectro ainda maior de influências. Mas o *Masterpiece* recebeu muito mais atenção do que o disco anterior, o *In Blood and Spirit*. E o *Köld* (2009) ainda mais. Então é uma progressão sem fim. Tem sido um nascimento muito lento do nosso próprio estilo. E acho que temos o nosso estilo agora. Ninguém diz "Vocês precisam encontrar o seu próprio estilo", ele está lá. Mas não consigo apontar quando ele realmente nasceu.

Vocês já gravaram dois discos em inglês e depois voltaram a cantar em islan-

dês. Por quê? Acha mais fácil/confortável escrever e cantar em islandês, sua língua natal?

No começo da nossa carreira, quando fizemos a demo, o EP (Til Valhallar) e até o *In Blood and Spirit*, tudo isso era em islandês – na verdade, há duas músicas em inglês no *In Blood and Spirit*. Então nós começamos realmente cantando em islandês e depois fizemos o *Masterpiece of Bitterness* todo em inglês. Quando eu comecei a cantar, era mais confortável cantar em inglês. Porque é algo muito vulnerável cantar em islandês. O *Köld* é quase todo em inglês, só há uma música em islandês nesse disco. E isso foi apenas um acidente. Eu cheguei a gravar essa música ("Köld") em inglês, há uma gravação disso. Mas então eu tentei essa parte em islandês, só queria fazer um teste, estava muito tímido, não tinha a confiança para cantar em islandês porque era algo muito suave. Naquela época, eu não era um cantor de verdade. Até me defino como um agora, mas naquela época eu era apenas um cara gritando no microfone. E de repente eu estava tentando cantar, de forma muito limpa e suave. É um sentimento estranho não ter nenhuma autoconfiança como cantor e fazer isso. E cantar em islandês era algo muito frágil. Eu não queria usar o idioma dessa forma, mas os caras da banda queriam, então eu acabei fazendo. E ficou muito bom. Se houve algum "hit" naquele disco, provavelmente foi a faixa-título, a própria "Köld". E de repente você tem pessoas na Islândia cantando junto com você. Depois obviamente começamos a escrever o próximo álbum, que acabou tornando-se o *Svartir Sandar*. E esse disco foi feito alguns anos após o *Köld*, então naquela época eu já estava um pouco mais confiante para cantar de forma limpa. Quando você começa a escrever letras pessoais, diretamente do seu coração, é muito mais confortável ou verdadeiro cantar na sua língua nativa. Pensei que poderia entregar mais, como uma expressão sem filtros. Não ligo se as pessoas entendem ou não. Porque não é sobre a expressão: um idioma é quase como um pedal de guitarra que ninguém mais tem. Então nós abraçamos o islandês. Para te falar a verdade, algumas vezes eu sinto falta de cantar em inglês porque às vezes escrevemos algumas músicas que são mais voltadas para o rock e sinto como se fosse algo um pouco como Motörhead ou AC/DC e eu nunca poderia ouvir essas bandas cantando em islandês, soaria estúpido. Às vezes eu sinto mais essa pegada do rock e quero cantar em inglês (risos). Mas nós temos as coisas antigas, eu posso saciar esse apetite por inglês em uma música mais velha. E talvez nós possamos escrever músicas em inglês no futuro. Nós não controlamos isso realmente, a música costuma nos controlar. É como se fosse um poder maior, algo como "Ei caras, agora vocês devem cantar em islandês. É melhor para vocês, vão se sentir mais confortáveis". E nós apenas respondemos "Ok, cara. Vamos fazer isso" (risos). É assim que funciona de verdade.

Sei que vocês foram influenciados por algumas bandas da Islândia, como o HAM. E obviamente existem outras bandas locais como Sigur Rós, Icecross, Björk e Sugarcubes. Como foi crescer ouvindo essas e outras bandas locais? E o HAM foi mesmo uma das suas principais influências?
O HAM com certeza foi a principal influência vinda da Islândia. Quando estávamos crescendo (aos 15, 16, 17 anos), o HAM era a banda mais foda e legal de rock na Islândia. E eles eram meio que uma mistura entre rock e metal. Então a molecada do death metal adorava o HAM e os indies também. Apenas falávamos: "Cacete, essa é a banda mais legal de todas". Eles eram incríveis e a minha maior influência local mesmo. Não há nenhuma outra banda no mundo que toque como eles. E então nós temos a Björk, ela não é deste mundo. Ela é incrível. Mas não acho que a Björk tenha realmente nos influenciado musicalmente de forma direta. Mas é claro que ela teve uma influência enorme em todo e qualquer músico islandês porque ela "estourou" fora da Islândia. Ela conseguiu sair da Islândia por conta própria e fez uma música que apenas ela poderia fazer. Ela é o maior exemplo, algo como: "Ei, pessoal. Isso é possível. Você não precisa tocar no Led Zeppelin para ser um músico bem-sucedido. Apenas sejam verdadeiros". Para mim e os outros do Sólstafir, o Sigur Rós é uma das melhores bandas que já pisou neste planeta. Acho que eles estão no mesmo nível do Pink Floyd. Então ter o seu próprio Pink Floyd... é claro que fomos influenciados por eles. O Sigur Rós tem mais ou menos a mesma idade que a gente, acho que começaram um ano antes. Quando eles estavam fazendo o segundo disco, *Ágætis Byrjun* (1999), nós também estávamos no nosso segundo álbum, gravando no mesmo estúdio e na mesma época. É claro que cada banda foi para uma direção diferente, mas acho que em algum lugar nesse percurso as bandas se conectaram um pouco musicalmente. Então é isso, não acho que muitas outras bandas daqui tenham nos influenciado além do HAM e do Sigur Rós.

Já que falamos sobre o HAM, lembrei que o guitarrista deles (Jóhann Jóhannsson) tem feito trilhas de filmes nos últimos anos, como Sicario (2015). E vocês fizeram uma trilha ao vivo para um filme viking no Roadburn Festival em 2015. Sei que são contextos diferentes, mas queria saber se isso é algo que interessa a vocês, fazer trilhas para filmes.

Sim. Esse lance do Roadburn apareceu como uma surpresa, só tivemos um mês para trabalhar. Se tivéssemos tido mais tempo, provavelmente teríamos escrito uma trilha totalmente nova para o filme. Mas só tivemos um mês, o que não foi tempo suficiente para escrever músicas novas. Então nós "despimos" todas as nossas músicas e dissemos "Podemos usar essa parte dessa música e aquela de uma outra". Então pegamos partes de toda a nossa discografia recente e tiramos os vocais. Assim, usamos basicamente algumas partes instrumentais bastante longas que já tínhamos escrito. Havia um pouco de material novo que escrevemos, mas uma parte muito pequena. Como eu disse, se tivéssemos tido mais tempo, adoraríamos ter feito uma nova trilha para o filme. E realmente espero que um dia a gente possa fazer uma trilha para um filme legal. Seria um projeto realmente interessante.

Sei que você é muito fã do Smashing Pumpkins e vi na página da banda que o Billy Corgan foi no show do Sólstafir em Chicago, em 2014. Como foi isso?
Na verdade, o Billy não foi ao nosso show. Isso é apenas um grande mal-entendido que eu não corrigi porque achei que era engraçado (risos). De qualquer forma, eu o encontrei em Chicago. Ele é dono de um café na cidade. Fui até lá e foi uma experiência surreal porque não é sempre que eu fico fascinado por alguém – e eu fiquei assim naquele dia. Nós tínhamos feito uma turnê na Europa por um mês e depois dos shows sempre nos encontrávamos com os fãs para tirar fotos, dar autógrafos e coisas do tipo. Estávamos fazendo isso há dois meses e então no final da turnê norte-americana a mesa virou. Eu virei totalmente um *fanboy* com o Billy, foi realmente estranho. Ele é uma grande influência para a banda e para mim como compositor. Aquele dia foi uma experiência realmente estranha para mim (risos).

Três discos que mudaram a sua vida e por que eles fizeram isso.
O primeiro seria o *Reign in Blood* (1986), do Slayer. Era apenas algo que não era desse

mundo. Não acreditava nos sons que saíam dos alto-falantes quando eles faziam os solos de guitarra. Acho que foi em 1988 ou 1989 que ouvi o álbum pela primeira vez. O disco mais recente que mudou a minha vida foi o *Push the Sky Away* (2013), do Nick Cave & The Bad Seeds. E entre esses dois vou dizer o *The Nephilim* (1988), do Fields of Nephilim. Todos eles tiveram um grande impacto na minha vida.

Aliás, o Sólstafir possui um visual que chama a atenção com os chapéus, os casacos longos e tudo mais. Isso é uma influência direta do Fields of Nephilim? Também fiquei sabendo que vocês são grandes fãs do Sergio Leone...
É claro que o Fields of Nephilim teve algo a ver com isso, mas os filmes de spaghetti western também. O Fields foi influenciado pelo Sergio Leone e pelo Ennio Morricone. E o Fields of Nephilim meio que nos deixou interessados nessas coisas. Mas eu explorei muito as coisas do Ennio Morricone, sou um grande fã dele. Sim, nós copiamos totalmente o Fields of Nephilim. Se alguém me perguntasse qual a melhor banda do mundo, provavelmente diria o Fields of Nephilim, eles têm tudo. Smashing Pumpkins é um dos nomes de banda mais estúpidos da história. Mas o Fields of Nephilim tem tudo.

E há alguma outra trilha sonora que tenha te marcado além dos trabalhos do Ennio Morricone?
Há uma trilha sonora que eu realmente adoro, do filme *As Virgens Suicidas*. A trilha é do Air. E é uma das minhas favoritas. Acho que é o melhor disco que eles fizeram, é um álbum brilhante.

Quando você começou a tocar guitarra? Lembra quantos anos tinha e quais eram as suas influências na época?
Posso te dizer que sempre fui um baixista durante a minha adolescência. Tocava baixo em bandas de death metal desde os meus 14, 15 anos. E em 1993 eu virei baterista. Não havia nenhum baterista e nós precisávamos... As bandas de death metal sempre ensaiavam na garagem do meu pai, então sempre havia uma bateria lá em casa. Então eu virei um baterista em 1993 e fiquei nessa por um ou dois anos. Depois essas bandas meio que acabaram e então em 1995 eu virei guitarrista. Então eu só fui guitarrista em uma banda na minha vida: o Sólstafir. Basicamente é isso. Eu ficava tocando alguns *riffs* do Darkthrone e em 1996 um amigo que to-

cava sempre nos ensaios – mas nunca escreveu nada com a gente – era um puta guitarrista. Ele curtia Pantera e conseguia tocar todos aqueles *riffs* do Dimebag com apenas 15 anos. E ele também sabia tocar todas as músicas do Smashing Pumpkins que você conhecesse. E um dia ele estava tocando umas coisas do Smashing Pumpkins e apenas pensei: "Caralho, isso é incrível. Você pode me ensinar algumas dessas músicas?". Por isso, eu fiquei realmente influenciado por essa maneira do Billy Corgan compor músicas. Então esse foi o caminho: primeiro o Darkthrone e depois fui direto para o Smashing Pumpkins. Eu lembro de uma história engraçada. O nosso primeiro baixista, Halldór, foi para a Inglaterra em 1995 ou 1996 e voltou com esse disco de uma banda chamada Fields of The Nephilim e nós só ouvíamos black metal naquela época. Um cara na Inglaterra disse "Você precisa comprar esse disco" e ele comprou o álbum – que era o *The Nephilim* (1988), aliás. Então eu e o Halldór aprendemos a tocar uma música do disco, "Love Under Will", e dissemos ao Guðmundur (ex-baterista da banda) que tínhamos feito uma música nova e perguntamos "Você quer ouvir?" (risos). E ele amou totalmente a música e disse que era excelente. Mas então dissemos que não podíamos usá-la porque não era nossa. Ele ficou muito puto com a gente quando contamos isso.

Do que você tem mais orgulho na sua carreira?
Provavelmente do fato de que a banda ainda está aqui. Acho que ainda estou tentando escrever a música perfeita. Não fui tão confiante ou arrogante a ponto de dizer "Esse é o melhor disco do mundo". Sempre que lançamos um disco novo, eu apenas penso "É isso, não podemos escrever nada melhor". Mas pouco depois eu digo algo como "Esse não é realmente o melhor, podemos fazer melhor". É uma pergunta difícil de responder porque foram tantas coisas que aconteceram. Não consigo responder isso com certeza, não é nada que eu possa apontar. Ainda estamos fazendo isso e passamos por algumas coisas bem complicadas recentemente. E nossas opções eram acabar com a banda ou fazer algo muito radical – e nós fizemos uma coisa realmente radical. E ainda estamos lidando com isso. A banda não acabou, mas ficamos muito perto de terminar. E ninguém realmente queria isso. Com exceção de um certo ex-baterista que quer acabar com a banda agora. Mas isso não vai acontecer. Então é isso, acho que me orgulho do fato de ainda estarmos aqui. Vamos fazer um disco novo e sobrevivemos. É isso aí.

AMPLIFICASOM APRESENTA:

mono

+ HELEN MONEY /// 5/5/2015 · RCA CLUB · **LISBOA** /// 6/5/2015 · HARD CLUB · **PORTO**

POSTER BY MUNSTERSTUDIO.COM

CAPÍTULO 4
ÁSIA

Nem só do fenômeno recente Baby Metal e dos clássicos Loudness e X Japan vive o metal japonês, país mais importante para o gênero na Ásia. Palco de discos ao vivo clássicos como *Made in Japan* (1972), do Deep Purple, a terra do sol nascente também possui uma das cenas mais interessantes do mundo de metal alternativo. Além do Mono e do Boris, que aparecem nas entrevistas a seguir, também merecem destaque a barulheira industrial do Merzbow e o sludge/doom do Church of Misery.

MONO

Takaakira "Taka" Goto (guitarrista do Mono) – Entrevista feita em janeiro de 2015

Criado no Japão no final dos anos 1990, o Mono já se tornou uma verdadeira instituição do pós-rock e da música instrumental em seus mais de 15 anos de carreira. Apesar da sua música possuir um lado ambicioso – a prova disso é terem tocado com orquestras sinfônicas ao redor do mundo – o quarteto nunca deixou o peso de lado, o que pode ser indicado por sua longa parceria com o produtor Steve Albini (Shellac e Big Black).

O guitarrista Takaakira "Taka" Goto e seus companheiros de banda intercalam e misturam momentos bonitos e de calmaria com explosões incríveis de distorção e microfonia.

Nesta entrevista, feita por e-mail no início de 2015, vários meses antes do primeiro show do Mono no Brasil, Taka fala sobre tudo isso e um pouco mais, incluindo os discos que mudaram a sua vida, sua relação com os compatriotas barulhentos do Boris e sobre o lado mais metal e obscuro da banda.

Vocês costumavam lançar um disco a cada dois ou três anos, em média. Mas isso mudou em 2014, quando lançaram dois álbuns "irmãos", *Rays of Darkness* e *The Last Dawn*. Por que decidiram fazer isso (lançar todas essas músicas) e dar nomes e capas diferentes aos discos em vez de apenas lançar um álbum duplo, por exemplo? E há algum disco duplo por aí (lançado de forma separada ou junto) que funcionou como um tipo de inspiração para vocês fazerem isso?

Taka: Pensando nisso agora, eu sempre tentei criar algo cinematográfico que pudesse ajudar a superar a minha tristeza, até agora. Mas dessa vez, eu enfrentei um forte bloqueio criativo. Não tinha nenhuma inspiração ou história sobre o que queria escrever. Já faço isso há mais de 10 anos: escrever um disco, fazer algumas entrevistas e então entrar em uma turnê repetidamente, depois tentar escrever algumas músicas entre essas coisas, enquanto estou no Japão por cerca de duas semanas, e então fazer um disco baseado nesses fragmentos que eu deixei para trás. Acho que me forcei demais dessa vez. Quanto mais pensava sobre isso, mais difícil ficava ter ideias. Sempre que voltava para casa, por mais que tentasse, em vez de deixar algumas ideias de músicas para trás, tudo que conseguia fazer era arrumar minha mala e voltar para uma nova turnê, de novo, de novo e de novo. Acho que basicamente cheguei ao meu limite físico e mental ao final disso. Não me entenda mal. Sempre que tocamos ao vivo, eu sinto algo incrível por meio dos nossos fãs; mas em qualquer outro lugar, tudo que eu conseguia sentir era um vazio completo. Não conseguia escrever nenhuma música, não havia nenhuma inspiração, ninguém podia me ajudar e, por fim, não conseguia nem escutar nenhuma música para refrescar a minha mente. Livros, filmes, amigos, não havia nada que me preenchesse de alguma maneira. Sei que essa não é uma história agradável para ouvir, mas sempre vomitava antes de subir ao palco e por diversas vezes passava noites sem dormir por causa da dor de estômago causada por isso. Por meio dessa dor, descobri que o meu dever agora é transformar esses sentimentos em sons, como o sofrimento, o vazio, a agonia, o medo interminável e a ansiedade. Não conseguia mais me importar com a pequena linha de esperança que eu tinha. Parecia que essa era a única coisa que eu tinha para tentar. Mas quando você realmente começa a escrever com base nesses sentimentos, sua vida diária começa a ficar muito mais dark e depressiva. Por exemplo, mesmo quando eu tinha saído do estúdio, meus sentimentos eram muito rebeldes e sem nenhum pensamento, quase como se tivesse vendido minha alma para o inferno. No verão de 2013, tive a oportunidade de compor músicas para séries de TV e filmes. Então, sem pensar sobre isso e não necessariamente para o Mono, decidi escrever músicas completamente diferentes. Também comecei a mudar meu estilo de vida. Sempre escrevia as músicas nas madrugadas, mas comecei a fazer isso nas manhãs ou durante as tardes. Por fim, essas músicas começaram a virar um tipo de remédio para mim, apenas para viver o dia a dia. Naquela época, não tinha a intenção de lançar dois discos ao mesmo tempo. Mas, conforme o tempo passou, comecei a aceitar as músicas que escrevi quando estava em um lugar muito ruim, as músicas que representavam o meu lado negro, coisas das quais não queria chegar perto, pelo menos por um tempo. Então tive a ideia de juntar todas essas músicas em um único disco, mas não pareceu algo certo. *The Last Dawn* (2014) é um disco de oposição ao *Rays of Darkness* (2014). É essencialmente um álbum sobre escapar das trevas e buscar a luz. Ao menos, para mim. É por isso que decidimos lançar as músicas em dois discos separados.

O *Rays of Darkness* foi o primeiro disco em 15 anos a não trazer nenhum elemento de orquestra (como vocês mesmos descrevem), e é um álbum realmente pesado e escuro, não apenas pelo lado do peso/distorção. O que os levou nessa direção? Esse é o seu disco "mais metal" até agora?
Inicialmente queria criar algo original, sinfônico e espiritual, como Beethoven, mas com guitarras elétricas. Até então, conseguimos vivenciar tantas coisas, mais do que qualquer banda independente pode pedir, como tocar com uma orquestra em Nova York, Londres, Austrália e Tóquio. A partir dessas experiências, tentamos algo mais complexo e clássico em nosso disco anterior, *For My Parents*, mas, ao mesmo tempo, começamos a levantar algumas questões. Durante a turnê norte-americana desse disco, começamos a sentir como se as nossas músicas fossem um dinossauro sem espinha, em comparação com os nossos sons antigos. Claro, a música sinfônica é alta, épica e sonhadora, mas há algo que falta em comparação ao rock, como a pressão e a destruição que o gênero consegue trazer. Começamos originalmente como um quarteto, e mesmo que as nossas preocupações com isso tenham começado a surgir muito antes, apenas as encarávamos como um risco necessário para desafiar algo novo. Mas à medida que fizemos mais shows, começamos a saber com certeza que os nossos sentimentos estavam certos. Voltar à raiz foi algo fácil de fazer, mas também não queríamos fazer o que já tínhamos feito. Realmente pensei muito sobre isso. Precisava encontrar um novo método que pudesse mostrar minhas emoções atuais, e realmente acreditava que isso nos permitiria ver um novo mundo.

Mesmo trazendo um som diferente do *Rays of Darkness*, o *The Last Dawn* traz uma vibração parecida, talvez uma abordagem mais direta do que os seus trabalhos anteriores, como o *For My Parents*. Concorda com isso? E há algo em especial que te levou para esse lado mais despido?
As principais emoções humanas são divididas em positividade e negatividade. Para colocar de forma simples, para o *The Last Dawn*, em uma abordagem minimalista, eu queria expressar que, independente das suas emoções ou situações atuais, se você aceitar tudo como é e encontrar mais positividade, irá eventualmente conseguir superar toda a negatividade. Por outro lado, para o *Rays of Darkness* eu queria expressar que se você tiver apenas 1% a mais de emoções ou pensamentos negativos, o caos vai se espalhar e te arrastar para a escuridão

sem que você perceba. Comecei a pensar que, mesmo que tudo esteja desajustado, sempre há alguma coisa que sempre fica em ordem. Realmente queria expressar isso para o mundo em forma de arte.

Vocês já trabalharam com o Steve Albini. Há algum outro produtor com quem gostaria de trabalhar?
Seria incrível se pudéssemos trabalhar com alguém como o Daniel Lanoise.

Sua música obviamente transcende as barreiras culturais. Quero dizer, você toca em uma banda de rock/metal instrumental do Japão e tem fãs no mundo todo. Por que pensa que as pessoas se conectam dessa forma com as músicas que vocês escrevem?
Nos sentimos muito honrados. Todas as músicas são escritas a partir de experiências pessoais e para nós mesmos. Por isso, se essas músicas que nós precisamos para nós mesmos tornam-se um tipo de poder, coragem e esperança para outra pessoa viver por meio desse compartilhamento, isso nos faz nos sentir menos sozinhos e que também estamos aqui para outra pessoa.

Qual o significado do Mono na sua vida? Quando começou a banda, imaginou que ficariam juntos por tanto tempo?
Nada mudou desde que formamos a banda. Esperamos ser bem-sucedidos, focar no que podemos fazer agora e dar um passo de cada vez. Os últimos 16 anos passaram realmente muito depressa. Fizemos shows no mundo inteiro e foi meio que passar de uma criança para um adulto. Tudo que presenciamos era novo, fresco, tudo que fizemos foi uma aventura e algo desconhecido. Foi uma repetição de animação e coisas inesperadas. Sentimos que tudo foi um processo necessário para aprender tudo que é importante nas nossas vidas.

Como é a cena alternativa no Japão? Mudou muito desde que começaram?
Não acho que tenha mudado de forma dramática. Esse é um país cheio de tipos de músicas complexas e também alguns tipos de "junk food" musicais que você tem dificuldades de chamar de arte.

**Vocês todos ainda vivem em Tóquio? Qual o papel que a cidade desempenha na sua música? A paisagem e a vibração da cidade possuem alguma influên-

cia direta no Mono como uma banda? Pensa que o Mono soaria da mesma forma se vocês vivessem em outro lugar, como na Europa ou nos EUA?
Atualmente todos vivemos em Tóquio, mas todos os membros da banda vêm de áreas rurais que ficam bem distantes de Tóquio. São cidades muito diferentes de Tóquio, cercadas de árvores, rios, mar e montanhas. No inverno, essas cidades ficam cobertas de neve e completamente brancas. Acho que as cidades foram uma grande parte para encontrar tranquilidade em nossos corações, especialmente vivendo em uma sociedade tão grande e populosa. E para nunca se perder e encontrar a liberdade por meio de pressão constante e competições dentro de nós mesmos. Penso que nossa música seria diferente se tivéssemos nascido e sido criados nos EUA ou Europa. Não é uma ideia ruim imaginar algo desse tipo.

Quais bandas ou artistas você considera seus "espíritos irmãos", no Japão ou qualquer lugar do mundo?
Acho que seria o Beethoven.

E você concorda com uma afirmação do Boris quando eles dizem que o "barulho/noise é o blues japonês"?
Isso soa como eles. Eles são bons amigos nossos e posso entender por que disseram isso.

Três discos que mudaram a sua vida e por que eles fizeram isso.
O primeiro seria a *Symphony No. 9* (1824), do Beethoven, que foi o primeiro disco punk do mundo. O segundo seria o *Led Zeppelin IV* (1971), do Led Zeppelin, porque eles são a maior banda de rock do mundo. E o terceiro é o *Loveless* (1991), do My Bloody Valentine, que é o disco pioneiro da guitarra barulhenta e bonita.

Quando você começou a tocar guitarra e quais eram as suas influências?
Comecei originalmente aprendendo músicas folk ao copiar o meu irmão. Ele também pegou uma guitarra elétrica um pouco depois e começou a ouvir bandas de hard rock como o Deep Purple. Também foi nessa época que comecei a tocar guitarra elétrica e passei a escrever as minhas próprias músicas. Tinha apenas 15 anos nessa época.

Como sou do Brasil, queria saber quais bandas daqui você conhece.
Sepultura. Eles são absolutamente incríveis.

Qual o maior desafio que já enfrentou na sua carreira?
Tocar com uma orquestra de 24 instrumentos chamada "Holy Ground Orchestra" em Nova York, Londres, Melbourne e Tóquio.

Como vocês querem ser lembrados?
Uma banda de rock que encheu o mundo com luz do extremo oriente.

BORIS

Takeshi (baixista, guitarrista e vocalista do Boris) – Entrevista feita em dezembro de 2014

Nome mais conhecido do metal alternativo do Japão, o Boris já está na estrada há quase 25 anos, tempo suficiente para ter viajado por boa parte do mundo, tanto físico quanto musical, ao longo de cerca de 20 discos e turnês pela Ásia, América do Norte, Europa e Oceania.

Mesmo depois de todo esse tempo, a mutante banda de Tóquio continua apostando no barulho como seu principal ingrediente. Não à toa, o grupo usou a palavra para dar nome a um dos seus álbuns mais recentes, o essencial *Noise* (2014).

Feita via e-mail no final de 2014, esta entrevista com o baixista, guitarrista e vocalista Takeshi vai fundo nessa obsessão da banda por barulho, além de explorar a cena alternativa do Japão e a relação do trio com outros artistas locais, como Mono, Church of Misery e Merzbow.

O último disco da banda é intitulado *Noise* e vocês já disseram antes que "barulho (noise, em inglês) é o blues japonês". Por que esse "barulho" é tão importante por aí? E qual a importância disso na música de vocês?
Takeshi: Se você tiver a chance de vir ao Japão, então provavelmente verá que orientações e informações em vozes desconfortáveis, música alta e sons desnecessários (=barulho) transbordam por aqui. Mas ninguém reclama disso. Como isso pode parecer uma hospitalidade exagerada que os japoneses comuns possuem como uma qualidade, deve estar no nosso próprio "sangue" e foi por isso que dissemos que "barulho é o blues japonês". Neste sentido, presumo que a "música barulhenta" deve nascer no Japão naturalmente – é o senso comum por aqui em vez de algo de maior importância. Para o Boris, esse "barulho" funciona como uma cola que pode grudar dois estilos de música totalmente diferentes. Vou dar um exemplo meio extremo: metal e música romântica não podem ser misturados de maneira alguma, mas o barulho consegue unir esses dois estilos de forma muito natural, e permite chegar a uma ideia quase perfeita de música. No entanto, isso deve ser algo bastante intuitivo e faz sentido quando você ouve as músicas do Boris.

Ainda sobre o *Noise*. O disco possui músicas muito diferentes como "Angel", uma faixa pesada e épica com 19 minutos, e uma especialmente pop, "Taiyo No Baka". Qual o "segredo" para conseguir ser tão diverso e viajar por mundos tão diferentes, mas ainda manter um som próprio, como vocês fazem? Já se preocuparam com possíveis críticas por transitar por esses extremos ou algo do tipo quando estão compondo?
Como falei na resposta anterior, as texturas de "barulho" podem definir não apenas uma música, mas o disco todo. O Boris costuma tocar e fazer *jams* com bastante frequência. E, como os nossos sentimentos, emoções e condições físicas variam de um dia para o outro, então o mesmo acontece com o nosso som e as nossas ideias para músicas. Adicionar barulho em nossas músicas ajuda a definir como elas devem ser. As nossas *jams* são totalmente diferentes do chamado "processo de composição". Nós apenas deixamos que as músicas e os sons sigam como querem e lhes damos um lugar, com o barulho.

Vocês são de uma grande metrópole (Tóquio). Qual o papel que a cidade possui na sua música? A paisagem e a vibração da cidade exercem algum efeito direto no Boris? E acha que soariam da mesma forma se vivessem em outro lugar?
Ainda moramos em Tóquio, mas em um distrito do subúrbio, que possui uma atmosfera totalmente diferente do estilo de vida urbano da cidade grande. Por isso, não costumamos sentir isso quando estamos na cidade. Pelo contrário, já que somos mais inspirados por paisagens, cheiros, a luz do sol, pessoas, hábitos gerais e pelas diferenças culturais quando fazemos shows fora do Japão. Ouvir uma demo ou uma mixagem inicial de uma música durante a turnê é algo que pode trazer impressões diferentes e novas ideias. Acho que tocar pelo mundo e olhar para outros países é algo que torna o Boris único.

Como é a cena alternativa aí no Japão? Mudou muito desde que começaram com o Boris?
Assim como em outros países, as coisas aqui são muito categorizadas e subdivididas. Tantas coisas e relações são tratadas dentro de um subgênero ou comunidade limitada. É uma ação oposta à mente aberta ou uma exposição mais ampla em um nível consciente. Essa cena de subgêneros parece estar melhorando, mas acho que ainda vai levar mais tempo até que cenas inteiras sejam

melhoradas como uma cultura. O Boris tem feito o que sempre gostou de fazer, o que quer que seja isso. Temos muita consciência para nos comunicar com culturas ou gerações diferentes para nos manter atualizados.

Sei que vocês são próximos de outras bandas japonesas como Merzbow, Mono e Church of Misery. São "espíritos irmãos" do Boris?
É claro que conhecemos essas bandas há muito tempo. Assim como nós, eles já tocaram muito pelo mundo e estão tentando conquistar os seus próprios fãs. O Boris e o Merzbow já tocaram sets colaborativos ao vivo e lançaram discos juntos. Por meio dessas atividades, podemos compartilhar os mesmos valores e sentimentos. É uma honra sempre que o Boris toca com eles no mesmo show ou festival fora do Japão. São todos nossos camaradas.

Falando sobre colaborações, vocês lançaram um EP com o vocalista do The Cult, Ian Astbury, em 2010. Como isso aconteceu? E como foi o processo de composição para esse trabalho? O disco soa muito natural com a voz dele. E a versão de "Rain" (música clássica do The Cult) ficou ótima com a Wata cantando. Quem teve essa ideia?
Na verdade, recebemos alguns convites para fazer turnês com o Cult ao longo dos anos, o que não foi possível por conta de conflitos nas nossas agendas. Apesar disso, o Ian sempre foi fã da nossa música, comprou nossos discos, veio em nossos shows e sempre mantivemos contato. Por volta dessa época (do disco), fizemos algumas *jams* e tínhamos algumas músicas que sentimos que ficariam legais com a voz dele. Pouco depois, conseguimos acertar as agendas e Ian veio para Tóquio gravar seus vocais. Quanto à "Rain", sempre foi uma das nossas músicas favoritas do The Cult, e imaginamos que seria muito interessante ter uma voz feminina nela. Por isso, a Wata gravou os vocais.

Falando agora sobre tocar pelo mundo. Como enxerga a relação do Boris com bandas americanas como Doomriders e Marriages, com quem fizeram turnês recentes, e outras como Neurosis e Melvins, sendo que esta última inclusive serviu como inspiração para o seu nome? E como vê o paralelo entre a cena no Japão e nos EUA?
Tanto o pessoal do Doomriders quanto do Marriages possuem quase as nossas

TAKESHI, DO BORIS, CHAMA A ATENÇÃO NO PALCO COM A SUA GUITARRA/BAIXO DOUBLE NECK, NO MELHOR ESTILO GEDDY LEE (RUSH).

idades e sentimos que somos muito próximos. Temos muita simpatia por eles porque vêm fazendo suas próprias coisas há muito tempo, além de serem ótimas bandas e pessoas muito boas. Já bandas como Melvins e Neurosis são os precursores e nos inspiraram muito em um determinado momento. Por isso, sentimos que eles estão em um nível diferente. Mesmo assim, penso que eles ainda tocam em cenas parecidas e próximas da gente. Em comparação com países ocidentais, o ambiente de turnês no Japão é totalmente diferente, desde agendar os shows até o esquema de operação dos clubes. Por exemplo, nos EUA ou na Europa as bandas conseguem sobreviver pelo menos enquanto estão fazendo shows. É garantido que as casas de show vão pagar e isso permite que as bandas façam turnês por semanas. Após mais turnês, elas podem lançar discos, então construir uma base de fãs e estabelecer suas carreiras por meio das turnês. No Japão, o sistema de "pagar para tocar" é a maneira mais comum para a banda. Os artistas não recebem até que as casas de shows tenham primeiro "coberto" suas despesas e registrado algum lucro. É muito caro ter uma van e ainda temos muitas outras despesas, como pedágios, entre outras coisas. É muito difícil ser uma banda independente DIY (faça você mesmo) no Japão. Os jovens não conseguem evitar focar mais nos seus custos de vida do que em fazer turnês ou coisa do tipo. Aprendemos muito ao fazer turnês em países ocidentais durante todos esses anos.

O Boris já lançou algo como 20 discos de estúdio. Como vocês conseguem ser tão produtivos? Como é o processo de composição da banda e o que te inspira a compor?
Durante a semana nós tocamos juntos e gravamos *jams*, além de escrever letras. Nossa inspiração vem da música, mas também de coisas como filmes, livros e histórias em quadrinhos. Além disso, sempre faço anotações quando converso com alguém. Nada em especial, mas tento ver algo a partir de um ponto de vista diferente do meu. Há um determinado momento em que encontro beleza a partir da imperfeição e da oportunidade, o que é algo muito interessante para mim.

Quando vocês começaram a banda, imaginavam que ficariam juntos por tanto tempo? E do que tem mais orgulho na sua carreira?
Realmente não. Não podíamos imaginar porque quando começamos era ape-

nas algo que fazíamos por diversão. Agradeço todo o tipo de apoio dos fãs e as oportunidades que tivemos de fazer turnês pelo mundo e tocar em festivais. No entanto, esses são todos processos até agora. Esperamos que muitas pessoas possam ouvir e curtir a nossa música.

Quais bandas/artistas brasileiros você conhece?
Pessoalmente, gosto muito de punk e hardcore. Acho que o *Crucificados pelo Sistema* (1984), do Ratos de Porão, é um dos melhores álbuns de "thrashcore cru" de todos os tempos. Também ouvia muito os discos antigos do Sepultura. A banda de "bossa metal" Huaska também é bem legal. E a minha banda brasileira favorita mais recente é um quarteto de garotas chamado Rakta.

Quais são os três discos que mudaram a sua vida e por que fizeram isso.
O primeiro seria o *Short Sharp Shock* (1985), do Chaos UK. Ouvi o disco pela primeira vez quando era muito jovem e foi chocante porque era um som tão barulhento e rápido. Outro seria o *Systems of Romance* (1978), do Ultravox, que funcionou como uma das maiores influências para que eu começasse a escutar música triste. Por fim, o *Earth 2* (1993), do Earth. Escutei-o novamente há pouco tempo e continua sendo um marco de guitarras drone.

Como vocês querem ser lembrados?
Nós somos muito agradecidos pelos fãs e ouvintes que nos apoiam há tanto tempo. Ainda tem muita gente por aí que nunca ouviu a nossa música, por isso continuamos lançando muitos discos. Uma vez que nosso disco novo estiver pronto, vamos sair em turnê novamente. Nunca fomos para a América do Sul, mas gostaríamos muito de tocar um dia no Brasil. Muito obrigado pela oportunidade desta entrevista!

BACKSTAGE

CAPÍTULO 5
NO CINEMA

Se ainda não possui livros específicos em língua inglesa (apenas em português!), o metal alternativo já foi tema de diferentes documentários produzidos nos EUA e na Europa. *Backstage* (2015), produção mais recente sobre o gênero, foi idealizado e dirigido pela francesa Mariexxme, que já tinha trabalhado com as lendas vivas do Oxbow e resolveu abordar o lado menos glamouroso do rock/metal alternativo underground no seu último filme.

BACKSTAGE

Mariexxme (diretora do documentário Backstage) – Entrevista feita em fevereiro de 2016

Ao contrário de outros documentários que focam mais na parte histórica e na música de bandas e gravadoras, como *Blood, Sweat + Vinyl* e *Such Hawks Such Hounds*, ambos presentes no primeiro *Nós Somos a Tempestade*, o filme *Backstage* está mais interessado nas dificuldades e nos dilemas encontrados pelos músicos.

Lançada no final de 2015, a produção dirigida pela francesa Mariexxme (*Oxbow: The Luxury of Empire*) mostra as escolhas difíceis e os sacrifícios necessários para quem escolhe viver no underground. Para isso, a cineasta entrevistou tanto bandas conhecidas do metal alternativo, como Neurosis, Amenra, Baroness, Converge e Kylesa, quanto nomes do rock alternativo como Alice Donut, Qui e Obits.

Nesta entrevista, Marie fala sobre a razão para abordar esse lado talvez menos glamouroso da música independente, como escolheu os artistas entrevistados, as principais dificuldades para fazer o documentário e o que já aprendeu com os seus filmes.

Antes do filme começar, vemos a seguinte frase na tela: : "It's not about music. It's not about being talented or famous. It's about being alive" ("Não é sobre música. Não é sobre ser talentoso ou famoso. É sobre estar vivo", em tradução livre). Isso ecoou comigo por muito tempo. De quem é essa frase? É quase uma tradução do espírito "faça você mesmo".

Marie: Ninguém disse isso além de mim. Isso é realmente o que eu penso e quero falar com as pessoas sobre isso. As pessoas podem gostar ou não das bandas neste documentário, achar que elas são ou não talentosas, mas esse não é o ponto. É como quando você tem os seus próprios projetos. O objetivo não é ficar famoso ou ser aclamado. Sempre vão existir pessoas que gostam do seu trabalho e outras que não gostam; você precisa pensar em quem vai gostar e, acima de tudo, fazer isso por você. O Jacob Bannon, do Converge, fala perfeitamente sobre isso no filme. Se expresse, brigue pela sua maneira de enxergar o mundo, pela sua liberdade, pelas coisas que são importantes para você, pelas coisas que te fazem viver. Eu queria que o documentário começasse com algumas palavras minhas, mas não fico muito confortável falando.

E essa ideia era algo que já tinha em mente antes de começar a produzir o filme? Como foi o processo para chegar nisso? Quero dizer, as entrevistas possuem alguns assuntos em comum, como o sentimento de segurança (ou falta de), as escolhas e sacrifícios que precisam ser feitos, não tomar tudo como certo, entre outras coisas.
Tinha isso em mente há anos. Sempre fui rodeada por músicos ou artistas. Comecei a me envolver na cena de rock underground em 1993 em Paris. Também possuo muitos amigos que são fãs dessas bandas e algumas reações deles me fizeram pensar que as coisas tinham de ser esclarecidas. Quantas vezes você ouve as pessoas te pedindo para levá-las ao backstage ou trazer cervejas, ou querendo estar na lista de convidados? Às vezes você tem metade do público formado apenas por amigos convidados por amigos, mesmo quando são os próprios amigos deles tocando e o show custa 5 euros e não há mais ninguém além de amigos da banda no público. Mesmo assim, eles pedem discos e camisetas de graça, não tem ideia de qual a realidade disso.

Antes eu queria fazer um filme bem longo e entediante apenas com horas de tempo de espera no backstage. Nada além disso, nenhuma palavra. Não sei o que as pessoas esperam, elas são as únicas a sonharem em ficar no backstage, todos lá dentro ficam olhando para o relógio na parede ou ficam no notebook falando com a família. Os mais sortudos estão pela cidade ou no hotel. Cervejas? Na maioria das vezes, há algo como 10 cervejas na geladeira. Essa não é a imagem incrível do rock que as pessoas ainda possuem em suas cabeças. Assim como sair em turnê. Quantas bandas eu vi acabarem após a primeira turnê. Não sei o que estavam esperando. Você precisa fazer isso pelas razões certas, para conseguir viver em meio a isso por anos. Não é a vida fácil e divertida que as pessoas esperam. Mas, ao mesmo tempo, se isso é algo que está profundamente em você, então nunca irá se arrepender nem conseguirá parar.

Também fiz as minhas próprias escolhas difíceis para poder viver a minha vida como queria. Acho que esse filme também mostra a minha própria maneira de expressar as coisas que tenho dentro de mim. Larguei tudo isso por volta de 1997 porque achava que essa vida era muito difícil para mim e que, como uma garota, ninguém iria me levar a sério se eu não parecesse com um homem. Acho que quase morri por ter saído dessa vida, algo dentro de mim estava morrendo. Tinha bastante dinheiro e tudo mais, mas não estava feliz. Abri mão de tudo isso em 2006 e recomecei uma vida com nada além de uma câmera e a vontade de documentar esse mundo e ajudar de alguma forma. Conheci tantas pessoas, compartilhei tantos momentos com pessoas envolvidas nesta vida. E isso não tem preço, essa liberdade não tem preço, de verdade. Claro que é duro, muitas vezes você se sente sozinha e se pergunta por que está fazendo tudo isso, mas conheci tantas pessoas vivendo como eu e vivendo felizes que você não pode mais se sentir sozinho. É por isso que queria fazer esse filme. Nem todo mundo possui essas horas de conversas com os artistas e queria compartilhar essas palavras na esperança de que isso possa ajudar as pessoas a se segurarem e viverem como querem sem ter medo da nossa sociedade.

Então sim, era algo que tinha em mente há anos. Mas até 2014 todo mundo se recusou a participar dizendo que não queria destruir sua imagem. Não sei por que após 2014 todo mundo disse sim com um sorriso no rosto.

O seu filme anterior, sobre o Oxbow, teve alguma influência direta sobre você decidir fazer o *Backstage*?
De certa forma sim. Porque foi uma experiência que eu tive na estrada com bandas underground. E também porque, ao fazer esse filme do Oxbow, percebi que podia fazer coisas por conta própria – não precisava de uma gravadora ou qualquer coisa do tipo. Podia trabalhar no meu filme, pagar a produção dos DVDs e agendar uma pequena turnê. Então foi um pouco mais fácil decidir trabalhar em algo novo sem nenhuma ajuda de fora.

Qual o seu sentimento ao assistir ao *Backstage* hoje em dia? Há coisas que gostaria de mudar ou algo nesse sentido?
Não. Adoraria ter imagens melhores e um som melhor também. Mas decidi que tinha de ser algo DIY. Por isso, não podia nem queria pedir nenhuma ajuda financeira. Não queria nenhuma empresa, gravadora ou outras pessoas formatando o meu filme. Precisa ser algo diferente das promoções comerciais bonitas que você vê por aí. Sempre pensei que as bandas de punk e metal não são um anúncio de TV da Dior, as imagens precisam ser duras. Mas sim, adoraria poder ter usado uma câmera nova e ter um som melhor. Mas não é grande coisa no fim das contas, eu acho. Não quero mudar nada. Só fico frustrada por ter precisado jogar fora horas de entrevistas que eram incríveis porque o filme já tem

duas horas e não podia realmente deixá-lo maior. Além disso, eu queria colocar juntas bandas da França, da Europa no geral e dos EUA porque elas não trabalham de maneiras exatamente iguais. E também queria pessoas de associações, produtores e outras envolvidas no meio para que você pudesse ter os dois lados. Mas o problema era o mesmo: ficaria longo demais. Teria conseguido isso se fizesse um documentário padrão que permite que cada pessoa fale no máximo 2 minutos. Mas isso não faz sentido para mim. Adoraria ter deixado as pessoas falarem ainda mais, então não havia como fazer isso.

Aliás, quanto tempo demorou entre você começar a escrever até o filme ser finalizado e ficar pronto para ser lançado?
Não muito, um ano e meio. Tive muita sorte que até o Alice Donut veio para a França a tempo. O último show deles na França tinha sido em 1995... Eles agora estão fazendo um show a cada dois anos nos EUA. E eu não podia fazer o filme sem eles. Estava prestes a pedir para o Tomas filmar a si mesmo e me mandar as imagens quando o baterista deles, o Stephen, me escreveu falando sobre esse show único na França. Isso foi incrível. Como tudo aconteceu como se o filme tivesse de ser feito.

Quais foram os maiores desafios que enfrentou para fazer o filme? Fiquei sabendo que você perdeu quase uma entrevista inteira que fez com o John Baizley do Baroness, em 2012, logo antes do acidente da banda. E as entrevistas foram todas gravadas em Paris e Los Angeles, certo?
A entrevista com o John foi feita antes. Testei as perguntas e o projeto em si por meio de documentários curtos com entrevistas longas que publiquei na Internet entre 2012 e 2014. Foram vários entrevistados: John e Pete (Baroness), Matt Pike (Sleep), Scott (Girls Against Boys), Tony (Totimoshi), os caras do Ufomammut, Franz (Young Gods), Colin (Amenra), Scott Kelly (Neurosis), Buzz (Melvins)... Essa entrevista do John em particular foi feita no ônibus de turnê do Baroness duas semanas antes do acidente. A minha fita estava defeituosa, por isso nunca consegui usá-la. E o Baroness não estava em turnê quando estava gravando o *Backstage* e não queria usar no filme as coisas que tinha publicado on-line. Por isso, tentei "ler" essa fita antiga de novo e consegui aproveitar os dois ou três minutos que acabei usando no DVD.

Vivo em Paris e a equipe com quem eu filmo também está na cidade, então os shows precisavam acontecer lá. Nunca gravo um show sem pelo menos duas câmeras. Esse é o mínimo e foi o que fiz para o Alice Donut em Bourgoin-Jalileu, que é uma cidade que fica a 600km de Paris, e com o Totimoshi em Los Angeles, nos EUA.

Sempre passo as minhas férias em Los Angeles. Por isso, levei minha câmera comigo e perguntei para todos os meus amigos se eles topavam ser filmados. Todo mundo disse sim, mas não tive tempo suficiente para ir até a casa do Eugene Robinson (Oxbow), por exemplo. E filmei o Chuck Sperry porque também queria pessoas envolvidas de outras formas e o Chuck, com suas turnês Rock Posters e DIY que fez com o Biafra, me disse coisas muito loucas que infelizmente não pude usar. O David Yow também, apesar de ele não estar mais nisso tudo – mesmo sendo um grande amigo e me abrigando durante as férias, não havia mais espaço. Algumas coisas poderiam ter sido usadas, mas como conheço o David, foi melhor pedir para ele fazer o layout do DVD. Isso é a parte das coisas que ele gosta de fazer agora, junto com atuar obviamente.

Não posso falar sobre desafios. O verdadeiro desafio para mim foi conseguir falar e fazer as perguntas. Não sou uma jornalista e sofro com uma terrível falta de confiança. Sou muito tímida e realmente odeio fazer isso (talvez por conta disso tudo), mesmo que seja com pessoas que conheço há anos. Esse foi um ponto muito ruim, mas ótimo para lutar contra.

Além de algumas bandas de rock alternativo como Qui e Obits, a maior parte dos entrevistados no filme vem dessa "cena" de sludge/pós-metal, com nomes como Neurosis, Amenra, Sleep, Baroness, Kylesa e Melvins. Como escolheu as pessoas que estariam no filme? E vê todas essas bandas como parte da mesma comunidade de música underground?
Escolhi todos os entrevistados do filme pelo ser humano por trás do músico. São pessoas que aprecio por sua sinceridade e pela maneira como vivem ou veem a vida. Pela amizade entre nós que surgiu por conta disso. Na maior parte, eu não ligo para a música. Me importo com o ser humano e o artista. Posso gostar ou não da banda e realmente não gosto de todas as bandas do documentário. Quero dizer, tem algumas bandas no filme que eu nunca ouvi, mas gosto de quem eles são e de como trabalham. De alguma maneira, isso me faz gostar da música deles no final das contas. Como te disse no começo da entrevista, não é

sobre a música. Mas é claro que eu não fico ouvindo pop ou R&B, nem mesmo jazz. Mas escuto muitos estilos diferentes de música.

E sim, para mim com certeza é uma comunidade. Mas eu não gosto de comunidades pequenas do tipo "Nós ouvimos stoner" ou "Nós somos NYHC" ou "gótico" ou "black metal" ou qualquer coisa do tipo. Eu não sou nada. Apenas faço parte de uma cultura alternativa pela qual eu quero lutar. Para mim é realmente a mesma cena. E também o mesmo modo de viver.

Na minha casa, há alguns discos que nunca paro de ouvir, como as coisas antigas do Ween, Alice Donut, Sleepytime Gorilla Museum, os dois primeiros do Neurosis, o primeiro do Tears for Fears, o primeiro do Ides of Gemini e os primeiros do Mötley Crüe (risos). Eles são todos diferentes, gosto deles por razões diferentes, mas no fim das contas é música e me deixa feliz, nervosa ou triste sempre que os escuto. E é para isso que a música existe.

Há alguma razão especial para a maioria das bandas no filme ser dos EUA? Acho que o Amenra é o único grupo europeu que aparece no documentário.
Como te disse, a ideia era misturar diversos pensamentos. Mas acabei falhando com isso por conta da duração do filme. Por isso, acabei focando mais nas bandas dos EUA.

E há alguém que queria ter entrevistado, mas acabou não conseguindo?
Katie Jane Garside, Julie Christmas e Robin Propper Sheppard. É por isso que a voz da Katie está no menu do DVD. Ela viaja pelo mundo há anos. Ainda mantenho contato com ela, tanto que me enviou aquelas palavras para o DVD. Mas por causa da conexão ruim com a Internet e por ela estar tão longe, não consegui ter o que queria. Ainda falamos sobre fazer um projeto juntas... Quem sabe?

Sobre a Julie. Não tenho mais o contato dela e não queria incomodar. Além disso, teria sido difícil pela distância.

O Robin não me respondeu, não sei o que ele está fazendo agora. Sei que ele teria muita coisa para dizer, essa é a minha única decepção. Sei que ele trabalha muito, é apaixonado pelo que faz e o The God Machine sempre será uma das bandas mais influentes da minha vida. Mas meio que esperava isso. Não sei por que ele age de maneira estranha às vezes.

Quais os seus documentários musicais favoritos?
Sou fã do cultuado filme Heavy Metal Parking Lot (1986), adoraria tê-lo feito. Claro que também gosto muito do The Decline of Western Civilization (1988) e com certeza do Alice Donut: Freaks in Love (2011) – esse é o documentário que eu queria ter feito, mas um amigo o fez. Também gostei dos filmes sobre o Lemmy e o Anvil, mas não gostei nada do Cobain: Montage of Heck (2015).

Pelo lado divertido, quando tinha cerca de 10 anos assisti ao Sing Blue Silver (1984) já que era fã do Duran Duran (risos). Esse foi o começo de tudo. Era isso que queria fazer. Peguei a câmera dos meus pais e foi isso, nunca mais parei de filmar. Filmar a realidade, de uma maneira mais crua, filmar o que a mídia não mostra, queria gravar em pedra a vida que nós estávamos realmente vivendo, não o que a TV mostrava. Adoro Tarnation (2003), é desse tipo de projeto que realmente gosto. É bem diferente do estilo do Duran Duran, mas tudo tem um começo (risos).

Quais as maiores lições que aprendeu fazendo os seus documentários?
Acho que o fato de que eu podia fazer isso. Sofro com uma terrível falta de confiança, então essa é uma ótima lição. E também que eu não era a única a ficar petrificada na frente de uma câmera ou em cima do palco e que algumas dessas pessoas estavam fazendo isso diariamente com as suas bandas, lutando contra os seus medos e fazendo as suas coisas.

Já está trabalhando ou planejando começar um novo filme?
Demorei dois anos para conseguir começar algo após o documentário sobre o Oxbow. Realmente precisava desse tempo para pensar em outra coisa. Quando estava pensando sobre o Backstage, queria que fosse meu último filme. Queria parar de filmar e apenas focar em desenhar e pintar porque não tenho mais tempo para arte. Mas estou filmando desde os 12 anos e nunca consegui parar por mais de dois anos. Por isso, eu sei que é algo que faz parte de mim e essa decisão não pode funcionar. Acabei de comprar uma câmera nova, então acho que não estou parando (risos). Não sei que história vou contar a seguir, as experiências da vida vão me dizer. Estou treinando para tirar fotos, sou uma péssima fotógrafa (risos). Vídeo e fotografia possuem sentimentos diferentes. Não fico confortável com fotos, mas é uma ótima motivação para tentar algo diferente.

Então no momento estou filmando alguns shows por diversão, fazendo vídeos para amigos, treinando para tirar fotos. Espero ter tempo de terminar uma pintura que comecei antes de fazer o *Backstage*. Não tive tempo nenhum desde então. Depois disso, vamos ver o que vai sair de tudo isso.

dunk!fest 2016

MAY 5, 6, 7TH · JEUGDHEEM DE POPULIER, ZOTTEGEM (BELGIUM)

RUSSIAN CIRCLES · THIS WILL DESTROY YOU
PELICAN · 65DAYSOFSTATIC · TIDES FROM NEBULA

MY SLEEPING KARMA · COLLAPSE UNDER THE EMPIRE · YNDI HALDA · NILS GRÖNDAHL · KOKOMO · ARMS AND SLEEPERS · UPCDOWNC
HERBSTLAUB · SLOWRUN · MUTINY ON THE BOUNTY · ENVIRONMENTS · SPOIWO · HER NAME IS CALLA · NORDIC GIANTS · CHVE
THE HIRSCH EFFEKT · FALL OF MESSIAN · ILLUMININE · OBSCURE SPHINX · FLIES ARE SPIES FROM HELL · WYATT E.
SOUNDS LIKE THE END OF THE WORLD · THANK U FOR SMOKING · YODOK III · BAIKONUR · I AM WAITING FOR YOU LAST SUMMER
DIRK SERRIES' MICROPHONICS · IIVII · SYNDROME · BARST · ELEANORA · MONNIK

DUNKFESTIVAL.BE · ARTWORK BY ERROR-DESIGN.COM

CAPÍTULO 6
NO PALCO

Desde a criação do já icônico Roadburn em 1999, na Holanda, o metal alternativo passou a ganhar festivais específicos que ajudaram no crescimento e na divulgação das bandas do gênero, como o cada vez mais onipresente Desertfest, que já passou por diversas cidades europeias. Nas entrevistas a seguir, os organizadores do Amplifest (Portugal) e do Dunk! Festival (Bélgica) falam sobre as maiores inspirações e desafios para reunir anualmente pessoas do mundo todo em seus respectivos países apenas por amor à música.

DUNK! FESTIVAL

Wout Lievens e Luc Lievens (organizadores do Dunk! Festival) – Entrevista feita em fevereiro de 2016

Um festival focado basicamente em pós-rock (e pós-metal) certamente parece algo normal hoje, mas não era assim tão simples há cerca de uma década, quando aconteceu a primeira edição do Dunk! Festival na Bélgica. Desde então, o evento – que começou apenas com bandas locais e o objetivo de ajudar um time de basquete da região – transformou-se provavelmente no maior festival do segmento, reunindo dezenas de bandas do mundo todo durante três dias de muita microfonia, *delay* e explosões sonoras.

Na entrevista abaixo, Wout Lievens fala sobre esse crescimento do Dunk!, conta como é organizar um festival iniciado pelo seu pai (Luc, que também responde algumas perguntas) e explica por que resolveram levar o evento para um lugar aberto ao lado de onde vivem.

O Dunk! começou a ser realizado em 2005 e inicialmente era algo para apoiar um time local de basquete, certo? Como o festival evoluiu para se tornar o que é hoje em dia? Pelo que li, a primeira edição só tinha três bandas e agora é um evento de três dias com bandas do mundo todo.
Wout: É isso mesmo. O lucro das duas primeiras edições deveria ir para apoiar o time local de basquete, mas acabou que eles nos ajudaram. Então nós nos separamos e começamos como um festival independente apenas com foco na música. O gênero mudou de talentos locais para pós-rock. Esse era e ainda é o nosso lance. Rapidamente recebemos muito respeito da cena e muitas bandas se candidataram a um lugar no lineup. É realmente muito fácil reunir bandas para encher dois palcos em três dias. É apenas uma questão de fazer tudo funcionar: a parte financeira e a logística. Adicionar mais dias ao festival foi fácil. Todo o equipamento já estava lá, afinal de contas. Colocar um palco extra foi um pouco mais difícil e testamos isso pela primeira vez em 2013. Foi realmente ótimo ter mais bandas no festival. Desde então, oferecemos dois palcos em três dias. Neste ano teremos 38 bandas. Bandas grandes e pequenas de pós-rock do mundo todo. É algo único ver tantas bandas da cena no mesmo lugar ao mesmo tempo. E com uma ótima qualidade de som e luz. Então isso tudo e o fato de

termos ótimos pratos de comida e as deliciosas cervejas belgas atrai gente do mundo inteiro.

Qual foi o ponto de virada para o festival? Em 2009, por exemplo, vocês já tinham muitas bandas no lineup, incluindo alguns nomes mais conhecidos, como God is An Astronaut e This Will Destroy You.
Wout: Penso que não há realmente um ponto de virada na nossa história. Crescemos lentamente para chegar até onde estamos agora. Realmente 2009 foi um ótimo ano com o God is An Astronaut e o This Will Destroy You. Mas em 2008 tivemos God Is An Astronaut, EF, Doi, Cecilia::Eyes. E em 2010 tivemos Thee Silver Mt. Zion, HRSTA, Maybeshewill... Um ano depois, em 2011, o festival teve três dias pela primeira vez e em 2012 tivemos uma ótima edição com um público muito bom. No ano seguinte, 2013, foi a primeira vez com um segundo palco, mas não vieram pessoas o suficiente e tivemos problemas financeiros, que felizmente foram solucionados com uma campanha de financiamento que levantou 15 mil euros. Se tivesse que apontar um ponto de virada, diria 2014 porque foi quando mudamos o festival de local.

Para a edição 2016, vocês lançaram um botão de doação para tentar compensar o fato de que não terão apoio do governo local desta vez. Como funcionava essa ajuda governamental e por que não estará disponível neste ano? E pensa em manter esse botão de doações para as próximas edições?
Wout: Esse importante apoio do governo permitiu que crescêssemos lentamente a cada ano. O apoio deles cresceu junto com o festival. Infelizmente, há cada vez menos dinheiro disponibilizado para atividades culturais como o nosso evento. Não há mais muitos festivais que recebem esse tipo de ajuda, acho que talvez apenas um neste ano. Então você precisa ter um caso muito bom para receber esse financiamento. Tentamos explicar o nosso caso da melhor forma possível, mas acho que é muito difícil entender a vibe, a atmosfera e a importância do nosso festival se você nunca esteve lá antes. De qualquer forma, seguimos em frente e nos divertindo. A edição deste ano será mais complicada, mas acreditamos que podemos fazer isso com o apoio do nosso público. Como eu disse antes, tivemos uma campanha de financiamento bem-sucedida que nos salvou em 2013. Mas não queremos tomar esse apoio como algo certo, que

está sempre aí. Só vamos pedir ajuda da comunidade do pós-rock novamente se não houver absolutamente nenhuma outra solução. Como foi o caso em 2013. Quando falamos sobre o problema financeiro para a edição 2016 do festival, as pessoas ofereceram sua ajuda de forma espontânea. É claro que somos muito agradecidos por isso. Então instalamos o botão de doações para receber essa ajuda de braços abertos. Isso realmente significa muito para nós e nos ajuda a seguir como um festival independente. Vamos manter o botão de doação on-line por algum tempo pelo menos.

Pelo que li/ouvi, o festival possui uma vibe mais familiar, com as bandas e o público talvez ficando mais próximos do que em outros eventos do tipo. Concorda com isso?
Wout: Definitivamente há uma vibe familiar no festival. Em primeiro lugar porque é um festival feito entre família, amigos e vizinhos. Na verdade, foi o meu pai, Luc, que começou tudo isso em 2005. Fui me envolvendo aos poucos e agora é uma coisa da família. Meus primos ficam encarregados da cozinha e até os meus avós estão lá para ajudar. Outros primos ficam na área do festival para resolver diferentes tipos de problemas. E os meus melhores amigos ficam encarregados dos bares ou trabalhando nas equipes dos palcos. Até mesmo o cachorro da vizinhança marca presença! E ninguém fica estressado. Todos estão sorrindo e se divertindo. O público também experimenta essa vibe e é bem-vindo à família. A maioria das pessoas também se conhece dos anos anteriores e está feliz de voltar. Pequenas coisas como café e café da manhã gratuitos fazem parecer que você está na casa de um amigo. E também tratamos as bandas da melhor forma possível. Elas recebem tudo que precisam. A equipe técnica é muito profissional, então o som e as luzes funcionam perfeitamente, o que permite que as bandas não precisem se preocupar com coisas técnicas e deem um extra ao show e tornem a experiência toda algo extraordinário. Por isso, os artistas também andam por aí com um sorriso no rosto e conversam com todo mundo. Escolhemos fornecer apenas um pequeno bar no backstage em vez de um grande lounge/restaurante. Focamos na parte do público e é claro que os artistas também ficam lá. E as bandas até passam o final de semana todo no festival se a agenda delas permite.

Quantas pessoas trabalham no festival?
Wout: Acho que temos cerca de 50 voluntários no festival em cada dia. A maioria está lá quando as portas se abrem (ou muito antes) e vão para casa quando as portas se fecham (ou muito depois). Ninguém no festival é pago por isso. Apenas algumas pessoas da parte técnica recebem, mas menos do que estão acostumadas. Ninguém da organização é pago no festival ou mesmo durante o ano. Todos estão lá apenas pela música.

Em 2014, vocês mudaram o local do festival, que agora acontece em um tipo de fazenda, pelo que entendi. Por que decidiram fazer isso? E qual o maior desafio em se produzir um festival num lugar desse tipo?
Wout: Como eu disse, em 2013 tivemos um segundo palco pela primeira vez e percebemos que a distância entre os dois palcos era muito grande. Naquela época, o festival acontecia em um prédio com diferentes salas. Então a organização do festival também dependia muito do formato do prédio. Fizemos reuniões sobre possíveis soluções e armar tendas extras era a única opção lá. Mas se tivéssemos que armar tendas extras de qualquer maneira, podíamos fazer isso no local ao lado de onde vivemos e onde fica o QG do Dunk. Isso significa que temos muito mais opções para a configuração do festival já que podemos escolher o tamanho das tendas e onde elas ficarão exatamente – além de poder mudar isso a cada ano, caso seja necessário. Isso obviamente não era possível no prédio. Há um prédio no local do festival onde ficam o restaurante e a bilheteria, mas os palcos ficam em tendas. Neste ano, as bancas de merchandise serão mudadas desse prédio para uma tenda extra. Isso tudo pode ser feito no local atual do festival. E o prédio em questão não é uma fazenda, mas um hostel para grandes grupos passarem o verão. Há 100 camas lá, que são reservadas para uma parte das bandas e convidados.

Qual a sua opinião e a sua relação com outros festivais na Europa, como Roadburn, Amplifest, Desert Fest, Temples, entre outros? Pensa que talvez todos façam parte de uma mesma comunidade?
Wout: Essa é uma pergunta difícil. Tenho de admitir que nunca estive em nenhum desses festivais. Realmente gosto do Roadburn, mas os ingressos costumam esgotar muito rápido. Acho que esses festivais que você mencionou são

mais ligados no stoner e no metal, de forma geral. Não temos realmente contato com esses festivais. Mas gostaria de mencionar o Aloud Music Festival, em Barcelona. Esses caras fazem um ótimo trabalho e todo ano montam lineups incríveis. Vamos lá sempre para descobrir ou conhecer melhor bandas para o nosso festival e tenho certeza que eles fazem isso no Dunk! Festival. Somos bons amigos e nos falamos sempre sobre como é organizar os nossos festivais. Até já lançamos discos juntos. O Arctangent, do Reino Unido, também faz parte dessa mesma comunidade. Eles são um pouco maiores do que o nosso festival e possuem nomes impressionantes no seu lineup. Já estive lá por duas vezes e definitivamente voltarei neste ano. Além disso, há muita coisa nova surgindo na cena de pós-rock da Europa. Por exemplo, o pessoal do Young Team está planejando outra edição do seu festival neste ano e há o Vivid, da Noruega, que aconteceu pela primeira no ano passado. O Colossal, da Dinamarca, está preparando algo muito interessante para maio deste ano. Na verdade, já trabalhamos juntamente com o Colossal e o Young Team para trazer nomes grandes para o nosso festival. Então o relacionamento entre esses festivais é muito bom. Nos ajudamos o máximo que podemos.

Quando você era mais jovem, houve algum festival ou show que tenha te marcado e talvez influenciado a iniciar o Dunk! Festival?
Wout: Como eu disse antes, na verdade foi o Luc que iniciou o festival. Então o show que começou tudo foi algum que ele assistiu. Mas tenho quase certeza que a resposta dele seria o Pukkelpop (festival de música da Bélgica). Esse foi o meu primeiro festival quando era criança. Fui até lá com ele e nos divertimos muito. Naquela época, eles costumavam ter artistas mais alternativos e descobrimos muita música legal lá. Desde então, só deixei de ir ao Pukkelpop por uma vez. Apenas porque era no mesmo final de semana do Arctangent. Um dos shows que nunca vou me esquecer foi o Sigur Rós no Pukkelpop, realmente bonito.

Luc: Quando eu era jovem (eu nasci em 1960!), havia poucos festivais, mas tinha muitos shows. Nunca gostei dos festivais maiores e o Pukkelpop é o único que já fui (com exceção de uma vez que estive no Rock Torhout/Werchter, por causa dos artistas alternativos). Na verdade, nós começamos o Dunk! porque não havia nenhum festival focado na música que eu gosto. Não conseguia acreditar que eu era o único que gostava desse tipo de coisa.

Três discos que mudaram a sua vida e por que eles fizeram isso.
Wout: O *Infinity* (1997), do Godspeed You! Black Emperor foi o que me fez curtir pós-rock de verdade. Acho que tinha uns 14 ou 15 anos quando peguei o álbum "emprestado" do meu pai. Ou talvez ele tenha me dado, não lembro. Na época tínhamos acabado de construir uma nova sala de ensaio para a minha banda e, após determinada hora, quando não podíamos mais fazer muito barulho por causa dos vizinhos, apenas colocávamos a "The Dead Flag Blues" no repeat. A maneira como a música gerava imagens na minha cabeça era tão poderosa. Depois aprendi que o disco na verdade era a trilha sonora para um filme que nunca foi lançado. Mais ou menos na mesma época que descobri o GYBE, recebi o EP *Re:Ep* (2007) de uma banda belga de pós-rock chamada MOTEK. Eles agora estão na dunk!records, aliás. De qualquer forma, a vibe desse EP é muito obscura e intensa. Eles sabem o que fazem com os seus instrumentos. Não é um som típico do pós-rock, mas definitivamente possui as mesmas emoções e tensões. Os shows deles são sempre incríveis com projeções de vídeos e outras coisas.

Quando o MySpace ainda era alguma coisa, descobri uma banda do Chile chamada Kloi. Pouco depois disso, eles mudaram o nome para Scl. A música que eles faziam também tinha uma história muito específica para contar. Era mais trip hop, mas com um toque pós-rock. É algo que me inspirou muito. Recentemente tentei encontrá-los novamente, mas eles não estão no Facebook e o MySpace foi completamente renovado, então acho que estão perdidos para sempre.

Luc: Diria o *The Modern Dance* (1978), do Pere Ubu, e o *Einstein on the Beach* (1976), do Phillip Glass. Havia uma loja de discos perto da minha escola que importava vinis dos EUA. Naquela época, eu era muito curioso sobre coisas novas (ainda sou, na verdade) e comprei esses dois álbuns sem saber muito que tipo de música era essa. Realmente gostei da música mínima do Glass e das coisas experimentais do Pere Ubu. Outras coisas que me impressionaram na música foram o Zappa, Can, Faust, The Soft Machine... Descobri o pós-rock por meio das coisas antigas do Mogwai, Sigur Rós e Godspeed You! Black Emperor.

AMPLIFEST

André Mendes (produtor da Amplificasom e organizador do Amplifest) – Entrevista feita em abril de 2016

Felizmente já tive a chance de ir a alguns festivais em diferentes lugares do mundo, como o Maryland Deathfest e o Psycho California, nos EUA, e o Primavera Festival, em Barcelona. Mas digo sem exageros que nunca me senti tão bem e tão em casa como no Amplifest, que acontece desde 2011 na cidade do Porto, em Portugal.

Não por acaso, muitas das bandas entrevistadas neste e no primeiro livro já tocaram em alguma das edições do festival (ou tocam em 2016), como Amenra, Converge, YOB, Neurosis, Minsk, Mono, Sinistro, Year of No Light, Ufomammut, Oxbow, Rise and Fall e Cult of Luna, entre outras.

Nesta entrevista, feita alguns meses antes da aguardada edição de 2016, o organizador e idealizador do festival, André Mendes, fala da realização do sonho de levar o Neurosis para Portugal, sobre o que o inspira a ter organizado mais de 400 shows no país com a Amplificasom e o sentimento especial de realizar o Amplifest em sua cidade natal, que recebe centenas de estrangeiros anualmente para um final de semana de decibéis da mais alta qualidade.

Este ano (2016) marca os 10 anos de Amplificasom e a sexta edição do Amplifest. Além disso, sei que você sempre quis levar o Neurosis para tocar em Portugal, um sonho pessoal que vai se concretizar agora. Por isso tudo, queria saber o que essa edição do festival significa para você.
André: Às vezes o trabalho é tanto que até temos que nos relembrar que vamos finalmente trazer o Neurosis para Portugal. Eles já possuem 30 anos de carreira e finalmente vão tocar no nosso cantinho pela primeira vez. A sexta edição do Amplifest coincide com o décimo ano desta aventura que é a Amplificasom e vai ser especial, é uma promessa. No entanto, não menos que todos os outros eventos e shows que organizamos durante todo esse tempo. Sabe, damos tudo o que temos e não temos, dedicamo-nos com todo o empenho porque *aquela noite* tem sempre que deixar marcas.

**Pelo que foi anunciado na página do festival no Facebook, essa poderá ser a última edição do Amplifest. Por quê? E é por isso que decidiram fazer uma edição especial estendida, com o Neurosis e atrações extras na sexta-feira e segunda-feira (Steve Von Till)? Seria um possível fim com "chave de ouro"?

Para o nosso bem e de todos os que vivem este fim-de-semana conosco, cada edição tem que ser diferente. Mas note que não é de agora: já passamos por outras salas em anos anteriores, temos acrescentado atividades que enriquecem toda a experiência e no dia em que se tornar uma fórmula ou algo banal, sei que esse é o início do fim. O Amplifest não é refém de nada, nem de espectros musicais (tudo encaixa, tu sabes) nem de datas, por exemplo. Mas a verdade é que, devido a estarmos completamente sozinhos e sem qualquer apoio, qualquer edição pode ser a última e sentimos que, depois de seis anos maravilhosos, se ficarmos por aqui então esta pode ser uma despedida em grande estilo e avançaremos assim para outros projetos e ideias que têm estado na gaveta. Tudo é absurdamente complicado neste país, a própria geografia em nada nos favorece e não queremos fazer apenas por fazer, não é essa a nossa forma de agir. Somos loucos, somos completamente apaixonados pela música que nos move e enquanto houver forças continuaremos a lutar para partilhar com todos os que quiserem fazer parte de noites e eventos tão especiais.

Apesar de você continuar fazendo diversos shows em Lisboa, o Amplifest sempre aconteceu no Porto. Há um sentimento especial em levar tantos artistas incríveis e atrair gente do mundo todo para a sua cidade natal?

É a nossa cidade. Nascemos aqui, crescemos aqui, vivemos aqui e, acima de tudo, gostamos mesmo muito do Porto. Ter cerca de 45% de estrangeiros a viver o Amplifest ao nosso lado, na nossa cidade, é um sentimento especial sim. Muitos deslocam-se à Invicta motivados pelo evento, muitos escrevem-nos a confessar que é a primeira vez por aqui e é bom sentir que estamos dando algo em troca para uma cidade que tanto nos deu durante a nossa vida.

Quais os maiores desafios para realizar um festival em um país como Portugal de forma totalmente independente? Você cuida da maioria das coisas sozinho? Como funciona a divisão de tarefas para o festival acontecer?

São imensos os fatores que influenciam o evento, desde a já mencionada localização geográfica do nosso país e a realidade econômica e social do mesmo, a falta de visão cultural de quem nos (des)governa, a burocracia altamente desgastante que é preciso para se fazer algo por aqui até as agendas/disponibilidade das bandas. Depois, claro, não temos a possibilidade de ter *stock*, na terça-feira depois do Amplifest não podemos colocar as bandas num armazém e tentar vender os concertos para o fim-de-semana seguinte. Não, temos que vender os bilhetes para aqueles dias específicos, aquela hora exata, quer haja outro evento na cidade ou não, um Porto-Benfica (futebol também é religião por cá), faça chuva ou faça sol. Tudo começa então por conhecer melhor do que ninguém a sua realidade e o seu público, estudar que tipo de oferta tem o país numa determinada janela de tempo, saber que bandas vão estar na estrada e equilibrar tudo isso com o que pode realmente fazer acontecer dentro da tua estrutura. Planejamos e prevemos diferentes situações, começamos a contatar as agências e lentamente começa-se a construir um alinhamento sem descurar a curadoria – já dissemos não para bandas que adoramos porque simplesmente não faziam sentido nenhum no alinhamento.

E quanto tempo demora desde a seleção das bandas com quem gostaria de trabalhar naquele ano específico até ter um lineup definido? Imagino que já termine uma edição pensando na próxima...
Meses, são muitos meses com várias alegrias e decepções pelo meio. Sabia que as negociações para o Neurosis começaram exatamente no carro quando fui te levar ao aeroporto com o Ansgar (empresário da banda) no ano passado? Falamos de setembro de 2015, portanto, e o Amplifest 2016 acontece 11 meses depois. O sonho era antigo, sim, muito antigo.

Quando estive no Amplifest em 2015 lançando o meu primeiro livro, me marcou muito o espírito e o clima familiar do evento, no melhor dos sentidos, que juntamente com outros elementos, como a organização, as atrações não musicais e o lineup bastante eclético das bandas, entre outras coisas, fizeram com que eu tivesse uma experiência totalmente diferente de outros festivais que já frequentei, como o Maryland Deathfest e o Psycho California, por exemplo. Qual é o diferencial ou o segredo do Amplifest para ser mais do que um festival?
Você não é a primeira pessoa a dizer algo do gênero e me deixa feliz por saber que passaste uns belos dias ao nosso lado. Eu não consigo encontrar uma resposta, somos apenas nós. O nosso objetivo é que todos os envolvidos, das

bandas ao público até a todos que colaboram conosco, tenham um grande fim-de-semana. É um desejo genuíno e fazemos tudo o que nos é possível para concretizá-lo.

Algumas pessoas costumam comparar o Amplifest com o Roadburn, dizendo que seria como uma versão um pouco menor do festival holandês. Existiu mesmo alguma influência nesse sentido quando decidiu criar o festival? Como você recebe uma comparação como essa? E como foi ter o Walter como convidado em uma edição recente do Amplifest?
A comparação com o Roadburn é um grande elogio. Nas duas primeiras edições do Amplifest senti uma vontade, tanto do público como da imprensa, em catalogar o festival nesse sentido. É compreensível, passamos a vida a fazer isso sempre que surge algo novo. No entanto, apesar do elogio, não me agradava pois não queria que o Amplifest fosse uma versão menor ou uma cópia do que quer que seja. Trabalhamos muito para mostrarmos quem somos e logo à terceira edição as comparações terminaram, pois as pessoas se deram conta de que o Amplifest é o Amplifest, tem a sua própria identidade, apesar de todos os pontos em comum, do conceito a algo da sonoridade, com esse incrível festival do Walter, que é um amigo, um lutador e um gênio. A ideia do evento é antiga, quase tanto quanto a própria Amplificasom. Não havia, no entanto, um espaço no Porto onde a pudesse colocar em prática até que, em 2010, fui convidado para a inauguração do Hard Club e uns minutos depois de apreciar o espaço já tinha a minha decisão tomada. Assim foi. Sempre estive e estou atento ao que se passa por cá e lá fora e nesse mesmo ano fui pela primeira vez ao Supersonic (festival inglês), ficando completamente siderado com tudo o que vi. Curiosamente, só fui ao Roadburn pela primeira vez quando o Amplifest já estava em sua terceira edição.

Além do Roadburn, existem outros festivais que me parecem compartilhar o mesmo espírito do Amplifest, como o Dunk! Festival, na Bélgica, e o Incubate, na Holanda, sem contar outros mais recentes, como o Temples, na Inglaterra. Como vê essa cena de festivais desse estilo na Europa e qual sua relação com eles? Sei que já fez algumas parcerias com os organizadores do Incubate, por exemplo.
Diria que compartilhamos alguns pontos em comum, mas o espírito não. Ado-

ro o Incubate. Desses exemplos que deste é com o que mais me identifico em termos de alinhamento e tenho uma excelente relação com o Vincent (programador). No ano passado, nos unimos e só assim foi possível trazer o Converge à Europa. Não faz sentido não estarmos todos unidos, mas nem todo mundo pensa da mesma forma.

Você já tem pelo menos uma década dedicada à música que ama como promotor de shows. Por isso, queria saber qual foi o primeiro show que realizou e também quais os mais marcantes.
Foi o Enablers em 2006. Tinha 23 anos e lembro-me perfeitamente dessa noite. Foi uma "learning experience", disse-me o Joe Goldring no fim do show e nunca mais me esqueci dessas palavras. Foi marcante e nem o desastre financeiro me tirou forças para seguir o caminho que agora celebra 10 anos. Falhar é muito importante, não crescerás sem essas experiências negativas. O Enablers foi especial tal como todos os outros foram, cada um à sua maneira. O Isis foi um sonho, a banda significa muito para mim... É difícil destacar algo porque só organizamos shows de bandas que realmente gostamos, mas Godspeed You Black Emperor e Swans no Amplifest foi outro sonho; sou um grande fã do Peter Brötzmann, ainda hoje me envia desenhos pelo correio – adoro. Fiquei amigo do Justin Broadrick quando trouxemos os Godflesh; o Mono, o Earth, estar com o Russian Circles é sempre tão bom, Cult of Luna, os integrantes do Amenra já são irmãos... Não, não é fácil.

Já tendo trabalhado com tantas bandas/artistas dessa cena de metal alternativo, acha que é possível ver essa "cena" tão ampla e diversa como uma espécie de comunidade? Em que, apesar das diferentes origens e estilos musicais, é possível encontrar pontos em comum na maneira como as bandas e as pessoas envolvidas enxergam a música e a música underground, de maneira mais específica?
Sem dúvida, sinto que há uma comunidade apaixonada, lutadora e unida e que acredita no que todos fazemos. Juntos! Por vezes, nem todos estamos na mesma direção, mas esses acabam por ficar pelo caminho. Aliás, estamos todos juntos nesta caminhada. Tanto que aqui estou a conversar contigo, outro apaixonado e lutador, para um livro que reúne algumas das mentes mais interessantes deste

AMPLIFEST 2016

NOT A FESTIVAL, AN EXPERIENCE

AUGUST 20TH & 21ST
HARD CLUB | PORTO

AUGUST 19TH
ALUK TODOLO
CAVE 45

AUGUST 22ND
STEVE VON TILL
THE LEAVING
PASSOS MANUEL

- ALTARAGE
- ANNA VON HAUSSWOLFF
- CASPIAN
- CHVE
- DOWNFALL OF GAIA
- HEXVESSEL
- HOPE DRONE
- KAYO DOT
- KOWLOON WALLED CITY
- MINSK
- MONO
- NEUROSIS
- NÉVOA
- OATHBREAKER
- PRURIENT
- REDEMPTUS
- ROLY PORTER
- SINISTRO
- TESA
- THE BLACK HEART REBELLION
- TINY FINGERS

MUSIC, FILMS, AMPLITALKS, EXHIBITIONS AND RECORDS

CHECK ALL INFO AT WWW.AMPLIFICASOM.COM/AMPLIFEST/2016/ & WWW.FACEBOOK.COM/AMPLIFEST

meio. Não sou nada importante e relevante quando comparado com eles, mas é um orgulho ter sido convidado e te agradeço uma vez mais.

Com tanto tempo dedicado à música atrás do palco, queria saber se já esteve em cima do palco. Toca ou já tocou algum instrumento? Já teve alguma banda?
Tenho uma banda, mas ainda não toquei ao vivo. Deverá acontecer este ano. Começou por ser uma espécie de terapia onde um grupo de amigos se encontrava semanalmente para libertar demônios. Hoje estamos compondo para uma peça de teatro e também vamos gravar em breve. Sou bem melhor a organizar do que a tocar, sem dúvida.

Três discos que mudaram a sua vida e por que fizeram isso.
O *Panopticon* (2004), do Isis. O disco foi um interruptor para mim, abriu-me portas para outro mundo e realmente me bateu bem fundo. Não consigo escolher apenas mais dois. Prefiro apenas destacar este, tamanha foi a sua importância.

Como vê a cena de metal em Portugal atualmente, em termos gerais (público, bandas, shows, estrutura, mídia)? E quais bandas locais destacaria para os ouvintes do Brasil e Portugal?
O público português não é tão patriota em relação às bandas nacionais como os espanhóis, por exemplo. Não sei como é no Brasil, mas gostaria de ver o Process of Guilt esgotar todas as salas portuguesas por onde passam e não só em Lisboa, cidade natal deles. Recomendo-os vivamente, mas também o HHY & The Macumbas, que nada têm de metal, mas são igualmente pesados. Os pós-rockers Katabatic e Memoirs of a Secret Empire. O Névoa que vai bater em todo o lado assim que saia o novo disco, *Re Un*. O Ricardo Remédio e o seu LÖBO são do melhor que por cá se fez nos últimos anos. Portugal está cheio de excelentes bandas, tem meia dúzia de salas realmente boas, festivais que são dos melhores da Europa, um público altamente entusiasta e que, no que toca à Amplificasom, nos dá uma energia brutal para continuar. Não fosse toda a situação econômica que nos restringe e limita constantemente e a própria localização geográfica que não permite que façamos mais e melhor, Portugal seria o melhor país para música ao vivo, não tenho dúvidas.

Do que você tem mais orgulho na sua carreira como produtor de shows?
Não tenho orgulho, tenho sim um grande prazer por fazer parte deste meio e de ter estado envolvido em centenas e centenas de shows que me deixaram marcas. Não sei onde estaremos daqui a 10 anos, não dá mesmo para planejar tão à frente, mas se tudo acabasse hoje e apesar de ser uma pessoa ambiciosa, estaria muito feliz e realizado por todos esses anos desta grande aventura que é a Amplificasom.

WOMBAT BOOKING PRESENTA

BARONESS

YELLOW & GREEN TOUR JULIO 2012

JUEVES 19 KAFE ANTZOKIA, BILBAO

SABADO 21 SALA CARACOL, MADRID

DOMINGO 22 ESTRAPERLO, BARCELONA - ORGANZIA FIVE YEARS SHOWS

ENTRADAS ANTICIPADAS PARA TODAS LAS FECHAS EN KULTURALIVE.COM

CAPÍTULO 7
NA PAREDE

Apesar de não possuir uma grande tradição em termos de bandas de metal alternativo, a Espanha possui alguns dos principais artistas visuais do estilo. Além de Xavi Forné, do Error! Design, que aparece nos dois livros *Nós Somos a Tempestade* com cartazes incríveis, o país também é o lar de Dani Rabaza, mente e mãos por trás do Münster Studio, que marca presença neste segundo volume com seus pôsteres igualmente sensacionais e a entrevista a seguir.

MÜNSTER STUDIO

Dani Rabaza (artista visual do Münster Studio) – Entrevista feita em junho de 2014

Apesar de não serem mais uma maneira de divulgação física de shows como eram no mundo pré-Internet e redes sociais, os pôsteres certamente ganharam um outro aspecto mais artístico para fãs e bandas nas últimas duas décadas, talvez uma influência direta do trabalho de Raymond Pettibon, entre outros nomes dos anos 1980.

Quando estive no Primavera Festival 2014, em Barcelona, pude conhecer o trabalho de diversos artistas do mundo todo, alguns dos quais acabaram entrando no primeiro livro *Nós Somos a Tempestade* por meio de cartazes de bandas como Neurosis, Eyehategod, Unsane e Converge. No entanto, muitos outros artistas acabaram não entrando na edição final do livro por razões variadas, caso do espanhol Münster Studio, o que certamente não se repetiria neste novo volume.

Na entrevista abaixo, Dani Rabaza, um dos artistas visuais do Münster, fala sobre como é trabalhar com o que ama, o que é preciso fazer para realmente entrar no mundo do artista antes de criar algo e se o fato de também ser músico ajuda a encontrar o que as bandas esperam dele.

Quando você começou a fazer pôsteres para bandas? Como isso aconteceu?
Dani: Comecei a fazer pôsteres no final dos anos 1990 para as minhas próprias bandas e os shows que eu organizava. Eram principalmente cartazes de colagens com uma pegada mais punk, nada realmente sério. Foi quando terminei meus estudos de design na escola de arte que comecei a levar isso mais a sério. Vi o que estava acontecendo ao redor do mundo nesta área e pensei que era uma ótima oportunidade de misturar duas coisas que eu amo: música e arte.

As bandas normalmente te dizem algo sobre o que querem no pôster? Ou você costuma ter liberdade para fazer o que quiser?
Isso depende. Normalmente eu tenho liberdade, mas às vezes recebo instruções ou correções sobre o que fiz.

Quem costuma te procurar para esses trabalhos?
Em geral, bandas e produtores locais que querem cartazes legais para os shows.

E o que te inspira na hora de criar? A música da banda pode te influenciar diretamente? No seu site, você diz que ouve as músicas, lê as letras e vê as fotos/imagens da banda.
Tentamos entrar no mundo da banda com as músicas, as imagens, as fotos... Então tentamos criar algo no nosso próprio estilo, com as ideias que tivemos a partir da banda ou do que eles nos sugerem. Para nós, as letras são muito importantes uma vez que ajudam a criar a história visual. Mas a música também é uma ótima influência e normalmente nos guia no visual geral (algo obscuro ou algo mais leve, por exemplo).

No seu site, você também diz que não considera isso um trabalho, mas um prazer. Qual o maior desafio na hora de criar algo para uma banda?
Acho que o trabalho precisa ser apropriado. Ele precisa se encaixar com o som e as letras da banda. Existem maneiras diferentes de fazer isso, mas prefiro não trabalhar com apenas um estilo e ser um pouco eclético. Assim eu posso explorar diferentes linguagens visuais e tentar ficar o mais próximo possível da banda.

E é essencial que você goste da música da banda para trabalhar com ela? Pergunto isso porque o seu portfólio traz bandas bem diferentes, desde The Horrors até Napalm Death, passando por Swans e Unsane, por exemplo.
Acho que não. Pode ser realmente importante, mas o principal é pegar o espírito da banda. Gosto da maioria das bandas com quem eu trabalho, mas também levo muito a sério o trabalho para as bandas que não gosto. É um trabalho passional, mas você precisa ser profissional e fazer o seu melhor mesmo que você não goste da música.

Além de fazer arte para as bandas, você toca algum instrumento e já tocou em alguma banda? Isso te ajuda a entender melhor o que as bandas esperam do seu trabalho como artista visual?
Sim, já toquei em várias bandas de punk/hardcore. Comecei tocando baixo, mas também aprendi a tocar guitarra e bateria. Não muito bem, no entanto. Mas o bastante para fazer algum barulho (risos). Atualmente estou apenas tocando bateria em uma banda chamada Totalickers. Acho que o fato de eu também tocar ajuda a entender o que as bandas precisam e como elas funcionam. Não é essencial para o trabalho, mas ajuda.

Você tem alguns pôsteres favoritos entre os que já fez?
Não, é difícil escolher. Sempre prefiro os mais novos, mas há alguns especiais por serem para bandas que eu gostava há muito tempo: Napalm Death, Jello Biafra, Russian Circles, Fucked Up etc.

Além de você, também conheci um outro artista visual da Espanha que faz cartazes de shows, o Xavi, do Error! Design. Quais outros artistas locais você recomenda?
Sim, o Xavi é um bom amigo e tentamos fazer coisas juntos, especialmente com os pôsteres já que não é um trabalho muito conhecido aqui na Espanha (isso está mudando, mas ainda há muito a ser feito). Realmente gosto do trabalho do Abel Cuevas, Bad Ink, Branca Studio, entre outros.

E quais outros artistas visuais te influenciaram de alguma forma?
Muitos artistas que fazem pôsteres de shows pelo mundo, mas também designers como Isidro Ferrer e Saul Bass. Amo o trabalho do Gee Vaucher, responsável pela parte visual do Crass, os construtivistas russos, movimentos avantgarde, Goya, filmes do Jan Svankmajer, pôsteres poloneses, HQs etc. Tento manter a mente aberta para tudo ao meu redor.

Três discos que mudaram a sua vida e por que eles fizeram isso.
Difícil escolher apenas três. Gosto muito de punk/hardcore e metal, então acho que terá um de cada. O primeiro seria o *Master of Puppets* (1986), do Metallica. O Metallica me introduziu no mundo da música rápida e agressiva. Acho que é a minha banda favorita de todos os tempos (os primeiros cinco discos) e mesmo agora não sei dizer se gosto mais do *Master of Puppets* ou do *Ride the Lightning*. Outro álbum seria o *Dehumanization* (1983), do Crucifix. Por causa da mistura de ideias das bandas anarcopunk inglesas (como o Crass) com o som do hardcore americano e o punk do Discharge de 1982. Esse é um disco essencial. E o terceiro disco é o *It Takes a Nation of Millions to Hold Us Back* (1988), do Public Enemy. Gosto de música agressiva e esse disco me mostrou que há outras maneiras de fazer isso além de guitarras e bateria.

WOMBAT BOOKING PRESENTA:

MARTES 19 DE JUNIO
20:30 H 15 ANT/18 TA.
AZKENA BILBAO

UNSANE
+BIG BUSINESS

APÊNDICE

20 MELHORES DISCOS DE METAL ALTERNATIVO

Por Fabio Massari

Neurosis – *Souls at Zero* (1992)
Neurosis & Jarboe – *Neurosis & Jarboe* (2003)
Tribes of Neurot – *Adaptation and Survival* (2002)
Fudge Tunnel – *Hate Songs in E Minor* (1991)
Boris – *Amplifier Worship* (1998)
Helen Money – *Arriving Angels* (2013)
U.S. Christmas – *Salt the Wound* (2006)
Marriages – *Kitsune* (2012)
Minsk – *The Ritual Fires of Abandonment* (2007)
Mínus – *Jesus Christ Bobby* (2000)
Jesu – *Conqueror* (2007)
Hey Colossus – *In Black and Gold* (2015)
Paul Chain/The Improvisor – *Sign from Space* (2001)
Ufomammut – *Ecate* (2015)
Russian Circles – *Station* (2008)
Genghis Tron – *Board up the House* (2008)
Labirinto – *Anatema* (2010)
Crippled Black Phoenix – *I, Vigilante* (2010)
Los Natas – *Corsario Negro* (2002)
Earth – *Primitive and Deadly* (2014)

20 MELHORES DISCOS DE METAL ALTERNATIVO

Por J. Bennett (Decibel Magazine e Vice Noisey)

Kyuss – *Welcome to Sky Valley* (1994)
Scissorfight – *New Hampshire* (1999)
Pentagram – *s/t* (1985)
Brainbombs – *Obey* (1996)
Down – *NOLA* (1995)
Cave In – *Until Your Heart Stops* (1998)
Neurosis – *Times Of Grace* (1999)
Melvins – *Houdini* (1993)
Isis – *In The Absence Of Truth* (2006)
Saint Vitus – *Born Too Late* (1986)
Old Man Gloom – *Meditations in B* (2000)
Only Living Witness – *Prone Mortal Form* (1993)
Type O Negative – *Bloody Kisses* (1993)
Life Of Agony – *River Runs Red* (1993)
Swans – *The Great Annihilator* (1995)
Botch – *We Are The Romans* (1999)
Converge – *Jane Doe* (2001)
Eisenvater – *III* (1995)
Godflesh – *Streetcleaner* (1989)
Sleep – *Sleep's Holy Mountain* (1992)

20 MELHORES DISCOS DE METAL ALTERNATIVO

Por Luiz Mazetto

Neurosis – *Souls at Zero* (1992)
Isis – *Oceanic* (2002)
Eyehategod – *Take as Needed for Pain* (1993)
Amenra – *Mass V* (2012)
Breach – *It's Me God* (1997)
Cult of Luna – *Somewhere Along the Highway* (2006)
Converge – *No Heroes* (2006)
Boris – *Noise* (2014)
Cursed – *II* (2005)
Electric Wizard – *Time to Die* (2014)
Old Man Gloom – *The Ape of God II* (2014)
Unida – *Coping With the Urban Coyote* (1999)
Unsane – *Visqueen* (2007)
Rise and Fall – *Our Circle is Vicious* (2009)
Oxbow – *The Narcotic Story* (2007)
YOB – *Clearing the Path to Ascend* (2014)
Amebix – *Arise!* (1985)
Tool – *Ænima* (1996)
Mastodon – *Blood Mountain* (2006)
Agents of Oblivion – *s/t* (2000)

POSFÁCIO

Por José Carlos Santos*

CLARO QUE SEMPRE houve literatura sobre o metal e sobre a música pesada em geral, particularmente biografias. Mas parece relativamente seguro constatar que o livro que trouxe a discussão para um nível mais específico, e mais concretamente para a situação de se discutir um subgênero do metal como um todo com as suas características próprias e idiossincrasias, foi o *Swedish Death Metal* (2008), do sueco Daniel Ekeroth. Já para não falar de que o death metal sueco é algo quase universalmente amado por qualquer headbanger, muito imune às modas e "misturas", nessa obra Ekeroth centrou-se em dois conceitos nos quais o fã de metal, mais do que qualquer outro ouvinte de música, se sente totalmente à vontade para discutir infindavelmente: a "cena" (neste caso, a sueca, principalmente com os expoentes de Estocolmo e Gotemburgo) e o "gênero", neste caso, o death metal, conforme praticado tipicamente pelas bandas suecas. Creio ter sido em grande parte esse livro que abriu portas ao que se seguiu na década seguinte, e que se continua a observar hoje em dia, que foi a existência de vários livros importantes que se focam num grande subgênero do metal – uma análise que anteriormente estava praticamente reduzida a alguns documentários televisivos, por sinal muito pouco exaustivos. Será talvez uma análise meio injusta para algumas obras importantes, como o *Choosing Death: The Improbable History of Death Metal and Grindcore* (2004), do atual diretor da revista americana Decibel, Albert Mudrian (mas cujas revisões posteriores foram imensamente mais populares – coincidência?), mas a importância do *Swedish Death Metal* foi tal que até serviu de revitalização da própria cena que se propôs a analisar. Foram várias as bandas que se reuniram após o falatório gerado pelo livro. Desde então, também o *Black Metal: Evolution Of The Cult*, de Dayal Patterson, teve um impacto enorme, e vários outros seriam os que poderia citar aqui.

É natural que só agora surjam obras com esta profundidade, porque também só agora o metal começou a ter um verdadeiro sentido de história. É preciso entender que, enquanto forma de música, o metal é muito jovem ainda, quando perspectivamos a sua linha do tempo. Aceitando como ponto de partida o primeiro álbum do Black Sabbath (lançado em 1970), à data de escrita deste posfácio o metal não tem sequer 50 anos. A maior parte dos seus pioneiros ainda são, felizmente, vivos – foram para nós dramas bem recentes termos que nos despedir de figuras icônicas como Lemmy Kilmister ou Ronnie James Dio, ambos claramente da "primeira geração" do metal. Ainda por cima sendo um tipo de música no qual a genuinidade e o apego às raízes são características intrinsecamente valorizadas pelos fãs, também eles naturalmente dedicados e apaixonados como mais nenhum outro, não foi fácil para o metal sair da sua "adolescência" e começar a crescer, evoluir e mudar, como começou a acontecer, finalmente, nos anos 1990. Até aí, os gêneros "primários", chamemos-lhes assim, como se o metal fosse uma paleta de cores, estavam relativamente bem definidos. Aliás, até esses ainda se confundiam um pouco, o black e o death metal são "invenções" do final dos anos 1980, altura em que thrash e speed e crossover também deixaram de ser quase a mesma coisa; no fundo, quando "heavy metal" deixou de ser suficiente para descrever tudo o que ouvíamos.

O que todos os livros mencionados acima têm em comum? Uma análise, retrospectiva, de um subgênero/estilo de metal bem definido, um "primário". Mas com o metal já na sua maioridade, à beira de completar 50 anos, fazia falta algo que começasse a pegar naquilo que os anos 1990 iniciaram e que explodiu de vez com o virar do século, nas bandas e nos gêneros que nunca tiveram uma categorização confortável, naquelas que pegaram no metal e o chutaram para o futuro, mostrando que, mesmo que haja sempre lugar no metal para o tradicionalismo e para a evocação das raízes – e há mesmo, e é um lugar de enorme destaque – também podemos dizer com segurança que o metal não é estanque, que o seu potencial é infinito e que a evolução constante é possível. Foi essa a coragem que o Luiz Mazetto teve quando decidiu mergulhar no olho da tempestade, reunir todos estes nomes incríveis que, em comum, o que têm é o sentimento que é tão difícil de descrever, e deu-lhes uma casa comum, um teto literário onde se podem abrigar e chamar-nos a todos para lhes fazermos companhia. Há muito tempo que todos estes desgarrados precisavam de alguém com visão e com talento suficiente para os reunir desta forma, para que seja claro que não estamos, cada um de nós, a remar para o seu lado, isolados. Que a alternativa tem uma base, e um rumo.

Inteligentemente, o Luiz não se aventurou a inventar um termo novo. Acho que já é altura de admitirmos que não vai haver um. "Metal alternativo" foi o máximo a que ele chegou, na capa do primeiro *Nós Somos A Tempestade*, e chega perfeitamente. Todos sabemos ao que ele se refere. Todos sabemos colocar os níveis de "alternativo" entre o que ouvimos e o que ouvem as "pessoas normais". Até faz lembrar o Bonz, vocalista dos Stuck Mojo – ironicamente, uma banda facilmente classificável –, quando em "Despise", de 1996, gritava no refrão *we're the alternative to the alternative / heavy is where it's at!*. Realmente, o que une o Neurosis ao Sólstafir, o Amebix ao Today Is The Day, o Sinistro ao Melvins, todas elas bandas com quem o Luiz falou no primeiro volume ou neste? Muito pouco, a não ser um sentimento em comum que todos entendemos e que ninguém consegue verbalizar muito bem. Muito pouco, a não ser que são a alternativa à alternativa (à alternativa, à alternativa… como disse, é o grau de "alternativismo" que entendermos), e que, de fato, *"heavy is where it's at"*. Todo um profeta, o Bonz! Muito pouco, a não ser a noção de união que temos todos quando os ouvimos em casa, quando os vemos ao vivo em eventos que também entendem esse espírito como o Amplifest ou o Dunk, tão bem representados aqui, ou o mítico Roadburn, talvez o verdadeiro marco zero desse tipo de coisa.

Sludge, post-qualquer coisa, noise industrial alguma coisa? Alguns sim, outros não, outros só mais ou menos. Alguns deles até afirmarão que ainda fazem parte dos tais subgêneros "primários" de que falei – são afinal eles a base de tudo, por isso, por que não? Nada disso é uma competição, pelo contrário, é uma junção. Muito pouco os une todos, e ao mesmo tempo é muito o que os une, afinal. É muito, aquilo que as palavras de todas essas entrevistas a todas essas pessoas nos transmitem, e é muito, esse espírito de comunhão que é palpável entre todos nós. Mesmo quem não conheça algumas dessas bandas, através das conversas sabiamente orientadas pelo Luiz, rapidamente vai sentir familiaridade ao "ouvir" o que esta gente toda tem para dizer – num mundo atual em que há tantas razões, ou tantas desculpas, para nos separarmos e dividirmos, o "metal alternativo" é algo que nos une de forma quase implícita, quase sem ser preciso explicação. Quando ouvi Neurosis pela primeira vez, não senti que estava a descobrir algo, mas sim que estava a redescobrir algo que já estava dentro de mim. Quando conheci o Luiz pessoalmente no Amplifest (que bela mistura!), não senti que estava a conhecer uma pessoa completamente nova, mas que estava a reencontrar um velho amigo. Isso não tem preço, e se calhar nem deve ter nome.

No fundo, é quase poético que ao fim de décadas, já, ainda não haja termos absolutos para esta música. É como se cada um desses artistas habitasse o seu próprio gênero individual, com todos eles conectados numa rede neuronal, partilhando informação e influência que contribui não para homogeneização ou convergência aborrecida, mas para o reforço da individualidade criativa de cada um. E não há melhor exemplo da globalidade deste fenômeno do que esse segundo livro do Luiz. Se o primeiro abordou as raízes, com um foco nos Estados Unidos onde sem dúvida uma boa parte dos primeiros "revolucionários" teve origem, este abriu o mapa e foi à descoberta, encontrando mais pontos da rede neuronal em todo o lado. Seja pequeno ou grande, tenha uma cena mais ou menos ativa, seja no populoso centro urbano da Europa, pelo meio do cegante neon japonês ou nas remotas planícies vulcânicas da Islândia, há sempre alguém que ouviu o mesmo chamado da tempestade que nós, e que quer contribuir para isso.

Todas estas conversas são, no fundo, a confirmação de que o metal está a envelhecer muito, muito bem. Foi um adolescente rebelde e muitas vezes problemático, ainda mantém uma dose saudável dessa personalidade selvagem e imprevisível, e entretanto, ao mesmo tempo, transformou-se num adulto criativo, talentoso, curioso, aberto e ativo, pela mão de todos esses como o Luiz, como os seus brilhantes entrevistados, como nós leitores e ouvintes ávidos, que todos juntos, somos a tempestade. Uma maravilhosa e infindável tempestade que não para de crescer.

* O JORNALISTA PORTUGUÊS JOSÉ CARLOS SANTOS É CHEFE DE REDAÇÃO DA LOUD!, SÊNIOR WRITER NA TERRORIZER E COLABORADOR NA ROCK-A-ROLLA.

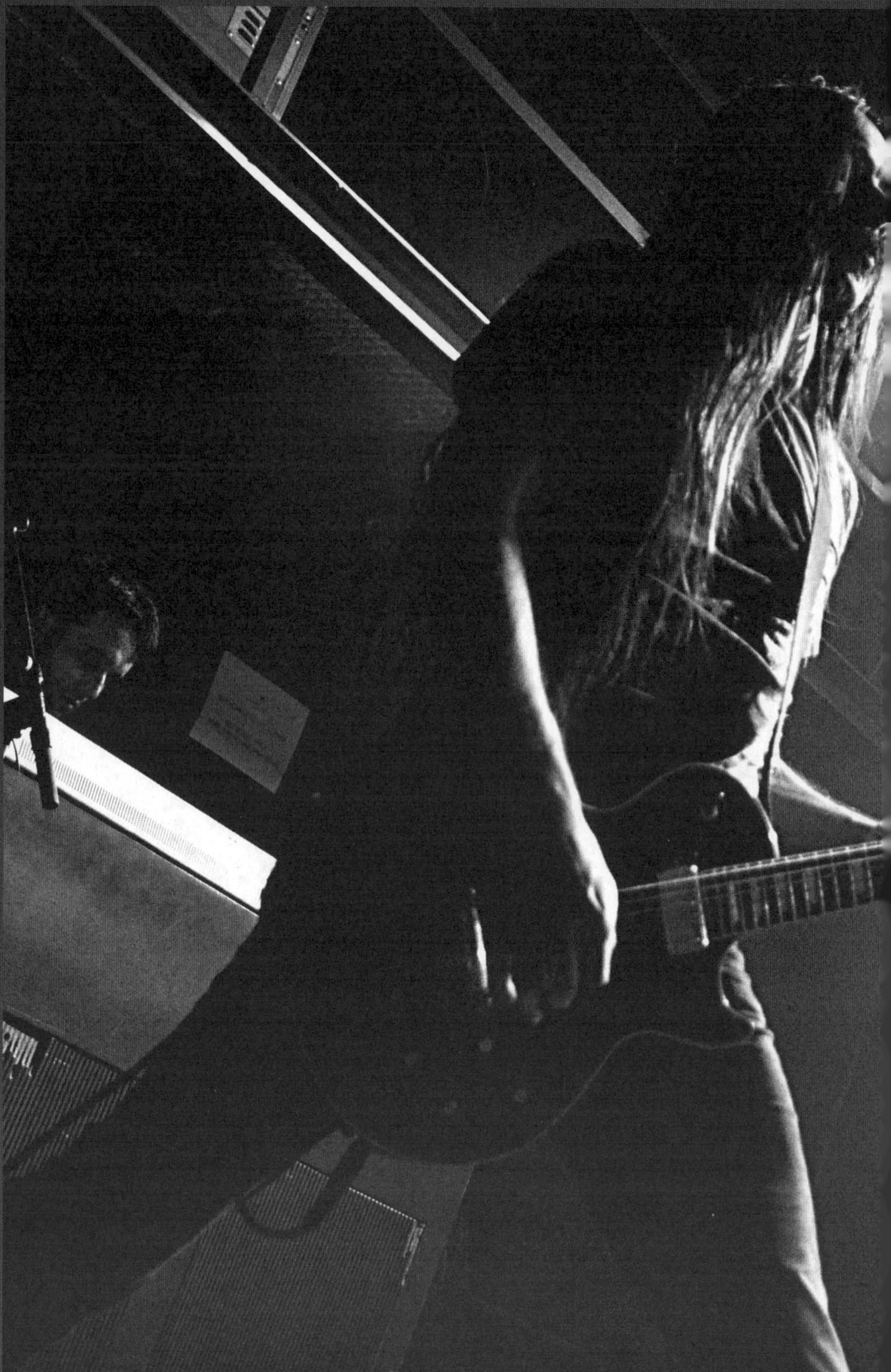

OS FRANCESES DO YEAR OF
NO LIGHT FORAM UMA DAS
ATRAÇÕES DO AMPLIFEST 2013
AO LADO DO DEAFHEAVEN E DO
RUSSIAN CIRCLES.

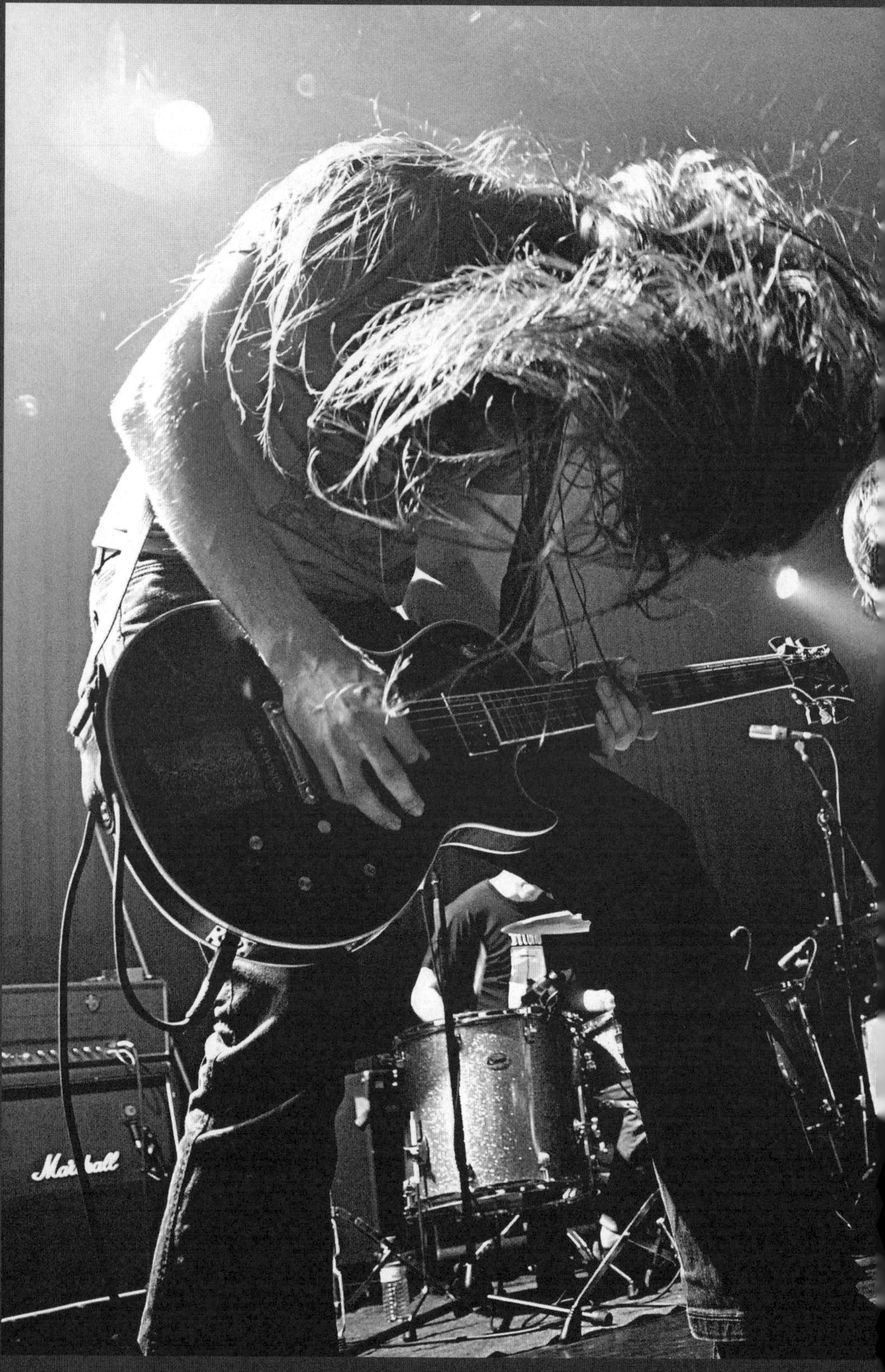

DESDE 2008, O YEAR OF NO LIGHT É UM SEXTETO COM DOIS BATERISTAS E TRÊS GUITARRISTAS.

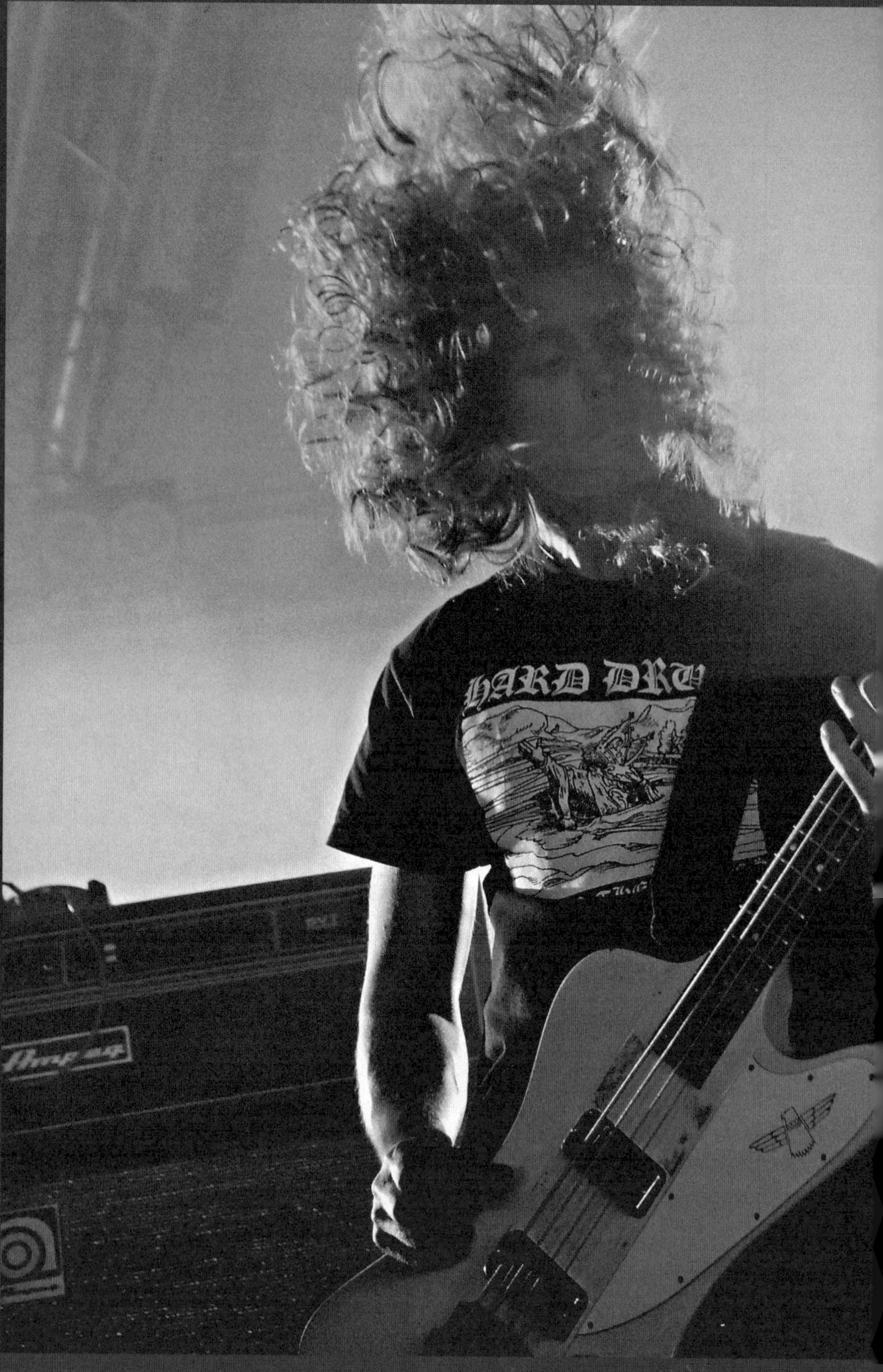

O BAIXISTA DO YOB, AARON RIESEBERG, DURANTE SHOW DO TRIO DO OREGON NO HELLFEST 2012, NA FRANÇA.

ASSIM COMO O YOB, O UFOMAMMUT TAMBÉM SE APRESENTOU NO FESTIVAL FRANCÊS HELLFEST EM 2012.

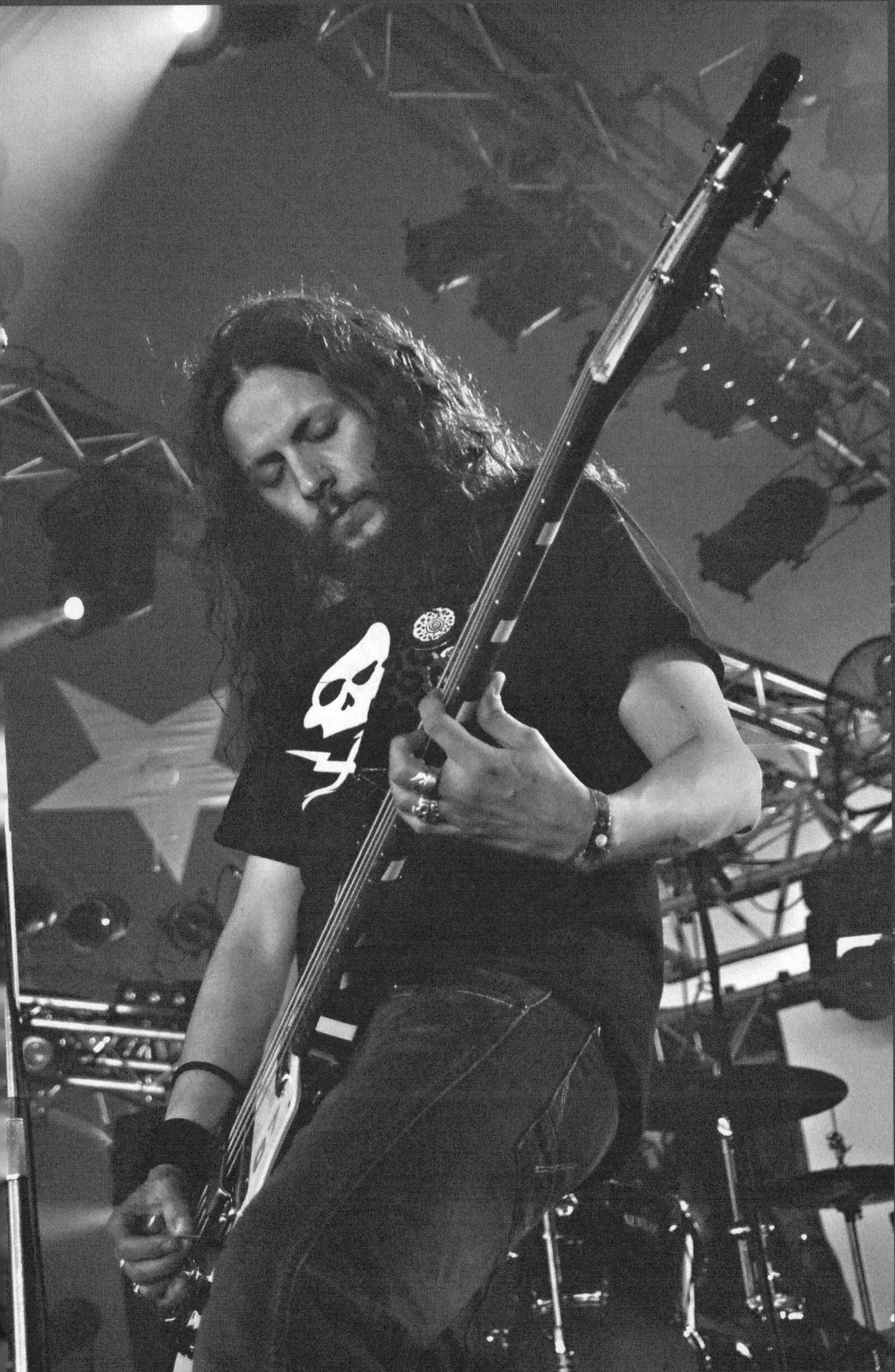

O GUITARRISTA DO UFOMAMMUT, POIA, CONCENTRADO COM OS SEUS PEDAIS DURANTE SHOW EM PORTUGAL.

O TRIO ITALIANO UFOMAMMUT
DURANTE APRESENTAÇÃO
NO FESTIVAL PORTUGUÊS
REVERENCE VALADA, EM 2015.

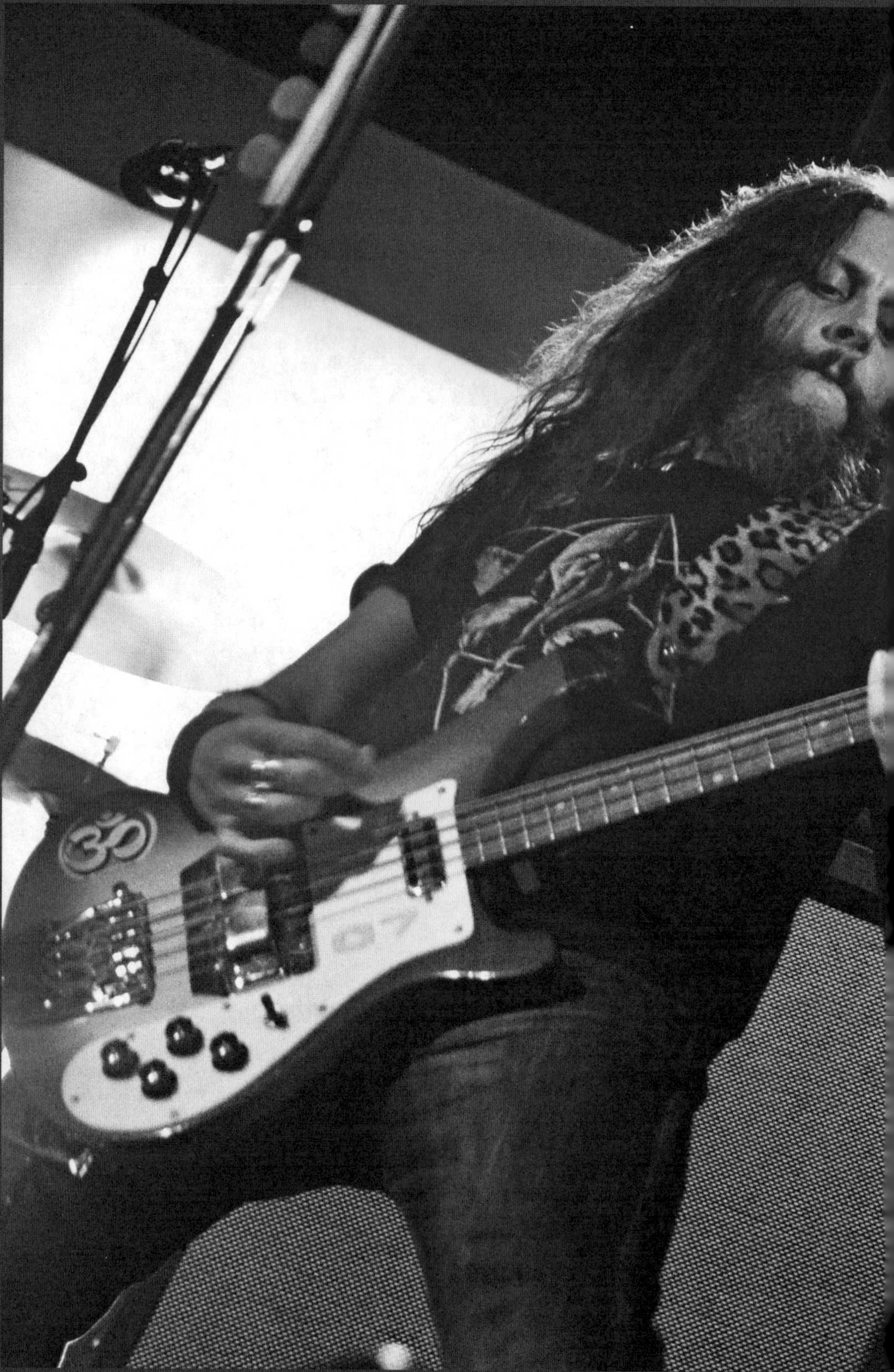

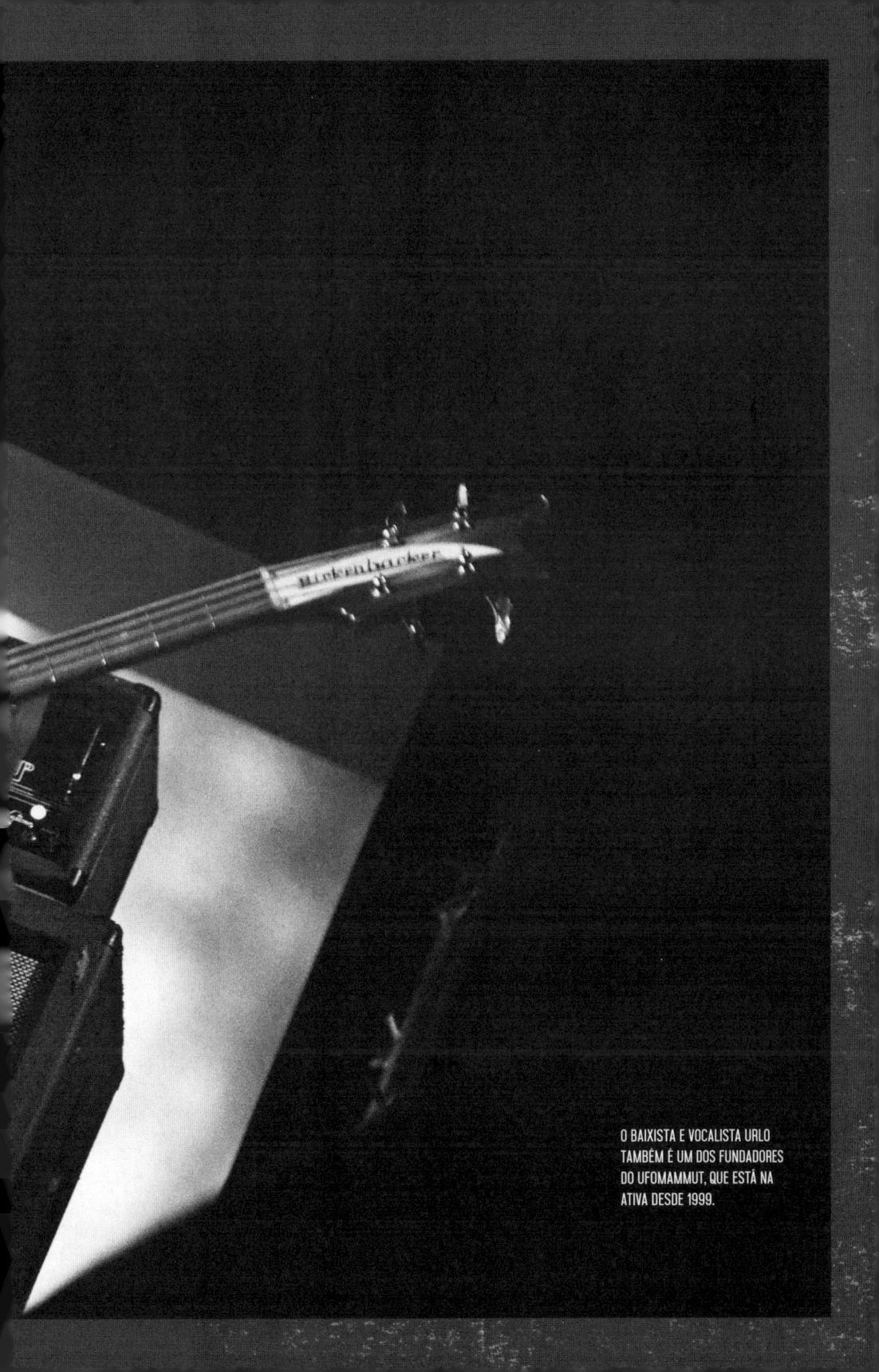

O BAIXISTA E VOCALISTA URLO TAMBÉM É UM DOS FUNDADORES DO UFOMAMMUT, QUE ESTÁ NA ATIVA DESDE 1999.

O GUITARRISTA CEDRIC ERA RESPONSÁVEL PELOS RIFFS E DISSONÂNCIAS DO RISE AND FALL.

O VOCALISTA BJORN, AGORA À FRENTE DO WHITE JAZZ, DURANTE SHOW DO RISE AND FALL EM PORTUGAL, EM 2012.

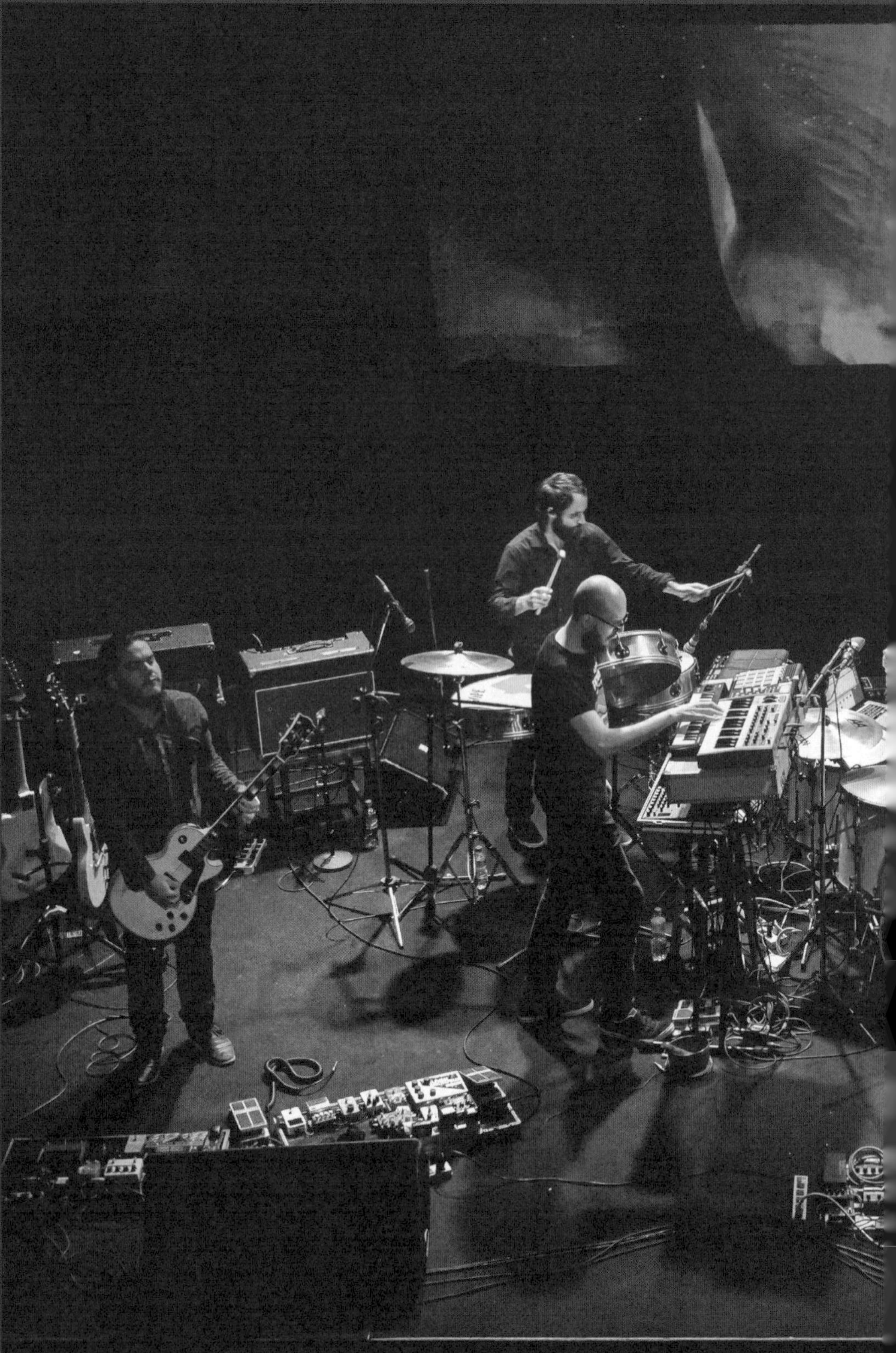

A BANDA BRASILEIRA DE PÓS-METAL LABIRINTO DURANTE SHOW NO SOLAR DE BOTAFOGO, RIO DE JANEIRO, EM 2016.

O GUITARRISTA E VOCALISTA JOHANNES PERSSON É O PRINCIPAL COMPOSITOR DO CULT OF LUNA, QUE ESTÁ NA ATIVA DESDE 1998.

CULT OF LUNA DURANTE SHOW NO PARADISE GARAGE EM LISBOA, PORTUGAL, EM 2013.

FOTOS DO CULT OF LUNA DURANTE O AMPLIFEST 2014, ONDE TAMBÉM TOCARAM NOMES COMO SWANS, YOB E PALLBEARER.

APÓS QUASE 20 ANOS COM O LOS NATAS, O GUITARRISTA E VOCALISTA ARGENTINO SERGIO CH ATUALMENTE DIVIDE SEU TEMPO ENTRE DIVERSOS PROJETOS MUSICAIS E A GRAVADORA SOUTH AMERICAN SLUDGE.

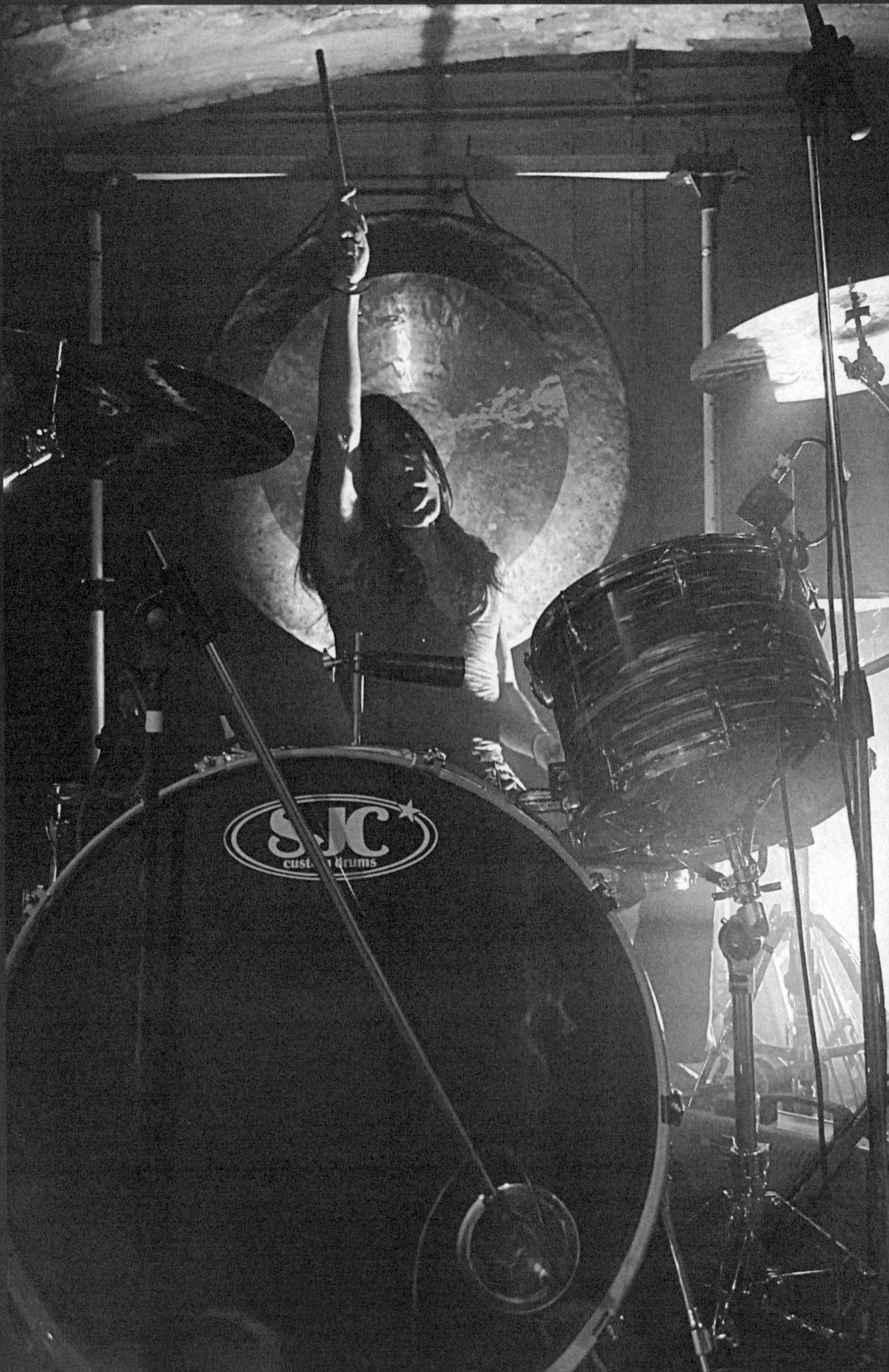
SJC

NA ATIVA DESDE O INÍCIO DOS ANOS 1990, OS JAPONESES DO BORIS JÁ LANÇARAM ALGO COMO 20 DISCOS DE ESTÚDIO.

AMENRA AO VIVO EM DOIS DOS
PRINCIPAIS FESTIVAIS DE METAL DA
EUROPA: À ESQUERDA NO HELLFEST
(2012) E À DIREITA FECHANDO O
AMPLIFEST (2015).

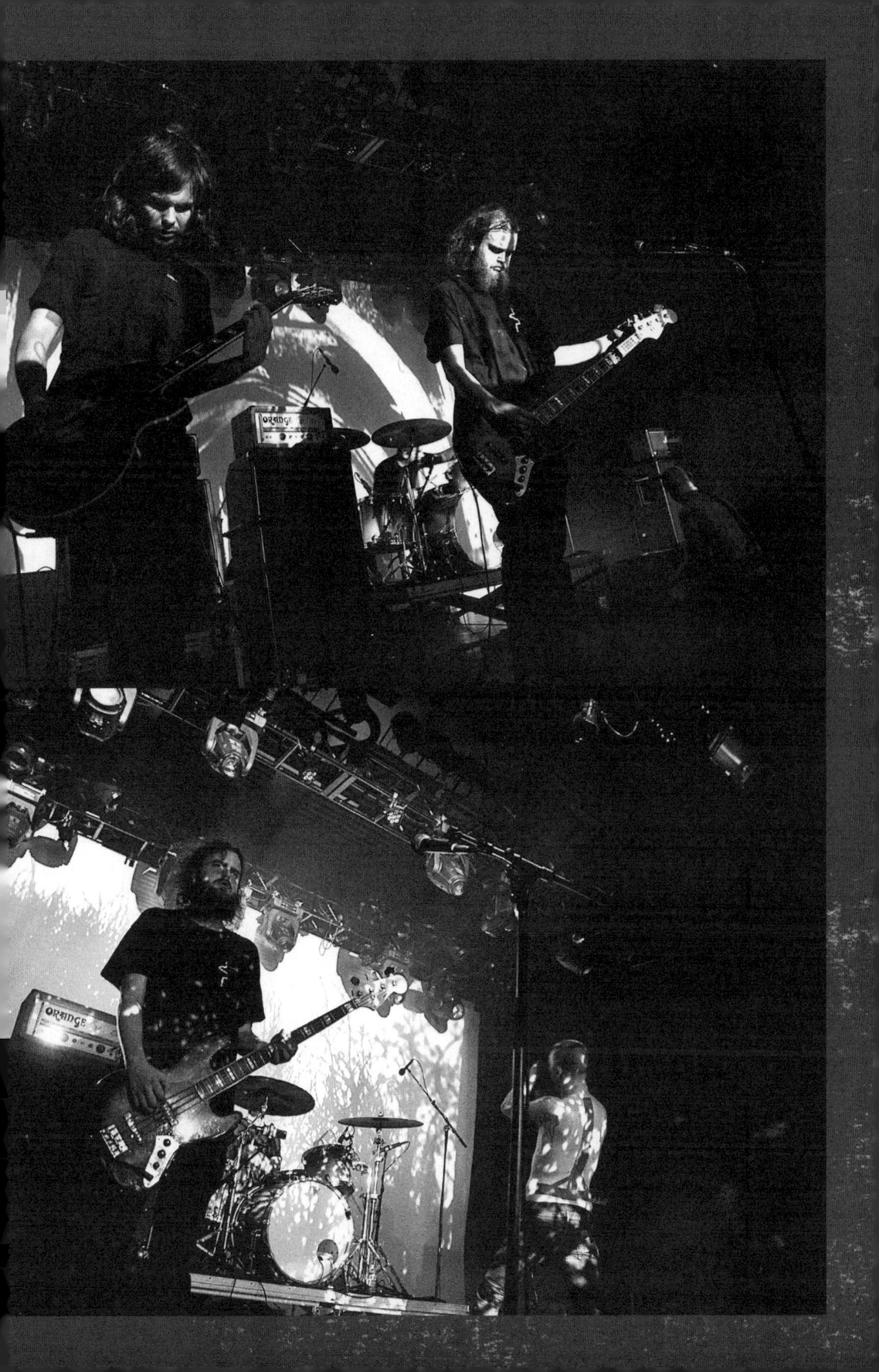

CRÉDITOS

CARTAZES

América do Norte
YOB - Error! Design (www.error-design.com)
Marriages - Error! Design (www.error-design.com)

América do Sul
Labirinto - Error! Design (www.error-design.com)

Europa
Cult of Luna - Error! Design (www.error-design.com)
Mars Red Sky - Smoke Signals Studio (www.smokesignalsstudio.com)
Year of No Light - Error! Design (www.error-design.com)
Stoned Jesus - Victor Bezerra
Ufomammut - Error! Design (www.error-design.com)

Ásia
Mono - Münster Studio (www.munsterstudio.com)

No cinema
Backstage - David Yow (www.davidyow.net)

No palco
Dunk! Festival - Error! Design (www.error-design.com)
Amplifest - Micaela Amaral

Na parede
Baroness - Münster Studio (www.munsterstudio.com)
Unsane - Münster Studio (www.munsterstudio.com)

FOTOS

Todas as fotos das bandas por Pedro Roque* (eyesofmadness.tumblr.com)

Com exceção da foto do Labirinto (Brasil), por Alessandra Tolc (www.photolc.com.br), e de Sergio Ch (Los Natas), por Emmanuel SVA

AGRADECIMENTOS

Toda a minha família e os meus amigos e amigas, Colin H Van Eeckhout, Pedro Roque, Xavi Forné, José Carlos Santos, Dani Rabaza, André Mendes, Aaron Turner, John Garcia, Geof O'Keefe, Mike Scheidt, Emma Ruth Rundle, Patrick Marshall, Nick Raskulinecz, Chris Slorach, Jesse Matthewson, Iggor Cavalera, Erick Cruxen, Muriel Curi, Ricardo Pereira, Sergio Ch, Chris "Stig" Miller, Justin Greaves, Mark Greening, Mathieu Vandeckerckhove, Bjorn Dossche, Tim Bryon, Johan Sébenne, Julien Pras, Mat Gaz, Rick Chain e Sinistro, Vita, Urlo e Poia (Ufomammut), Igor Sidorenko, Robin Staps, Andreas Schmittfull, The Cuckoo, Tomas Hallbom, Johannes Persson, Jonatan Ramm, Truls Morck, Aðalbjörn Tryggvason, Takaakira Goto, Takeshi, Mariexxme, Wout Lievens, Luc Lievens, J Bennett, Dave Brenner e Liz Brenner (Earsplit), Sean e Meghan (CVLT Nation), Victor Bezerra, Felipe Toscano, Lucas Novaes, Alessandra Tolc, Fabio Massari, Felipe Gasnier, Maria Maier, Marcelo Viegas, Guilherme Theodoro e banda Basalt.

MONDO MASSARI

NÓS SOMOS A TEMPESTADE

CONVERSAS SOBRE O METAL ALTERNATIVO PELO MUNDO

VOL.

2

Este livro foi composto em Caecilia LT Std, com textos auxiliares em Hudson NY Regular e Aquilone.